말이라는 환영幻影

-근대 일본의 언어 이데올로기

이 번역 총서는 2007년 정부 재원(교육과학기술부 인문학진흥방안 인문한국지원사업비)으로 한국연구재단의 지원을 받아 연구되었음(KRF-2007-361-AL001).

말이라는 환영 幻影

근대 일본의 언어 이데올로기

이연숙 지음 | 이재봉 · 사이키 카쓰히로 옮김

심산

차 • 례

일러두기

1. 이 책은 이연숙의 『「ことば」という幻影—近代日本の言語イデオロギー』(明石書店, 2009)를 번역한 것이다.
2. 인명은 외래어 표기법을 기준으로 하고 원어를 병기했다.
   예) 柳田國男 → 야나기타 구니오柳田國男
3. 원저에서 인용한 저서나 논문의 경우 번역을 원칙으로 하고 원어를 병기했다.
   예)『제국 일본의 언어편제帝國日本の言語編制』
4. 정확한 전달을 위해 필요하다고 판단한 경우 원어를 병기했다.
   예)書きことば-문어書きことば
5. 일본문학 작품의 경우 가능하면 원어대로 옮겼다. 다만 우리나라 방식으로 일반적으로 통용되고 있는 경우에는 그대로 옮겼다.
   예)万葉集 → 만요슈萬葉集, 古事記 → 고사기古事記
6. 저서나 논문 등을 표시하는 『 』, 「 」 등의 부호는 우리나라에서 통용되는 방식으로 통일했다.
7. ( )는 원문대로이며 보충이 필요한 경우 ( ) 없이 원어 등을 병기했다.
8. 그 외의 경우에는 일반적으로 통용되는 방식을 따랐다.

한국어판 서문

얼마 전에 감기몸살을 앓았다. 감기 덕분에 마음껏 휴식을 취하면서 이 생각 저 생각을 하던 중, 문득 일본에서 보낸 시간이 한국에서 지내왔던 시간보다 길다는 것을 깨닫고는 가벼운 충격을 받았다. 일본이라는 결코 만만치 않은 '타자'와 씨름하면서 보낸 이 짧지 않은 세월의 결들을 새삼스레 찬찬히 더듬어보았다.

그러니까 내가 처음 접했던 1980년대의 일본은 지금과는 분위기가 사뭇 달랐다. 온 세계가 일본이야말로 '닮고 싶은 나라'라며 입을 모아 칭송하는 듯했고, 미국의 사회학자 에즈라 보겔Ezra Feivel Vogel의 저서 *Japan as Number one*은 베스트셀러로 군림하고 있었다. 식민지 기억을(간접적이기는 하지만) 생생히 간직한 나로서는 각광받고 있는 일본을 인정하기가 싫었고 일본을 칭찬하는 서구세계조차 원망스럽기까지 했다. 그래서 나는 이 거만한 '타자'를 유심히 관찰하고 해부해서 어떻게 해서든지 그 구조와 내실을 밝혀내고 싶었다.

낯 뜨거운 고백이지만, 나의 일본연구의 출발은 르상티망Ressentiment에 가까운 감정들이 상당 부분 원동력으로 작용했던 것을 부정할 수 없다. 그 후 연구 작업을 통해 나의 감정적 요소들은 많이 다듬어지고 시야도 넓어졌지만, 물론 이것은 '친일분자'가 되었다는 이야기는 아니다. 이 책에 실린 논문들은 이러한 과정을 통해서 생산된 것이다.

이 책은 나의 첫 번째 졸저 『국어라는 사상-근대 일본의 언어 인식』의 응용편이라고 할 수 있다. 『국어라는 사상-근대 일본의 언어 인식』은 근대 일본이 식민지와 점령지에서 행했던 언어정책에 어떠한 언어 인식이 숨겨져 있는지를 밝힌 책이다. 어떤 정책이든지 그 정책의 방향과 의미를 결정하는 일정한 가치관과 의식이 있기 마련이며, 그러한 정책에 대한 근본적 비판을 위해서는 그 속에 깊이 숨어 있는 광맥을 파내야 한다고 생각했었다.

근대 일본의 언어 인식 방향을 결정한 최대요인은 '국어' 이념이다. '국어' 이념은 근대국민국가의 성립과 불가분의 관계가 있다. 어떤 '국민'의 구성원 모두가 동일한 '국어'를 말해야 한다는 사고는 국민국가의 틀이 없이는 성립이 불가능하다고 할 수 있다. 그래서 나는 메이지 시대로 거슬러 올라가 '국어' 개념의 성립과정을 밝혀내고, 어떻게 대일본제국의 언어정책이 형성되어 갔는지 그 과정을 추적해 보았다.

『국어라는 사상-근대 일본의 언어 인식』은 이와 같은 큰 흐름을 그려내는 것이 목적이었으므로, 보다 구체적인 문제들은 다루기가 어려웠다. 그래서 이 책에서는 『국어라는 사상-근대 일본의 언어 인식』에서 다루지 못했던 사상가와 학자들을 통해 다른 각도에서 근대 일본의 '국어라는 사상'을 분석해 보았다. 또 표준어, 근대문체와 문자의 관계, 국어학의 성립 등의 논점을 개별적으로 끌어내어 새롭게 그리고 상세하게 논한 장章도 있다.

또한, 현대 일본의 언어 문제들도 구체적으로 살펴보았다. 언어적 공공성公共性, 다언어주의의 문제multilingualism, 더 나아가 수화手話언어를 둘러싼 문제들도 고찰의 대상이 되었다. 특히 언어적 공공성 문제를 논할 때에는, 일본어를 모어로 하지 않은 어린이들(예컨대 외국인 노동자의 자녀들)이나 일본어를 모어로 하지만 일본 이외의 민족적 배경을 지닌 어린이들(재일교포 어린이들, 일본에서 태어난 외국인노동자 자녀들 등)을 염두에 두었다. 민족과 국가의 다름과 관계없이 모든 어린이들이 자신들의 삶의 방식에 자신을 가지고 당당하게 사는 날이 오지 않는 한, 진정한 의미의 민주주의는 도래했다고 할 수 없을 것이다. 이런 문제들은 우리 사회도 안고 있는 문제이다.

수화언어에도 실은 절실한 문제가 포함되어 있다. 언어학에서는 농자聾者가 모어로 하는 수화가 음성언어와는 다른, 자립적 '언어'임을 확실히 밝혀냈다. 그러나 현실사회에서는 수화가 자립적 언어라는 인식은 아직 충분치 않다. 근래에 들어 일본에서는 수화의 사회적 인지認知를 목적으로 '수화언어법'을 제정하기 위해 많은 노력을 기울이고 있다. 또한 한편으로는 농아聾兒를 위한 수화언어와 서기書記일본어의 이중 언어교육을 실천하는 학교도 탄생했다. 이는 다른 민족적 배경을 가진 소수자들의 언어교육에도 많은 시사와 힌트를 제공해 주고 있다. 사회적 정의와 사회언어학적인 선견지명 그리고 애정을 바탕으로 한 이중 언어교육은 언어적 소수자 어린이들의 정체성 확립에 커다란 도움을 줄 것이며, 이 아이들에게 자신감과 용기를 키워 주리라 확신한다. 이 문제 또한 우리 사회와 공통된 과제라고 생각된다.

오늘은 3월 11일. 일 년 전 오늘은 일본 동북지방에 엄청난 재난이 덮친 날이다. 근대 이후 승승장구했던 우리의 불편한 '타자' 일본은 이제 심한 상처를 입고 휘청거리고 있다. 이번 대지진 이후 일본 사회는 확실히 변했고 변하고자 한다. 삶의 새로운 패러다임을 만들어 근대 이후의 모순을 씻고 거듭나자는 목소리도 있는가 하면, 현실에 대한 불안과 두려움 때문에 더욱 안으로 움츠러들어 보수적이고 공격적인 모습도 눈에 띈다. 일본학계에서도 종래의 연구에 대한 의문을 제기하는 연구자들도 적지 않다. 일본이 앞으로 어떤 벡터로 나아갈지는 예견할 수 없다. 일본을 연구 대상으로 하고 일본의 대학에서 가르치고 일본에서 생활하고 있는 나 또한 한동안 혼란스러웠다. 그렇지만 이 시점에서 한 가지 확실히 말할 수 있는 것은, 일본이 이번과 같은 어려움을 통해 새로운 사회로 거듭나 진정한 의미의 이웃으로 우리와 건설적이고 성숙한 관계를 만들어 갔으면 하는 바람이다.

이 책이 한국에서 출판되어 대단히 기쁘면서도 한편으로는 황송한 마음마저 든다. 이는 오로지 부산대학교 이재봉 교수님과 사이키 카쓰히로 선생님 덕택이다. 두 분께서는 원저에 실렸던 원자료를 꼼꼼히 대조해가면서 번역에 임하셨다. 두 분 선생님의 덕택으로 원저에 있던 오자와 오류까지 시정할 기회를 얻었다. 이재봉 교수님, 사이키 선생님 진심으로 감사드립니다. 또 이 책이 나오기까지 도움을 주신 여러분에게도 감사드린다.

2012년 3월 11일

이연숙

책머리에

우리는 말ことば 속에서 살아가고 있다. 우리는 말을 통해 서로 헤아리고 마음을 주고받는다. 그러나 이상하게도 그때 말 그 자체는 의식의 전경에서 멀어져 있다. 말은 말의 저편에 있는 어떤 사상事象을 가리키며, 우리 손을 잡고 거기로 이끌어 간다. 물론 그 사상事象은 말에 의해, 말을 통해서 비로소 도달할 수 있는 것임은 틀림없지만, 말은 어디까지나 매개일 뿐, 의식이 지향하는 대상이 될 수는 없다. 우리는 말을 통해 서로 알아 가고 말을 통해 세계를 이해한다. 말이 우리 곁에 밀착되어 있는 한, 우리는 말을 일부러 의식하지는 않는다. 이것은 평소의 커뮤니케이션 경험을 되돌아보면 바로 알 수 있을 것이다. 어떤 의미에서 이것은 당연한 '현실'이다.

그런데 그 맞은편에는 전혀 다른 '현실'이 있다. 내가 하는 말이 주위의 많은 사람들에게 통하지 않을 때, 나는 어쩔 수 없이 말을 의식할 수밖에 없다. 그때, 이제까지 그토록 친숙하던 풍경은 서먹해지고, 때로는 엄니를 드러내고 덮쳐오는 것처럼 느껴질 때마저 있다. 말이 의식될 때마다 나는 우물거리거나 침묵해 버릴지도 모른다. 이것은 나라는 개인에게만 생기는 일이 아니다. 예를 들어, 가족이나 친한 동료끼리 아무 거리낌 없이 쓸 수 있는 말이, 한 발짝 밖으로 나가는 순간 통하지 않는다면 어떻게 될까. 어쩌면 우리는 세계로부터 고립된 것은 아닐까 하는 생각에 휩싸일 수도 있다. 아니 단지 통하지 않는 것뿐이라면 그나마 낫다. 우리가 문득 내뱉은 말이 모멸이나 적대시하는 대상이 된다면 두 번 다시 자기들의 말을 하지 않겠다고 마음을 다질지도 모른다. 말을 부정당한다는 것은 존재를 부정당하는 것과 같기 때문이다. 사실 '소수자minority'로 불리는 사람들은 많든 적든 이러한 생각을 가슴 속에 숨긴 채 살고 있다. 슬픈 일이지만 이것 역시 '현실'이다.

한편에는 말을 통해 사람들이나 세계와 교감한다는 기쁜 현실이 있고, 다른 한편에는 말을 통해 차별이나 억압이 가해진다는 잔혹한 현실이 있다. 이질적인 이 두 현실 사이에는 도대체 무엇이 존재하는 것일까.

말할 것도 없이 말은 말만으로 이루어지는 것이 아니다. 말이 구체적인 사회에서 사용되고 있는 한 정치, 경제, 문화 등 여러 차원에서 일어나는 일들이 말 속에 침투되어, 말을 특정한 색깔로 물들여 버린다. 사회는 다양한 축을 기준으로 말을 분류하고 각각의 말에 특정한 가치를 부여한다. 정치적으로 지배적인 지위에 있는 집단의 언어는 사회에서 우세한 언어가 되고, 종속적인 집단의 언어는 소수 언어, 마이너리티minority의 언어가 된다. 경제적인 가치와 결합한 언어가 있는가 하면, 그 대척점에는 경제적 이윤과는 전혀 관련 없는 언어도 있다. 중요한 문화재로 존중받는 언어가 있는 한편, 다음 세대로의 계승조차 위태로운 언어도 있다. 이처럼 사회활동의 다양한 영역에서 말은 계층화되고 서열화되어 있다. 이러한 계층화나 서열화는 개인의 힘으로는 쉽게 바꿀 수 없다. 바로 거기에 '사회적'인 언어질서가 형성되어 있다.

이와 같이 언어에는 사회적으로 일정한 가치가 매겨져 있다. 그것은 긍정적인 경우도 있고 부정적인 경우도 있다. 최근 영미의 사회언어학 연구에 따라 이러한 현상을 '언어 이데올로기'라는 용어로 불러도 되지 않을까. 예를 들어 국가의 공용어를 어떻게 정할 것인지, 소수 언어를 사회적으로 어떻게 인정할 것인지, 어떤 말을 학교에서 가르쳐야 할 것인지 등의 문제와 마주할 때는 이미 일정한 사회적 가치가 부여된 언어 상태를 상대할 수밖에 없다. 거기에 '언어 이데올로기'가 파고들 여지가 있다.

어떤 언어가 사회적으로 높은 지위를 차지하는 한편, 다른 언어에 낮은 지위가 부여되는 것은 '언어 이데올로기'가 만드는 가치의 계층제가 명백한 것으로 받아들여지고 있기 때문이다. 언어 사이에 상하관계가 존재한다는 상황에는 언어가 현실적으로 담당하고 있는 사회적 기능보다 사회에서 유통되고 있는 '언어 이데올로기'가 더 큰 역할을 수행하고 있는 경우가 많지 않을까. 이데올로기라는 것이 일정한 관념 형태인 이상, 그때 우리 앞에 가로놓여 있는 것은 현실의 언어가 아니라 '환영幻影'으로서의 언어인 것이다.

그렇다고 '이데올로기'니 '환영'이니 하는 것을 쉽게 지워낼 수 있는 것은 아니다. 왜냐하면, 그것들은 이미 '현실'의 일부로 편입되어 버렸기 때문이다. 우리가 의미와 가치의 세계에 사는 한, 완전히 무색투명한 현실은 존재하지 않는다. 우리가 어떤 일을 하려고 할 때 거기에는 이미 이데올로기적 요인이 개입되어 있다. 그 이데올로기가 사회적으로 '옳은' 것으로 인식되고 있다면 그것은 이미 이데올로기로 의식되지도 않는다. 말의 세계에서도 마찬가지다. 왜 사람은 특정한 언어를 배우려고 하는지, 왜 이 언어가 아니라 저 언어를 선택하는지, 어린이에게는 어떤 언어를 습득하게 하고 싶은지, 이러한 선택을 해야 할 때 사회에서 명백한 것으로 인식되고 있는 '언어 이데올로기'가 사람의 행동 방향을 결정하는 것이다.

이미 많은 연구들이 밝히고 있는 것처럼 '국어'의 이념이야말로 근대 일본을 특징짓는 최대의 '언어 이데올로기'라고 할 수 있다. 근대 일본의 말을 조금만 생각해 보아도, '국어'라는 이념이 출현하여 의식의 방향을 결정해 왔고, 거기에 따라 특정한 가치를 성립시키는 역할을 해왔음을 알 수 있다. 이러한 '국어' 이념은 과거에도 강력한 이데올로기로 기능했을 뿐 아니라 지금까지도 마찬가지다. 이 책의 많은 부분은 과거의 일들을 문제 삼고 있지만, 관심의 한 방향은 늘 현재로 기울여져 있다. '국어'를 정점으로 한 계층제 아래 다른 언어는 '소수 언어'로 자리매김 되거나 아니면 보이지 않게 은폐되어 있다. 이 같은 언어질서는 하루아침에 이루어지는 것이 아니다. 현재의 '언어 이데올로기'를 비판하기 위해서는 반드시 과거의 시점으로 돌아가서 그것이 어떻게 성립되었는지 알아볼 필요가 있는 것이다.

사회의 언어지배 제도는 정치적, 경제적인 요인뿐만 아니라 이데올로기적인 요인에 의해서도 뒷받침되고 있다. 그리고 그 이데올로기 내부에는 나름대로 고유한 논리가 있다. 물론 그 논리는 수많은 선입견이나 착오, 심지어 터무니없는 망상으로 이루어졌는지도 모른다. 그렇지만 사람이 일단 이데올로기 세계의 내부로 들어가 거기에 갇혀버리면 어떠한 논리적 오류가 있다고 해도 그것을 '옳은' 것으로 느껴 버리게 된다. 그래서 이데올로기를 비판하기 위해서는 그 이데올로기가 '잘못되었다'는 것을 드러내는 데 그치지 않고 왜 '옳다'고 인식되는지를 보여주지 않으면 안 된다.

나는 이 책에서 근대 일본의 '국어'라는 이데올로기를 성립시켜 온 여러 논리들을 문제 삼아 그것이 어떤 요소로 이루어져 있는지, 어떤 논리로 연결되어 있는지 해명하고자 한다. 이 점에서 말하면 이 책은 『국어라는 사상-근대 일본의 언어 인식國語という思想-近代日本の言語認識』의 연장선상에

---

* 이연숙, 『「國語」という思想-近代日本の言語認識』, 岩波書店, 1996. 이연숙 지음, 고영진 · 임경화 옮김, 『국어라는 사상-근대 일본의 언어 인식』, 소명출판, 2006.

있다고 할 수 있을 것이다. 관점에 따라서는 『국어라는 사상-근대 일본의 언어 인식』이 기초편이라고 한다면 이 책은 응용편이라고도 말할 수 있다. 『국어라는 사상-근대 일본의 언어 인식』에서는 우에다 가즈토시上田万年, 호시나 고이치保科孝一, 야마다 요시오山田孝雄, 도키에다 모토키時枝誠記 등 국어학자의 저작을 주로 문제 삼았다. 그래서 주된 논의는 '국어학'과 '국어정책'이라는 영역을 중심으로 진행되었다. 이 책에서도 국어학을 논한 장도 있지만, 국어학 이외의 영역—예를 들어 야나기타 구니오柳田國男의 민속학이나 야마지 아이잔山路愛山의 역사학—에도 도전해 보았고, 현재의 수화언어교육 문제를 논한 장도 있다. 또 어떤 때는 언어 일반에 대해서 논의해 보기도 했다. 말하자면 매우 다양한 문제와 맞선 것이며, 응용편이라고 한 것은 그러한 의미에서이다.

물론 다양한 대상을 다루기 때문에 논의가 확산된 인상을 주게 될 위험성도 배제할 수 없다. 그러나 그렇게 하지 않으면 밝혀지지 않는 문제가 분명히 존재한다. 근대 일본의 '언어 이데올로기'가 '국어'의 이념을 중심으로 회전하고 있다는 것은 확실한 것일지도 모른다. 그러나 그 '언어 이데올로기'가 어떤 장면에서 사용되고 있는가에 따라 그 출현 형태는 다양하게 바뀔 것이며, 때로는 서로 정반대의 결론까지 도출될지 모른다. 동일한 이데올로기를 출발점으로 해서 담론이 만들어졌다고 해도 모든 담론이 말하려는 내용이 같다고는 할 수 없다. 따라서 각 담론의 의미내용은 구체적으로 그것이 성립된 맥락 속에 두고 보지 않으면 안 된다. 과거 그리고 현재의 일본에서 유통되고 있는 '언어 이데올로기'가 어떠한 논리로 이루어져 있는지를 해명하려면 언어학이나 국어학의 영역만 살피는 것으로는 아무래도 불충분하다. 그래서 때로는 억지로 익숙하지 않은 영역에 과감하게 뛰어드는 것도 필요했다. 그 모험이 실패로 끝나지 않았기를 바랄 뿐이다.

덧붙여서 말하면 루비는, 본문 중에 "원문대로"라고 표기되어 있지 않은 것은 인용한 부분을 포함하여 모두 저자가 달아놓은 것이다. 또 표기 중 원문이 가타카나片假名로 되어 있는 것은 규칙을 든 경우를 제외하고는 원칙적으로 히라가나平假名로 통일했다.

제1장

언어라는 장치

말의 도구성

우리는 일상생활에서 말ことば을 그 자체로는 거의 의식하지 않는다. 물론 이렇게 말할까 저렇게 말할까 고민하거나, 이런 때는 어떤 말을 하면 좋을까 하면서 망설이기는 한다. 그러나 그것은 말의 의미내용에 생각을 집중하는 것이지 말 그 자체를 의식하는 것은 아니다.

언어학자 에드워드 사피어Edward Sapir는 명저 『언어-말의 연구 서설 *Language: An introduction to the study of speech*』[1) 첫머리에서 "말은 일상생활의 지극히 흔한 특색이기 때문에 멈춰 서서 말을 정의하는 경우는 거의 없다. 말은 인간에게 걸음걸이와 같이 자연스럽지만, 호흡보다는 자연스럽지 않은 것으로 생각할 뿐" 이라고 말하고 있다. 사피어의 말처럼 우리는 걸을 때, 이번에는 오른발, 다음에는 왼발을 앞으로 내딛자고 의식하지 않는다. 만약 그렇게 한다면 걸음걸이가 경직되어 넘어질 수도 있을 것이다. 그와 마찬가지로 '다리'라는 말을 하려고 할 때, 먼저 '다'라는 소리, 그다음은

'리'라는 소리라고 의식하면 말이 꼬여 버린다. '말'을 유창하게 하려면 '말'을 의식해서는 안 된다. 말은 끝까지 의식의 배후에 숨겨져 있어야 한다. 우리가 '말' 그 자체를 의식하는 경우가 있다면 그것은 서투른 외국어를 하려는 때일 것이다. 그러나 우리는 '모어'로 말할 때는 결코 그것을 의식하지 않는다. 우리는 어디까지나 '자연스럽게' 말을 하는 것이다.

그러나 사피어는 이어서 "말의 자연스러움은 환상에 지나지 않는다"고 말한다. 호흡이나 걸음걸이가 생물학적으로 유전된 능력인 것과 달리 우리는 특정한 사회나 문화의 틀 안에서 특정한 언어를 체득하는 것이다. 사피어에 따르면 말은 "사회집단마다 무한히 변이하는 인간적 활동", "그 사회집단의 순수하게 역사적인 유산", "오랜 세월 동안 지속된 사회적 관습의 소산"이다.

물론 언어능력의 생득설을 주창하는 생성문법의 입장에서는 말의 사회성과 문화성을 강조하는 사피어의 관점을 반박할 수 있을 것이다. 생성문법의 입장에서 본다면 인간이 말을 하는 것은 사회적 학습에 의한 것이 아니라, 생물학적인 유전에 의해 머릿속에 형성된 보편문법이라는 프로그램이 있기 때문이다. 그러나 아무리 생성문법이라고 해도 각각의 언어가 지니는 '문화적 측면'—그것은 음운이나 문법 차원에서는 별 의미가 없지만, 의미나 문체 차원에서는 지극히 중요한 요소이다—은 역시 각각의 사회에 따라 상당한 차이가 생긴다는 것을 인정해야 된다고 생각한다.

그렇다고 해도 '말의 자연스러움'은 역시 '환상'에 지나지 않는지도 모른다. 그렇지만 그 '환상'을 인식하는 사람은 누구일까. 그것은 말에 대한 지식이 축적된, 외부에서 관찰할 수 있는 언어학자의 입장에 섰을 때 비로소 가능할 것이다. 말이라는 행위를 수행하고 있는 언어 주체가 말을 의식하는 것은 스스로 말을 더듬게 하는 원인이 된다. 요컨대 말을 하고 있는 한 의식하면 안 된다(그리고 '들을' 때에도 청자는 말 그 자체가 아니라 화자가 무엇을 말하려고 하고 있는지에 주의를 집중하고 있다).

나아가 말은 특정한 사회에서 역사를 짊어지고 있다. 그러나 화자는 자신의 말이 지닌 역사적 내력을 '알' 필요는 없다. 그것을 소쉬르는 "과거를 말살하지 않는 한 화자의 의식 속에 들어갈 수는 없다"[2)]고 과격하게 표현한 것이 아닐까. 물론 말 중에는 낡은 말도 있지만 새롭게 느껴지는 조어도 있다. 하지만 그 말들은 공시적 체계 속에서 '낡은 말'이나 '새로운 말'이라는 기능을 나타내는 것으로 자리매김 되어야 비로소 '낡음'과 '새로움'을 드러내는 기능을 담당한다. 그것들은 반드시 현실의 역사적 시간 그대로를 투영하는 것은 아니다.

이렇게 생각하면 말과 의식과의 관계는 지극히 복잡하게 얽혀 있는 것을 알 수 있다. 말은 그 특정한 문법이나 표현의 틀을 의식에 강요하지만, 그것을 의식하면 말의 활용을 방해받는다. 말의 활용을 의식 속에 완전히 내면화할 수는 없다. 어쩌다가 얼떨결에 말에 대한 위화감이 생길 수도 있을 터이고, 시를 읽으면서 일상생활에서는 의식하지 않는 말의 생생한 모습에 놀라 감동할 때도 있다.

이와 같은 의식과 말의 관계는 신체와 도구와의 관계에 비유할 수 있을 듯하다. '말의 도구성'이라고 하면 보통 말을 단순한 의사소통을 위한 무색의 도구인 것처럼 생각하기 쉽지만 여기서 말하고 싶은 것은 도구란 연장된 신체라는 측면을 지닌다는 점이다.

우리는 숙련된 장인이나 탁월한 연주가가 도구=악기를 마음대로 다루는 모습을 보고 감탄한다. 하지만 장인이나 연주가 자신은 그 도구=악기의 존재를 거의 의식하지 않는 것이 아닐까. 다음에 어느 손가락을 어느 방향으로 움직일지 의식하는 순간 동작이 어색해져 버릴 것이다. 이때 도구=악기는 인간 신체의 연장으로서 신체성을 획득하고 있다. 연필로 글씨를 쓸 때 우리의 의식은 종이 위의 글자에 있지 연필 자체에 있는 것은 아니다. 그러나 연필 끝은 우리의 신체와 종이라는 외계와의 접촉점이 되어 있다. 눈이 불편한 사람이 지팡이로 길바닥을 더듬을 때 그 지팡이는 손의 연장이 되어 감각기관으로서의 기능을 수행하는 것이 아닐까.

말도 이와 비슷한 점이 있다. 말이 신체의 연장인 한 그것은 외적 물체로도 내적 심리로도 의식되지 않는다. 물론 '신체성'이라는 말로 무엇인가 깨달은 기분으로 안심해서는 안 된다. 그것이야말로 말의 함정에 빠지게 된다. 그러나 우리가 애당초 말을 하게 되는 것은 말을 신체화—내면화가 아닌—하고 있기 때문이라는 것은 의심할 수 없는 사실이다. 반복하지만 우리는 자신이 무슨 말을 할 것인지 상대방이 무엇을 말하려고 하는지에 주의를 집중하는 것이지 말 자체를 의식하는 것은 아니다. 그때 말은 배경으로 물러나 있다. 이와는 달리 외국어의 문법서는 결코 신체화할 수 없는 말의 잔해 같은 것이 있다. 외국어는 우리에게 말 그 자체의 존재를 꼼짝없이 의식하게 한다.

'(신체의 연장으로서의) 도구로서의 말'과 '장치로서의 말'과의 차이는 이 신체성의 개입 여부에 의해 구별할 수 있을 것이다. '장치'는 어디까지나 우리가 결코 신체화할 수 없는 외부의 힘이다. 도구는 우리를 해방하지만, 장치는 우리를 구속한다. 물론 이 구별은 상대적이기도 하고 역사적이기도 하다. 그러나 구별이 상대적이라는 것은 구별할 수 없다는 의미는 아니다. 우리는 어떠한 방식으로 우리에게 자유를 제공해 주는 말과 우리를 구속하는 말과의 차이를 느낀다.

말의 힘

이와 같은 생각을 하게 된 것은 다음과 같은 계기 때문이었다. 1999년 10월, 히토츠바시一橋대학 대학원 언어사회연구과와 일본 · 프랑스회관의

협력으로 '언어제국주의'에 관한 국제 심포지엄이 개최되었고 나도 보고자의 한 사람으로 참가했다. 그리고 이 심포지엄에서 발표된 것을 바탕으로 논문집 『언어제국주의란 무엇인가』가 2000년 9월에 후지와라서점藤原書店에서 간행되었다.[3)] * 프랑스 측 참가자 중에는 프랑스 국립 동양언어문화연구소에 소속된 소수 언어 연구자가 몇 명 있었다. 그중에서 이누이트를 연구하는 미셸 테리앵Michele Therrien의 보고는 내게 매우 흥미로웠다. 그 보고는 「이누이트와 근대화의 선택-조어造語라는 무기イヌイットと近代化の選擇ー造語という武器」**라는 제목으로 앞의 논문집에 수록되어 있는데 거기서 인용한다.[4)]

테리앵은 이누이트가 외부에서 밀려드는 근대적인 개념이나 표현을 자기들의 것으로 바꾸어 나갈 때 생기는 어려움을 이야기하고 있다. 테리앵은 원래 이누이트의 전통적인 공동체에서는 볼 수 없었던 유럽이나 미국의 근대사회 개념을 이누이트어로 어떻게 표현할 것인지 하는 점이 가장 중요하다고 말한다. 거기에는 두 가지 방법이 있다. 하나는 외래 표현을 통째로 차용해 버리는 방법이다. 이 경우의 차용이란 단어의 의미를 해석하지 않고 소리만 자기 언어의 음운체계에 맞춰서 받아들이는 방법이다. 일본어의 가타카나 외래어***는 그 전형적인 예이다.

그러나 이누이트는 이 방법을 거의 택하지 않았다. 그들은 그런 방법이 아니라 이누이트어가 이미 가지고 있는 재료를 조합하여 새로운 단어를 만듦으로써 외래의 개념이나 사물을 표현하려 했다. 그리고 중요한 것은

---

* 이 책은 우리나라에도 번역되어 있다. 미우라 노부타카 · 가스야 게이스케 엮음, 이연숙 · 고영진 · 조태린 옮김, 『언어제국주의란 무엇인가』, 돌베개, 2005.

** 이 논문은 「이누이트인들과 근대성의 선택-신어 창조라는 무기」라는 제목으로 한국어판에 실려 있다.

*** 일본어의 표음문자에는 히라가나와 가타카나라는 두 가지 음절문자가 있는데, 외래어는 대부분 가타카나로 표기한다.

그때 이누이트의 입장에서 의미 해석을 덧붙인다는 것이다. 예를 들어 이누이트어를 직역한 형태로 제시하면 다음과 같이 된다.

누들 → '작은창자와 닮은 것'
석유 → '해양 동물의 거대한 기름'
컴퓨터 → '뇌와 닮은 것'

이처럼 의미 해석에 근거한 조어가 가능한 것은 이누이트어가 '다총합적多總合的'인 성격을 지닌 언어이기 때문이다. 하나하나의 의미 요소(형태소)를 조합하여 마치 하나의 문장 같은 낱말을 만들 수 있다. 이렇게 해서 외래의 관념이나 사물이 가리키는 의미를 분석하고 몇 가지 요소로 나누어 그것을 결합할 수 있게 된다. 그리고 바로 이 점에서 이누이트어에 뿌리내린 세계관이 나타난다. 왜냐하면, 하나의 낱말이 가진 다양한 의미 가운데 주목해야 하는 측면과 그것을 표현하는 방식이 구미사회와 이누이트는 전혀 다르기 때문이다. 위에 든 예만으로도 알 수 있겠지만, 인간에 밀착된 사회나 문화에 관한 말에서는 구미사회와 이누이트의 세계관이나 가치관의 차이가 한층 더 분명하게 드러난다.

예를 들어 영어로 '구류拘留'를 나타내는 단어는 이누이트어로는 '어떤 일정 기간 붙잡혀 버린 상태에 있는 일'이라는 의미의 단어가 된다. 그리고 그것의 숨겨진 의미는 '잡히고 갇히는 것은 사물에 대한 것이지 인간에 대한 것이 아니기 때문에 그 사람은 이미 자립한 인간으로 인식되지 않는 것'이라고 한다. 이누이트의 전통 사회에서는 누군가가 법이나 규범을 어겨도 결코 그 사람을 어디에 가두지는 않았다. 이누이트에게 '구류'란 인간성을 근저에서부터 부정하는 행위인 것이다.

테리앵은 또 한 가지 예로 '법'의 개념을 들고 있다. 이누이트에게 '법'

이란 세대에서 세대로 구비 전승되는 관습법이다. 그것은 연장자, 가족, 동물에 대한 경의를 나타내며 결코 징벌이나 처벌을 의미하지 않는다. 그런데 밖에서 들어온 캐나다의 법률은 '강제에 의한 복종'으로 받아들여진다. 따라서 이누이트와 주위 사회는 '법'의 개념이 애초부터 다르다. 그런데 재판에 관여하는 판사나 변호사는 보통 이것을 이해하지 못한다. 이누이트가 이야기하는 것도, 캐나다인이 이야기하는 것도 마치 같은 하나의 '법'인 것처럼 오해해 버리는 것이다.

테리앵에 따르면 이누이트는 '감옥'을 '기쁨 없이 기다리는 곳', '잡혀버린 상태에 있는 곳', '사냥하러 나갈 준비를 할 수 없는 곳'이라는 이름을 붙인다. 요컨대 이누이트에게는 인간을 처벌하고 구속하고 감금한다는 것은 애초부터 인간성에 반하는 행위인 것이다.

이누이트가 근대사회를 이렇게 번역하는 것은, 서로 다른 두 문화를 지탱하는 세계관이 언어 그 자체에 표현된 사례라고 말할 수 있다. 전통적 공동체의 가치관을 어떻게든 지키려고만 하는 것이 아니다. 이누이트어에는 근대적 개념을 외부에서 강요받는 것이 아니라 공동체 내부에서 다시 파악하면서 자기 것으로 만들고, 나아가 거기에 어떤 위화감을 표명한다는 유례없는 표현법이 존재하고 있다.

그러나 같은 책에서 로마니어Romany의 근대화를 논하고 있는 마르셀 쿠르티아드Marcel Courthiade의 논문 「로마니어의 언어정책-복수 국가에 산재하는 소수민족의 대응ロマニ語の言語政策—複數國家に散在する少數民族の對應」[5)] * 에서는 이와 반대의 사례가 제시되어 있다. 로마니어란 '롬Rom'이 쓰는 말이다. '롬'이란 일본이나 유럽에서 관습적으로 '집시'라고 불려 온 민족

* 한국어 번역판에는 「여러 국가에 흩어져 사는 민족적 소수 집단에 대한 언어정책-로마니어의 경우」로 되어 있음.

집단을 가리킨다. 로마니어가 겪은 근대화 과정에서의 고투에 대해서는 쿠르티아드의 논문을 직접 읽으시기를 권한다.

쿠르티아드의 논문 중 나의 관심을 끈 것은 로마니어로 된 잡지—이런 잡지가 나오는 것 자체가 엄청난 노력이 있어야만 하겠지만—등에서 문어書き言葉로 사용되는 로마니어의 표현 형식이 주변의 거대majority 언어를 그대로 베꼈다고 지적한 부분이었다. 쿠르티아드에 따르면 주변의 유럽어와 접촉하면서 문어 영역에서는 거대 언어의 표현 방식을 그대로 모방하는 로마니어가 자라난다고 한다.

이것은 유럽어의 의미내용을 단순하게 번역하는 것이 아니다. 유럽어의 의미 형식과 통사 형식이 그대로 로마니어에 이식되어 버리는 것이다. 쿠르티아드에 따르면 로마니어는 원래, 동사를 다양한 방식으로 활용하여 표현하는 특징이 있다. 그런데 거기에 '추상명사가 의미가 고갈된 동사에 연결되어 생기는, 혼이 빠진 빈껍데기 같은 표현을 많이 사용하는' 유럽어의 형식이 억지로 덧씌워지면 앙상한 표현이 되어 버린다는 것이다.

쿠르티아드는 매우 흥미로운 예를 들고 있다. 유럽어의 영향을 듬뿍 받은 로마니어 필자는 '그는 어떻게 하는지 당신에게 말할 것이다'라고 하는 대신에 '그는 당신에게 설명을 부여할 것이다'라는 문장을 만들어낸다. 또한 '그놈들이 롬 아이들을 학교에서 쫓아내게 했다'라는 문장은 '다수자 주민 멤버들이 당국에 압력을 넣어 학교의 롬 출신 주민에 대한 추방 명령을 발하게 만들었다'로 되어 버린다. 이 두 가지 예에서는 전자의 표현만이 '로마니어의 정신'에 부합한다고 쿠르티아드는 말한다. 후자의 표현 방식은 데면데면한 느낌만을 준다는 것이다.

로마니어는 무엇보다 주체의 행위에 주목하여 주체와 말, 말과 대상이 밀착된 것을 중요시한다고 말할 수 있다. 그때 힘을 발휘하는 것이 다양한 행위 양태를 나타낼 수 있는 동사의 기능이다. 그런데 유럽어는 추상명사라는 차가운 틀 안에 인간의 행위를 동결시켜 버린다. 그렇게 함으로써 비로소 '객관적인' 표현을 할 수 있을지는 모르겠지만, 피가 통하지 않는 차가운 표현이 만들어진다. 로마니어에서 말은 인간의 신체와 연결된, 그 자체가 신체성을 갖춘 것으로 표현되지만, 유럽어에서 말은 인간이 거리를 두고 조종할 수 있는 도구라고 말할 수 있을지도 모른다.

쿠르티아드는 롬이 소수민족의 권리를 주장하는 것은 분명히 옳지만, 그 때문에 행정적이고 법률적인 유럽어의 거북한 표현이 로마니어 속으로 파고들어 가 점차 로마니어 본래의 표현이 힘을 잃어가고 있는 것은 문제라고 말한다. 그리고 로마니어 화자 수가 감소하는 것보다 서구 사회와의 접촉으로 로마니어가 활력을 잃어가고 있는 것이, 로마니어의 미래에 훨씬 더 큰 위험이라고 말하고 있다.

행정이나 법률뿐만 아니라 저널리즘이나 미디어 등 근대사회의 다양한 제도는 확실히 일정한 언어형식을 강요해 온다. 우리는 모르는 사이에 그런 '장치' 속에 말을 억지로 밀어 넣으면서 개성이 없는 무색투명한 표현을 만들어내는 것은 아닐까. 자유롭게 변화하는 동사의 힘이 아니라 사물 그 자체를 정지 상태로 파악하는 명사 표현이 늘어나는 것은, 우리가 세계를 보는 방식 그 자체를 변용시켜 버리는 것이 아닐까. 근대사회나 근대과학이 중요시하는 '객관성'이라는 기준은 말과 주체와의 연결점을 분리해 버림으로써 우리가 표현하는 방식이나 세계를 보는 방식을 앙상하고 메마르게 만들고 있는 것이 아닐까.

감정의 말/말의 기계

테리앵과 쿠르티아드의 논문을 읽으면서 나는 사회학자 토마스 코치먼Thomas Kochman이 『즉흥의 문화卽興の文化』[6]에서 논한 '백인문화'와 '흑인

문화'의 차이가 생각났다. 거기서 코치먼은 자기 표현의 방식, 말을 쓰는 방식, 신체 표현, 인간관계의 모습 등의 측면에서 '백인문화'와 '흑인문화'가 어떻게 다른지를 선명하게 그려냈다.

예를 들어 '흑인문화'에서는 기쁨과 분노 등의 감정을 말이나 신체로 확실히 표현하는 것이 대상을 대하는 진지한 태도의 증거가 된다. 그런데 '백인문화'의 관점으로 보면 그러한 태도는 '감정적'이고 '냉정함이 결여되어 있고' '부적절'한 것으로 비춰진다. '백인'과 '흑인'이 구체적인 문제에 대해서 서로 이야기를 나누려고 할 때 늘 이해가 엇갈리는 것은 감정 표현에 대한 이런 가치관의 차이 때문이라고 한다.

코치먼은 이렇게 말하고 있다.

> 흑인은 감정이 자신들의 이성을 교란한다고 생각하지 않는다. …… 흑인은 고뇌하는 집단이 자신들의 분노나 적의를 교섭의 장으로 가져오는 것을 부적절하다고는 생각하지 않는다. 분노나 적의라는 것은 논의의 쟁점인 조건과 상황에 대한 고뇌하는 집단의 반응이기 때문이다. 그래서 감정 표현을 하지 않으려고 애쓰는 백인의 시도를 비현실적이고 비논리적이며 정치적으로 교활하다고 느낀다. …… 따라서 흑인은 자신들의 분노나 적의를 부적절하다거나 부당하다고 단정 지으려는 시도에 대해서 민감하며 경계를 소홀히 하지 않는다. 분노나 적의를 낳은 원인이 된 상황을 개선하지 않는 채 감정 표현을 하지 않으려고 하는 것은 사실, 자신들의 괴로움은 대수롭지 않다고 인정하는 것을 의미하기 때문이다.[7]

코치먼이 '백인문화', '흑인문화'를 너무나 정형화하려는 경향이 있는 것은 분명해 보인다. 백인이라도 '백인문화'에 위화감을 가지는 사람도 있을 것이고 흑인이라고 해서 모두가 '흑인문화'에 젖어 있지는 않을 것이다. 그런데 코치먼이 말하는 '흑인문화'와 '백인문화'와의 대립은 인종적이라기보다 오히려 W. J. 옹이 말하는 '구술문화'와 '문자문화'와의 대립으로 바꾸어 생각하는 것이 이해하기 쉬울 듯하다.[8] 예를 들어 '흑인문화'에서 '도발적 언사', '호언장담', '자화자찬'이 긍정적으로 간주되어 아이들의 놀이에서도 도입되거나 의례화된 말로 사용되는 등의 현상은 바로 '구술문화'의 특징이라고 해도 좋을 것이다. 옹에 따르면 '장황하고 말이 많은 것', '생활 세계에 밀착되어 있는 것', '투기鬪技적인 어조를 지니는 것', '감정이입적이고 참여적인 것', '상황 의존적인 것' 등은 '구술문화'에서 말의 역학이 지닌 가장 두드러진 특징이다. 그것은 인간과 인간이 맞부딪히는 수사학의 세계이다. 이와 달리 '백인문화'는 '논리성', '객관성', '사물과의 거리'를 존중하는 '문자문화'이다.

흥미로운 것은 '구술문화'에서는 감정 표현이 중시되면서도, 정해진 어떤 말의 형식으로 표현된다는 점이다. 모멸의 말이든 공격의 말이든 그것들은 예로부터 전승되어 온 언어형식으로 표현된다. 요컨대 '구술문화'에서의 감정 표현은 '문자문화'의 입장에서는 '허풍스럽고' '꾸며낸 티가 나는' 것일 수 있지만 그렇다고 날감정을 그대로 노출하지는 않는다. 그것은 극단적인 경우에는 의례화되어 일종의 카타르시스를 느낄 때마저 있다. 옹에 따르면 '바깥세계와는 단절된 내면성'이라는 생각 자체가 '구술문화'에는 아예 없는 것이다(그렇게 생각하면 사물과 거리를 두고 '객관성'을 존중하는 '문자문화'는 감정을 언어적으로 형식화할 방법을 터득하지 못하고 있기 때문에 내면의 비대화에 따라 감정 표현이 '내면화'됨으로써 더욱 폭력적으로 될 가능성이 있다).

옹에 따르면 말이 인간의 외부에 존재하기 때문에 마음대로 처리할 수 있다는 사고방식은 엄밀히 말해 '문자문화'라기보다 '인쇄문화' 특유의 것이다. 옹은 발화發話가 하나하나의 문장으로 이루어져 있고 문장은 단어로, 단어는 소리로 이루어져 있다는 것을 인간이 명확히 의식하기 시작한 것은 활판인쇄 시대부터라고 한다. 마치 하나하나 분리되어 있는 활자가 가득 찬 상자 앞에 앉은 인쇄공처럼 인간은 말이, 각각의 부품을 조립해서 만드는 기계라는 것을 처음으로 '발견'한 것이다.

말과 기계와의 연상이 작용할 때 말은 반드시 '문자'로 취급된다. 말을 기계적으로 처리할 수 있다고 생각하는 것은 말을 문자의 모습으로 생각하기 때문이다. 그리고 마치 자동화된 기계에 재료를 넣으면 자동으로 제품이 만들어져 나오듯, 말의 기계에도 무언가 인풋을 한다면 자동으로 표현이라는 아웃풋이 제조된다고 생각할 수 있게 된다. 어떤 의미에서 그것은 기계문명 아래서의 '자연스러운' 발상일지도 모른다.

가장 유명한 예의 하나로 소설가 로알드 달Roald Dahl이 묘사하는 '자동 문장 제조기'[9]를 들 수 있다. 이 단편소설의 주인공은, 영어 문법이 거의 수학적인 규칙으로 규정되어 있기 때문에 '전자계산기처럼, 숫자 대신에 단어를 문법 규칙에 따라 올바른 순서로 배치하는 엔진이 만들어지는 이치'도 성립한다고 상상한다. 그리고 '거기에 동사, 명사, 형용사, 대명사 등을 어휘로 기억부문에 기억시켜 요구대로 추출해서 배열하고 그다음에 기계에 줄거리를 집어넣어 문장을 고치게 하'려 한다. 이렇게 해서 '풍자작품', '주제 : 인종 문제', '문체 : 고전풍', '등장인물 : 남성 여섯 명, 여성 네 명, 유아 한 명', '길이 : 15장' 등의 버튼을 누르고 기계를 작동시키면 원하는 문장이 저절로 만들어진다는 것이다.

언어학자 스티븐 핑커Steven Pinker는 이와 같은 예를 마이클 프레인Michael Frayn의 『생철의 남자』라는 소설에서 찾아냈다. 주인공 골드와서는 기사技師이며 자동화연구소에 근무하고 있다. 그의 일은 '마비된 소녀, 댄서로서의 재기를 노리다'라는 제목을 주면 자동으로 신문 기사를 만들게끔 하는 컴퓨터 장치를 발명하는 것이다. 핑커는 다음과 같은 장면을 인용하고 있다.

> 골드와서는 파일캐비닛을 열어 가지런히 꽂혀 있는 카드 중에서 우선 한 장을 꺼냈다. '전통적으로' 라고 적혀 있다. 다음으로 고를 수 있는 카드는 대관식, 약혼식, 장례식, 결혼식, 성인식, 탄생, 사망, 출산 감사 예배 중 한 장이다. 어제 눈을 감고 뽑은 카드는 '장례식' 이었고 문장을 완성하기 위해서는 계속해서 '~은/는 죽은 자를 추도하는 모임이다' 를 뽑으라는 지시를 받았다. 오늘은 '결혼식' 이고 지시는 '~은/는 경사스러운 모임이다' 를 뽑으라는 것이었다.
>
> 다음에는 'X와 Y의 결혼식' 으로 이어지는 것이 순서일 것이다. 그다음에는 선택지가 두 개 있었다. '~도 예외가 아니었다' 와 '~은/는 그 좋은 예였다' 이다. 어느 쪽을 골라도 그다음으로는 '~고 말할 수 있을 것이다' 가 나온다. 대관식이나 사망, 탄생 중 어디서 출발해도 마지막에는 이 카드로 귀착되는 것이었다. '~고 말할 수 있을 것이다' 라고 적힌 카드를 든 채 프로그램의 우아함에 넋을 잃고 있던 골드와서는 제정신이 들어 잇달아 카드를 뽑기 시작했다. '이번에는 유난히 경사스럽고', '참으로', '젊은 두 사람이 전례가 없을 정도로 인기를 끌고 있다.'[10)]

이렇게 해서 골드와서는 카드를 차례로 뽑으면서 노리던 효과를 얻을 수 있을 만한 문장을 만들어 간다.

단어연쇄장치와 로고크라시

핑커는 이와 같이 단어를 잇달아 연결해 나가는 기구를 '단어연쇄장치' 라고 부르고 있다. 핑커는 그것을 다음과 같이 설명한다.

단어연쇄장치는 많은 단어(또는 미리 만든 구절)의 리스트와, 리스트로부터 리스트로 이동하기 위한 지시 세트로 구성된다. 프로세서는 어떤 리스트에서 단어를 하나 고르고 이어서 다른 리스트에서 하나 고르는 식으로 작동해서 문장을 완성한다.[11]

대수롭지 않은 농담으로 핑커는 '사회과학적 표현생성장치'라고 부를 만한 것을 만들어 낸다. 이것은 상 · 중 · 하 3단으로 되어 있고 각 단에서 하나씩 단어를 골라 연결하면 왠지 그럴듯한 표현을 만들 수 있다.

상	중	하
변증적	참가적	상호의존
탈기능적	퇴행적	전파
실증론적	집합적	주기성
단정적	충당적	합성
다각적	모의적	충족
양적	등질적	등가
분기적	변용적	예측
동시적	다양적	가소성
식별적	연계적	후성설
귀납적	점진적	구조주의
통합적	상보적	변형
분배적	배제적	응고

이렇게 하면 '귀납적, 집합적, 상호의존'이든 '동시적, 다양적, 주기성'이든 원하는 대로 새로운 개념이 만들어진다는 것이다.[12] 다만 핑커는, 문장은 이처럼 기계적인 단어연쇄가 아니라 촘스키의 말처럼 전체의 배열이 일정한 구조로 된 '수형도樹型圖'로 형성된다고 강조한다. 말은 결코 '단어연쇄장치' 같은 것으로 이루어져 있는 것은 아니다. 핑커가 말하는 '단어연쇄장치'는 어디까지나 언어의 캐리커처인 것이다.

그러나 이러한 연쇄장치는 전혀 근거가 없는 것은 아니다. 즉, 소쉬르의 말처럼 언어가 연사축連辭軸/syntagme과 범렬축範列軸/paradigme으로 교차되어 있다면 이러한 연쇄장치는 언어 메커니즘의 어떤 측면을 나타내고 있다고 말할 수도 있다.

연사축이란 시간의 흐름에 따라 배열되는 현재적顯在的인 기호의 열인데 반해 범렬축은 같은 문법 기능을 지니는 단어들이 만드는 잠재적인 대립의 장을 형성한다. 예를 들어 '나는 학생입니다'라는 문장을 생각해 보자. 이 단어의 열은 연사를 만들고 있지만, 그것이 일정한 의미가 있는 것은 각 단어 차원에서 다음과 같은 잠재적인 대립이 있기 때문이다. '나/너/그/그녀 등등', '은(는)/이(가)/도/조차 등등', '학생/교사/회사원/경찰관 등등', '입니다/이(가) 아니다/이었습니다/이(가) 아니었다 등등'.

말하자면 이러한 범렬축에서 단어를 하나씩 선택하여 연사축의 법칙에 맞게 결합시키는 것이 언어의 근본적인 구조이다. 물론 한 단어가 위치하는 범렬축의 범위는 경우에 따라 다르다. 조사나 보조동사처럼 문법적 기능을 담당하는 단어의 범위는 꽤 한정된 데 반해 명사, 동사, 형용사 등 어휘적 요소의 양은 상당히 많다. 그렇지만 범렬축에서 이루어지는 선택과 연사축에서 이루어지는 결합이라는 원리는 어찌 되든 마찬가지이다.

나는 이 설명을 들으면 왠지 슬롯머신이 떠오른다. 레버를 당기면 창에 비친 여러 색깔의 사과나 바나나, 귤 등의 그림이 빙글빙글 돌다가 모두 맞아떨어지면 큰돈이 당첨된다는 그 기계이다. 물론 언어는 다 같은 그림이 일치하는 것이 아니라 각각의 창에 단어가 일정하게 배열되었을 때에 게임이 성공하게 된다는 차이는 있다. 그러나 원리적으로 말하면 언어 표현은 일종의 단어 슬롯머신에 의해 만들어지는 것일지도 모른다.

이런 엉뚱한 것을 실제로 생각한 사람이 있었다. 바로 스위프트이다. 『걸리버 여행기ガリヴァー旅行記』의 주인공 걸리버가 발니바비국에 닿았을

때 거기서는 대규모 기계장치를 한창 만들고 있는 중이었다. 그것은 놀랍게도 말의 자동기계였다.

> 그(발니바비국의 과학자)는 그렇게 말한 다음 나를 그 기계 앞으로 데리고 갔다. 그 주위에는 제자들이 모두 나란히 서 있었다. 기계의 틀은 가로세로 20피트이며, 그것이 이 방 한가운데에 떡 하니 버티고 있었다. 표면에는 크기가 조금 다르지만 거의 주사위만 한 나뭇조각이 여러 개 배열되어 있었다. 나뭇조각은 떨어지지 않도록 가는 철사로 연결되어 있었다. 그리고 모든 나뭇조각의 각 면에 종이가 풀로 붙여져 있고, 거기에는 이 나라 말의 온갖 단어가, 그것도 여러 서법敍法, 시제, 어미변화 등을 나타내는 단어에 이르기까지 모두 적힌 것들이 순서에 상관없이 배열되어 있었다. 지금부터 이 기계를 움직일 테니까 잘 보라며 교수는 나에게 주의하라고 하였다. 제자들은 교수의 명령으로 기계 끄트머리에 빙 둘러 놓여 있는 40개의 쇠로 된 핸들을 잡았다. 그리고 갑자기 한꺼번에 핸들을 돌렸다. 단어의 모든 배열은 완전히 바뀌었다. 그러자 교수는 36명의 젊은이에게 기계의 표면에 나타난 한 줄로 늘어선 단어들을 소리를 내지 말고 읽어 보라고 지시했다. 그러나 만약 그 단어들 중 몇 개가 문장의 일부가 될 만한 순서를 갖추고 있다면 서기를 맡은 나머지 4명의 젊은이에게 소리를 내서 읽고 받아쓰게 하라고 명령했다. 작업은 서너 번 반복되었는데 기계의 구조가 잘 만들어져 있기 때문에 회전할 때마다 네모난 나뭇조각이 빙글빙글 뒤집히면서 단어도 따라서 새롭게 짜 맞추어지는 것이었다.[13)]

모든 지식은 말로 이루어져 있다. 지식이란 말을 일정하게 조합한 것이다. 그렇다면 말을 인간의 의지에서 해방시켜 자율적으로 운동하게 한다면 지금은 아무도 모르고 있는 지식이라도 쉽게 발견할 수 있게 된다. 이렇게 하여 다가올 미래에는 이 언어기계를 작동시킴으로써 '모든 기술과 학문에 관한 완전한 백과전서'를 만들 수가 있다는 것이다. 스위프트의 과대망상적 상상력이 평범한 사람을 훨씬 능가하는 것은, 이 언어기계로는 인간의 정신이 아무런 역할도 할 수 없다는 것을 확실하게 묘사한 데 있다. 중요한 것은 단어와 단어의 자동적이고 우연한 결합이다. 마치 단어들의 우연한 배열이 인간에게 한순간에 온갖 진리를 펼쳐 보여주는 듯하다. 여기서는 인간이 말을 사용하는 것이 아니라 인간이 말에 봉사하는 것이다.

스위프트가 생각한 이런 기묘한 장치는 역시 인쇄기로부터 연상한 듯하다. 유한한 말의 부품을 조합함으로써 거의 무한한 지식이 인간의 수고 없이 발견할 수 있다는 것은, 말이 인간의 손을 떠나 자동적인 '장치'가 되어가는 시대의 징후인지도 모른다.

나는 스위프트의 기괴한 상상력에 감탄한다. 하지만 이러한 '언어기계'가 현실에 존재하게 된다면 감탄만 하고 있을 수는 없다. 내 머릿속에는 언어학자 클렘페러Victor Klemperer가 'LTI' 즉 '제3제국의 언어'[14]라고 부른 언어장치가 떠오른다. 이것은 소비에트 연구자 미셸 엘레르Michel Heller가 스탈린 시대의 '소비에트어'[15]라고 부른 언어장치이다.

이 두 가지 언어장치는 공통의 특색이 있다. 그것은 말이 지극히 소수의 언어 요소까지 환원되어, 그것들을 자동으로 조합함으로써 표현된다는 점이다. 거기서는 언어 주체의 표현 의지나 능동적인 역할은 완전히 배제된다. 말은 이미 정해진 내용의 '진리'만을 몇 번이고 반복하지 않으면 안 된다. 무의미하면서도 단정적인 표현은 일정한 반사적인 행동만을 초래하고 최상급의 표현이 남용되는 허풍스런 말은 인간에게 일종의 최면 효과를 불러온다. 그것은 말을 바꿈으로써 현실을 바꾸려고 하는 도착적인 '로고크라시=말의 지배체제'를 만들어간다. 인간은 정해진 말의 틀 안에서만 현실을 볼 수 있으며 조건 반사적인 명령의 말로 집단적인 행동에 사로잡힌다. 말은 주문呪文 같은 반향을 지니게 되고 거기에 어긋나는 표현 의지는 모조리 금지된다.

물론 이러한 '로고크라시'는 나치 독일과 스탈린 시대의 소련 같은 소위 '전체주의 국가'의 특색인지도 모른다. 그러나 나는 이 무서운 '언어장치'가, 근대사회의 극단적인 언어 모습을 드러내는 것일 수도 있다는 생각을 금할 수 없다. 이른바 '자유주의' 국가에서조차 '로고크라시'는 병원균처럼 우리의 신체를 좀먹고 있다고 생각하지 않을 수 없다. 신체성에서 탈각된 말의 지향점이, 인간을 거푸집 속에 밀어 넣는 '언어장치'에 의해 지탱되는 '로고크라시=말의 지배체제'가 아니라고 누가 단언할 수 있을까.

■ 주

1) 에드워드 사피어 지음, 安藤貞雄 옮김, 『언어-말의 연구 서설言語-ことばの研究序説』, 岩波文庫, 1998.
2) F. 드 소쉬르 지음, 小林英夫 옮김, 『일반 언어학 강의一般言語學講義』, 岩波文庫, 1972, 115쪽.
3) 三浦信孝 · 糟谷啓介 엮음, 『언어제국주의란 무엇인가言語帝國主義とは何か』, 藤原書店, 2000.
4) 같은 책, 238~247쪽.
5) 같은 책, 217~237쪽.
6) 토마스 코치먼 지음, 石川准 옮김, 『즉흥의 문화卽興の文化』, 新評論, 1994.
7) 같은 책, 57~58쪽.
8) W. J. 옹 지음, 櫻井直文 · 林正寬 · 糟谷啓介 옮김, 『구술문화와 문자문화聲の文化と文字の文化』, 藤原書店, 1991.
9) 로알드 달 지음, 田村隆一 옮김, 「위대한 자동 문장 제조기偉大なる自動文章製造機」, 『당신과 닮은 사람あなたに似た人』, ハヤカワ文庫, 1976.
10) 스티븐 핑커 지음, 椋田直子 옮김, 『언어라는 본능言語という本能』上, 日本放送出版協會, 1995, 122쪽.
11) 같은 책, 123쪽.
12) 같은 책, 124쪽.
13) 조나단 스위프트 지음, 平井正穗 옮김, 『걸리버 여행기ガリヴァー旅行記』, 岩波文庫,

1980, 253~254쪽.

14) V. 클렘페러 지음, 羽田洋 외 옮김, 『제3제국의 언어〈LT1〉第三帝國の言語 〈LT1〉』, 法政大學出版局, 1974.

15) 미셸 엘레르 지음, 辻由美 옮김, 『호모 소비에티쿠스-기계와 톱니바퀴ホモ・ソヴィエティクス-機械と歯車』, 白水社, 1988.

제2장

문자에서 문체로

—한자와 언어적 근대

"단일어Singlish" 우화

미국의 중국어학자 존 드프란시스John DeFrancis는 저서 『중국어-사실과 공상中國語—事實と空想』[1] 서문에서 자신이 쓴 재미있는 우화를 보여주고 있다. 거기에는 근대 동아시아에서 한자의 운명이 조금은 희화적으로, 그리고 일반인들도 알기 쉽게 묘사되어 있기 때문에 여기서 소개하고자 한다. 제목은 "단일어 문제The Singlish Affair"이다.

194×년 어느 날 대일본제국 수상 도조 히데키東條英機 직속으로 언어정책에 관한 비밀위원회가 설치되었다. 위원은 네 명이었고 일본인을 위원장으로 중국인, 조선인, 베트남인이 각 위원으로 임명되었다. 이 위원회의 임무는 이렇다. 일본군은 하와이를 공격한 뒤 호주와 뉴질랜드를 점령하고, 최종적으로는 미합중국까지 지배하게 된다. 그때 이들 지역에서 라틴·알파벳을 금지하고 한자를 바탕으로 한 문자 체계로 영어 정서법을 만들기로 한다. 즉 일본, 조선, 베트남에서 중국 고유의 문자인 한자를 받

아들였기 때문에 영어도 틀림없이 한자로 적을 수 있다는 것이다.

위원회의 논의에서 여러 가지 방안이 나왔다. 위원 중에는 『시경』의 시편을 인용하여 그것을 영어로 읽어 보는 사람도 있었다.

野有死麕 wilds there's dead doe
白茅包之 white reeds shroud it
有女懷春 there's girl feels Spring
吉士誘之 fine knight tempts her

이것은 한문을 영어로 번역한 것이 아니라 한문 자체를 영어로 훈독하여 읽은 것이다. 그것은 "野に死せる麕あり(들에 죽은 노루 있다)"라고 일본어 훈독으로 읽는 것과 원리적으로 조금도 다르지 않다. 오히려 통사론의 관점에서는 일본어처럼 어순을 뒤집어 읽지 않아도 되기 때문에 영어 훈독체가 한문에 더 가깝다고 말할 수 있다.

그러나 영어를 한자로 어떻게 표기할 것인가 하는 점에 이르러서는 논의가 몇 가지로 나누어졌다. 첫째는 한자를 순수하게 음성기호로서 사용하는 방안이다. 여기를 따르면 예컨대 영어의 'four'는 한자로 '佛爾(fo-er)'라고 표기된다. 둘째는 한자를 의미를 표시하는 것으로 사용하는 방안이다. 이 방안으로 영어의 'four'는 '四'라고 표기된다. 셋째로는 중국어의 음성과 의미를 그대로 유지하여 영어 속에 차용어로 받아들이는 방법이다. 이 방법에 따르면 예컨대 'second violin'는 영어로도 중국어의 발음 그대로 'erhoo'라고 읽어도 상관이 없다.

이렇게 논의가 진행됨에 따라 일본, 중국, 조선, 베트남 각 나라의 견해 차이가 드러났다. 베트남 위원은 한자로 베트남어를 표기하는 방법을 소개했다. 베트남에서는 고전한문을 문어書きことば의 규범으로 삼는 시대가

오랫동안 지속된 후, 한자의 음성적 가치를 이용하여 베트남어를 표기하는 방법이 나타났다. 그리고 마침내는 원래의 한자에는 존재하지 않는 새로운 문자까지 만들어냈다. 그 방법에 따르면 영어의 'four'는 '四'를 변邊으로 '佛'을 방旁으로 한 문자로 표기할 수 있다고 한다. 즉 그 문자로는 '四'가 의미를 나타내며 '佛'이 음성을 나타내는 것이다. 사실 이것은 '쯔놈(字喃)'이라고 불리는 베트남 고유의 한자사용 방법을 확장한 것이었다. 실제로 쯔놈으로는 '正月(정월)'은 '月'을 변으로, '正'을 방으로 한 문자로 나타낸다.

이에 대해 일본 위원 역시 자국의 전통을 다른 나라 위원들에게 말했다. 일본에서는 일본어를 표기하기 위해 한자의 글자체를 간략화하여 히라가나, 가타카나라는 음성문자를 만들어냈다. 예컨대 '加'라는 한자로부터 'か'라는 히라가나, 'カ'라는 가타카나가 생겼다. 이렇게 해서 원래의 한자가 지니는 뜻은 무시되고 순수하게 소리를 나타내는 문자를 만들 수 있다. 따라서 일본 위원은 영어도 이 방식을 적용하여 영어의 소리를 나타내기 위하여 한자를 간소화한 문자를 만드는 것이 베트남의 방법보다 한층 더 쉽다고 주장한다.

그러나 여기에다 조선 위원도 의견을 덧붙였다. 조선에서도 역시 한자를 이용해서 조선어를 표기했던 시대가 있었다. 하지만 조선에서는 더 나아가 15세기에 조선어를 나타내기 위한 완전한 음성문자, 한글이 발명되었다. 일본의 가나가 더 이상 나눌 수 없는 한 음절로 나타내는 문자인 데 반해 한글은 모든 문자가 모음과 자음 단위로 나누어지며 한 음절의 음성 단위는 자음과 모음을 조합하여 표기한다. 그러므로 일본어보다 복잡한 음운 구조를 지니는 영어는 한글을 사용하는 편이 좋다. 따라서 도래할 '단일어Singlish'의 문자를 표기하기 위해서는 한자와 한글을 혼용해야 가장 쉽고 정확한 정서법을 만들 수 있다고 주장한다.

여기에 이르자 하나의 대립이 나타나기 시작했다. 조선과 일본 위원은 자국의 전통에 따라 '단일어Singlish'에서도 주요한 어휘 요소는 한자로, 활용어미 등의 문법 요소는 음성표기로 하는 방식이 가장 좋다고 주장했다. 이에 대해 자국에 음성문자의 전통이 없는 중국과 베트남 위원은 조선과 일본의 방안에 강경하게 반대했다.

이렇게 끝도 없는 논의는 계속해서 이어졌고 결론을 내지 못한 채 일본은 패전을 맞이했다. 도쿄 재판에서도 이 비밀위원회는 언급되지 않았고 모든 일은 역사의 망각 속으로 사라져 갔다…….

드프란시스는 마지막에 와서야 이 위원회 이야기는 대수롭지 않은 농담이라고 그 내막을 밝혔지만, 시험 삼아 아무 설명 없이 이 이야기를 몇몇 동료에게 읽혔더니 전문가조차 그것이 정말로 있었던 일인 것처럼 믿더라고 말하고 있다.

실제로 드프란시스의 책략은 정교하다. 예를 들어 일본 위원은 '오노간지'라는 꽤 그럴듯한 이름을 붙였는데, 이것은 'Oh, no characters (Kanji)'를 나타내는 말장난이다. 조선 위원의 이름인 '김문이(kim mun-yi)'는 더 복잡한데, 조선어의 '金=김'과 영어의 'money'를 합친 것, 즉 '金 money'라는 뜻이 된다.

그러나 이 꾸며낸 이야기에 전문가를 포함하여 많은 사람들이 감쪽같이 속은 것은 중국, 일본, 조선, 베트남 등 각 나라의 한자 사용 역사를 정확하게 이해하고 있고, 그 핵심을 담아서 이야기를 그럴듯하게 만들었기 때문이다. 다시 말해 일본의 만요가나萬葉假名*, 히라가나와 가타카나, 조선의 향찰과 이두, 베트남의 쯔놈을 정확하게 이해하지 못하면 진실처럼

* 한자의 음훈(音訓)을 차용하여 상대 일본어를 표기하는 데 이용한 한자. 『만요슈萬葉集』에서 현저하게 나타나며, 후대에 이를 기원으로 한 히라가나, 가타카나가 성립되었다.

보이는 이런 우화를 만들 수는 없을 것이다.

원래 중국 문자였던 한자가 조선, 베트남, 일본에 전해진 것은 사실이지만 이들 동아시아의 각 민족은 한자를 수동적으로 받아들이기만 한 것이 아니라 저마다 독자적인 문자 체계로 발달시켰다. 그 결과 먼저 베트남, 이어서 조선이 한자 세계에서 벗어나, 베트남에서는 '꾸옥 응으(國語)'라고 불리는 알파벳표기만을 채용하였고, 조선에서는 문장에서 거의 한자를 사용하지 않고 한글만으로 쓸 수 있게끔 되었다. 물론 잘 알려진 것처럼 북한에서는 '한글 전용문'을 완전히 사용하고 있지만, 한국의 신문이나 잡지에서는 아직 한자를 사용하고 있다. 그러나 뒤에 다시 언급하겠지만, 한국에서는 일상생활에서 한자를 거의 사용하지 않는다. 소설은 물론이고 고도의 전문서이든 교과서이든 '한글 전용문'으로 된 것이 드물지 않으며 자신의 이름조차 한자로 거의 적지 않는다. 결국, 소위 '한자문화권'에서 한자의 대종가인 중국과 대만을 제외하면 한자에서 벗어날 수 없는 나라는 일본뿐이라고 해도 과언이 아니다.

그러나 이것을 단순히 한자폐지운동의 성공 여부로만 평가할 수는 없다. 각국에서의 한자, 한자어, 한문의 위치, 그리고 상당히 다른 자민족의 언어와 중국어와의 관계 등 역사적인 사정을 확실히 이해해야 할 것이다. 이와 같은 다양성을 이해하지 못한 채 동아시아를 '한자문화권'이라는 표현으로 묶어 버리는 것은 섬세하지 못한 것으로 보인다.

조선에서의 한자 · 한문

여기서는 일본과 조선에서 한자 · 한자어 · 한문이 놓인 위치가 상당히 다르다는 점에 대해서만 언급하기로 한다.

소위 한자의 훈독訓讀み이라는 것이 존재하는 나라는 일본뿐이다. 물론 조선에도 한자의 '훈'은 있다. 그러나 그것은 한자가 나타내는 뜻을 조선어로 번역한 것에 지나지 않으며 그 '훈'의 읽기나 쓰기 방식으로 조선어를 표기하는 일은 전혀 없다. 예를 들어 '讀む', '書く', '歩く', '走る' 등의 한자 사용법은 조선어로는 전혀 불가능하다. 즉 조선어로 한자를 섞어 쓰는 것은 순수 한자어를 표기할 때뿐이다. 거기다 일본에서는 한자 음독으로 한음漢音, 당음唐音, 오음呉音의 세 종류 발음이 있지만, 조선에서는 원칙적으로 한자 한 글자에 대해 하나의 발음밖에 없다.

그러나 조선에서는 한자어를 표기할 때만 한자를 사용한다고 말하는 것만으로는 조금 부정확한 점이 있다. 오히려 조선에서 한자는 어디까지나 한문을 표기하기 위한 문자이며, 결코 조선어를 쓰기 위한 문자는 아니었다고 말하는 편이 좋을 것이다. 물론 만요가나萬葉假名처럼 한자의 소리와 뜻을 이용해서 조선어를 표기하는 '이두'나 '향찰', 그리고 '구결' 같은 한자 사용법도 있었다. 그러나 '이두'는 한문을 잘 읽지 못하는 하급관리를 위해서 고안된 것이며 한문에 부기된 보조기호 같은 역할밖에 하지 못한다. 또한 '향찰'은 더 발전되어 '향가' 같은 운문 작품을 표기하는 데 사용되었지만 모든 문장에 적용되지는 않았다. '구결'은 원래 한문으로 번역된 불경의 해독을 위해서 고안된 문자인데 역시 용도는 한정되어 있었다. 1446년에 세종대왕이 '훈민정음=한글'을 창제한 이후에도 한글로 쓰인 소위 '언문'은 '여자의 문자'로 지속적으로 멸시받았다. 실제로 조선에서는 1896년의 갑오개혁으로 한글이 '국문'으로 규정되기까지 정식 공용문은 모두 순수 한문이었다('한글'이라는 명칭이 생긴 것은 20세기에 들어선 이후이다).

일본과 조선에서 한자 사용 양상이 근본적으로 다른 것은 '한문'에 대한 두 민족어의 거리 감각이 전혀 달랐기 때문이다. 일본에서 한문이라고 불리는 것의 핵심은 실제로는 일본어에 따른 한문훈독체이다. 중학교나

고등학교의 '한문' 수업에서는 한문을 한문훈독체로 번역하는 방법을 배우는 것이지 고전 중국어를 배우는 것은 아니다. 한문에 가에리텐返り点이나 군텐訓点*을 달아 어순을 일본어에 맞게 바꾸어, 때로는 한자어를 훈독해서 어떻게든 일본어로 이해할 수 있을 정도로 번역하는 과정을 익혀야 한다. 이것은 일본의 한학자가 전통적으로 해온 방법이었다. 이렇게 해서 '春眠不覺曉'라는 시구를 '春眠, 曉を覺えず(춘면, 새벽을 모른다)'고 읽을 수가 있게 된다.

그러나 조선에서는 전혀 다르다. 한문에 조선어의 문법 요소를 삽입해서 읽었던 이두나 구결문 같은 예외는 있었지만, 정상적인 읽기에서 한문은 원칙적으로 대개 그 어순대로 위에서 아래로 읽는다. 한자는 중국어 그대로가 아니라 바뀐 조선어 음으로 읽지만, 훈독으로 한자의 뜻을 조선어로 바꾸지는 않는다. 조선에서 한문은 순수한 그대로의 모습을 유지하고 있었던 것이다.

한문과 일본어, 한문과 조선어의 관계는 애초부터 이만큼 차이가 있었다. 이러한 현실은 사회언어학자 퍼거슨이 제창한 '다이글로시아diglossia'라는 개념을 적용해서 설명하면 이해하기 쉬울지도 모른다.[2)] 퍼거슨은 표준 아랍어와 구어 아랍어**, 고전 그리스어와 민중 그리스어 등이 언어의 계층제를 만들고 있는 상태를 '다이글로시아'라고 명명했다. 높은 지위의 언어 변종은 성스러운 텍스트의 전통에 의거하여 고도로 지적인 대상을 논할 때밖에 사용되지 않는 문어인 데 비해 낮은 위치의 언어 변종은 일상

---

* 返り点–한문을 훈독할 때 한자 왼쪽에 붙여 아래에서 위로 올려 읽는 차례를 매기는 기호, 訓点–한문을 훈독하기 위하여 찍은 부호나 가나 문자의 총칭.

** 표준 아랍어, '푸스하'라고도 한다. 꾸란의 아랍어를 토대로 발전한, 뉴스나 연설 혹은 격식을 차린 자리에서 사용한다. 이에 비해 구어 아랍어는 '안미야'라고도 하는데 푸스하와는 다른 독자적인 방언으로 일상생활에서 사용하는 회화체이다.

적인 구어로밖에 사용되지 않는다. 그리고 이 두 가지 언어 변종 사이에서는 엄밀한 기능 분담이 이루어져 있어 그 사이에서 언어가 서로 간섭하여 영향을 주고받는 것은 원칙적으로 피할 수 있다(물론 현실에서는 중간적인 변종이 생기는 것을 퍼거슨도 인정하고 있다).

조선에서의 한문과 조선어와의 관계는 이 '다이글로시아'의 상태에 거의 들어맞는다. 한문과 조선어는 성/속, 공/사, 글/말이라는 이분법 아래 기능 영역이 엄격하게 구분되어 하나의 영역에서 두 가지가 동시에 쓰이는 일은 결코 없었다. 그리고 이 이분법은 문자에도 이어졌다. 이것은 조선에서 한자는 어디까지나 한문을 표기하기 위한 문자였다는 것을 의미한다.

한글로 쓰인 최초의 문헌은 훈민정음 반포를 앞두고 1445년 간행한 『용비어천가』이다. 이것은 한문 문장에 맞추어 한글 대역을 실은 것이지만, 한문과 한글문과의 관계는 한문과 조선어와의 번역 관계에 있었고, 한자와 한글이라는 문자 세계의 대립이 한문과 조선어라는 언어 세계의 대립과 겹쳐져 있다. 조선 후기 '언문소설'에서도 한자가 쓰이는 것은 한문에 의한 완전한 발화를 모사하거나 어구를 인용할 때로 한정되어 있었으며 한글과 한자를 하나의 발화 속에서 혼용하는 일은 없었다.

1894년 시작된 갑오개혁에서 처음으로 한글이 '국문'으로 규정되자 한자와 한글을 혼용해서 쓰는 '국한문'이라는 문체가 성립된다. 이 '국한문' 발생의 기초에는 앞서 말한 '이두'나 '구결'이 있다. 그러나 이렇게 성립된 국한문의 사용이 확대된 배경에는 일본의 한문훈독체로부터 받은 영향도 고려해야 할 것이다. 그보다도 조선에 대한 일본의 실질적 지배가 확대됨에 따라 일본의 한문훈독체와 아주 비슷한 국한문체의 사용이 확대된 측면이 있다. 어휘 요소는 한자로, 문법 요소는 조선어로 쓴다는, 일본 한문훈독체 그대로의 문체가 받아들여짐에 따라 근대적 개념을 나타내는 일본제 한자어가 엄청나게 들어온 것이다. 그렇게 되자 마치 일본어 문장의 한자어 이외 부분을 조선어로 바꾸면 조선어의 문장이 만들어지는 것 같은 인상마저 주게 되었다. 흔히 오해받는, 일본어와 조선어 문어의 이러한 유사성은 결코 일본어와 조선어라는 언어 자체의 성격에 기인한 것이 아니라 어디까지나 역사적으로 만들어진 것이다. 이것을 강조해 둘 필요가 있다.

예를 들어 다음과 같은 글을 보자. 이것은 1895년 8월 12일 공포한 조선 학부령學府令 제3호 「소학교별 대강」 제3조이다.

……讀書와 作文은 近으로 由ᄒᆞ야 遠에 及ᄒᆞ며 簡으로 由ᄒᆞ야 繁에 就ᄒᆞ는 方法에 依ᄒᆞ고 몬져 普通의 言語와 日常須知의 文字, 文句, 文法의 讀方과 意義를 知케ᄒᆞ고 適當ᄒᆞᆫ 言語와 字句를 用ᄒᆞ야 正確히 思想을 表彰ᄒᆞ는 能을 養ᄒᆞ고 兼ᄒᆞ야 智德을 啓發ᄒᆞᆷ을 要旨로ᄒᆞᆷ……

그리고 다음 것은 1891년 공포한 일본의 「소학교교칙대강」이다.

讀書及作文ハ普通ノ言語竝日常須知ノ文字, 文句, 文章ノ讀ミ方, 綴リ方及意義ヲ知ラシメ適當ナル言語及字句ヲ用ヒテ正確ニ思想ヲ表彰スルノ能ヲ養ヒ兼ネテ智德ヲ啓發スルヲ以テ要旨トナス

(독서 및 작문은 보통의 언어와 일상에 필요한 문자, 문구, 문장을 읽는 법, 철자법, 그리고 의의를 알리고 적당한 언어 및 자구를 사용하여 정확히 사상을 표창할 능력을 키우고 갖추어 지덕을 계발함을 요지로 한다.)

조선어를 모르는 사람이라도 알 수 있듯이 앞의 조선어 법령의 뒷부분은 일본어 법령문의 축어역이라고 말해도 좋을 정도이다. 즉 한자 부분은 그대로 두고 그 이외의 활용어미, 조동사, 조사 등 형태론적 요소만을 조선어로 바꾼 것에 지나지 않는다. 그리고 중요한 것은 '국한문'이라는 문체가 먼저 존재하고 그 문체로 일본어를 번역한 것이 아니라는 점이다. 오히려 그 반대로 일본어 한문훈독체를 이처럼 축어 번역함으로써 '국한문'이라는 문체가 정착되어 간 것이다. 그리고 그 배경에는 갑오개혁의 주도권을 조선의 개화파로부터 빼앗은 일본의 끊임없는 간섭이 있었다. 따라서 거기에는 일본어와 조선어의 문체적 동일성이 아니라 일본에 의한 언어적 지배가 나타나 있다고도 말할 수 있을 것이다.[3)]

물론 조선에서는 한문의 지배력이 일본보다 압도적으로 강했다. '산'을 나타내는 고유어가 사라진 것은 그 상징이다(일본어 '山'에 해당하는 조선어는 '산'밖에 없다). 사실 지금도 조선어 어휘에 한자어가 차지하는 비율은 일본어보다 클 것이다. 이것은 임의의 문장을 뽑아내어 통계적으로 비교해 보아도 알 수 있다. 그러나 지극히 역설적이지만 한문의 지배력이 강했다는 그 사실 때문에 조선어가 한문의 지배권에서 쉽게 탈출할 수 있었다고 말할 수 있다.

'감사합니다'라고 말할 때 '感謝합니다'라는 식으로 한자어를 떠올리는 조선인은 거의 없을 것이다. 이것은 하나의 극단적인 예에 지나지 않지만 일단 한자어가 조선어에 정착되면 그것을 한글로 표기해도 전혀 어색하지 않다. 즉 조선어에서는 한자어를 한자로 쓸 필요가 없는 것이다. '한자는 한문을 표기하는 문자이다'라는 말의 참된 의미는 여기에 있다. 한자어가 조선어 속에 녹아들면 조선어 일부가 되어 문자 표기 수단으로서의 한자와는 절연할 수 있다. 그보다도 조선어를 쓴다는 것은 아예 한자를 사용하지 않는다는 것을 의미한다.

이것을 증명하는 것이 1896년에 발간된 『독립신문』이다. 어쩔 수 없이 제호는 한자로 썼지만, 이 신문에서는 모든 기사가 완전한 '한글 전용문'으로만 표기되어 있다. 『독립신문』은 민족의식 고양과 사회 계몽을 지향한 가장 선진적인 지식인 단체인 '독립협회'의 기관지였다. 그 문장은 지금 보면 어색한 면도 있고 때로는 치졸한 표현까지 보이지만, 그것은 어떻게든 조선어의 근대적 문어를 만들어내려는 열정에 기인한 시도였다.

조선에서 '한글 전용문'의 성립을 열렬한 문자 내셔널리즘을 나타내는 것으로만 설명하는 것은 옳지 않다. 물론 그것을 부정할 수는 없겠지만, 그 역사적 배경으로 조선에서는 '한문/조선어=한자/한글'이라는 엄격한 계층질서를 이루는 언어체제가 엄연히 있어왔던 것을 지적해야 한다.

한자 복권의 움직임도 엿보이는 현재에서 한자에 대한 반대 자체가 자폐적인 내셔널리즘으로 파악될 수도 있다. 그러나 그러한 일방적인 단정으로는 동아시아 언어적 근대의 고투를 결코 이해할 수 없다.

그러므로 일본에서 한자폐지론에 반대하는 사람들이 주장하는, '한자를 몰아내면 한자어를 어떻게 표기할 것인가', '한자어는 한자로 표기하지 않으면 의미를 이해할 수가 없다'는 등의 견해는 사실 한자와 한자어 자체의 성격에 따른 것이 아니라 어디까지나 일본에 있어서 한자 사용의 특수성을 전제로 하는 것이다.

일본에서의 한자와 언어적 근대

동아시아에서 언어적 근대를 어떻게 확립할 것인가라는 문제의 중심에는 각각의 민족어가 고전적 한문의 세계에서 어떻게 벗어날 것인가라는 점이 있었다. 이미 말한 바와 같이 베트남에서는 '꾸옥 응으', 조선에서는 한글이라는 문자 체계가 그 원동력이 되었다. 그리고 중국에서도 문제의 본질은 마찬가지였다. 전통적인 한문 지배에서 벗어나 구어를 바탕으로 문어를 확립하려고 한 노력이 후스胡適과 천두슈陳獨秀가 주창한 '문화혁명'의 중심이었다.[4)]

그렇다면 일본에서는 어떨까. 이른바 '한자문화권' 중에서 일본의 '한자문제'가 유난히 복잡한 것은 앞에서 살핀 것으로도 알 수 있듯이 일본어와 한자가 특수하게 결부되어 있기 때문이다. 이는 다른 한자문화권에서는 볼 수 없는 현상이다.

반복해서 말하지만, 조선에서(그리고 베트남에서도) 한자는 한문을 표기하기 위한 문자였다. 그러나 일본에서는 한자의 훈독과 한문훈독체라는 문체로 인해 한자를 일본어 체내로 녹여 들일 수 있었다. 조선에서는 한자와 한글의 대립은 말하자면 한문과 조선어의 대립이며, 그것은 거리가 먼 두 언어 세계의 대립이기도 했다. 그러나 일본에서 한자가 걸어간 운명은 그것과는 전혀 달랐다.

이 점에 대해서는 다음과 같은 가메이 다카시龜井孝의 말이 문제의 본질을 잘 지적하고 있다. 가메이는 다음과 같이 말한다.

> 이것(한자의 훈)은 한자를 그 종가인 지나어의 환경에서 유리시켜 전혀 다른 토양에 이식하는 것이다. 그리고 그것으로 하여금 새롭게 〈표의문자〉로서 이 토양에 뿌리를 내리게 한 것은 다름 아닌 바로 일본뿐이었던 것이다.[5)]

즉, 일본에서는 "한자를 일본어에 맞춤으로써 거꾸로 한자의 표어성表語性을 확대하고 지나어로부터 분리시켜 일본어와의 직접적 연합을 도모했"[6)]던 것이다. 이렇게 해서 "일본에서 한자는 그 배경에 있는 지나적 전통과 단절한 형태로 그것이 지니는 문자론적 기능만을 일본어에 적응시켜 사용하는 것이며, 만약 여기서 한자 본래의 사용을 〈고전적 사용〉이라 한다면 이와 달리 일본의 한자 사용은 〈기능적 사용〉이라고 말할 수 있다. 이와 같은 한자의 기능적 사용으로 비로소 한자의 제한 또는 개조가 가능한 것이며, 동시에 이처럼 일본어화 함으로써 얄궂게도 거꾸로 더욱더 한자와의 악연은 끊기 어려운 상황이 되어 버렸다."[7]

여기서 흥미로운 것은 한자 제한이라는 발상이 나오기 위해서는 한자의 '기능적 사용'이 전제되는데, 바로 그 점에 일본어와 한자의 '악연'의 근원이 있다는 지적이다. 사실 한자의 '고전적 사용'이 유지되는 한, 한자 제한이라는 발상이 있을 수 없다. 어떤 한자를 사용하지 않는다는 것은 그 한자가 나타내는 단어를 사용하지 않는다는 것이고, 더 나아가 그것이 나타내는 의미를 추방하는 것으로 이어지기 때문이다. 거기서 한자는 '표의문자'가 아니라 엄밀한 의미로 '표어문자'로 기능하고 있는 것이다.

따라서 한자의 '고전적 사용'이 전통으로 존재하고 있는 상황에서 한자 문제를 해결하기 위해서는 순수한 한문을 유지하느냐, 한자를 폐지하느냐 하는 양자택일만이 가능성으로 남는다. 그리고 일본어에서 한문을 유지하는 것도, 한자를 폐지하는 것도 아닌 한자 제한이라는 발상이 나타난 것은, 근대적인 의미에서 '국어국자문제'를 해결할 필요가 있었기 때문이 아니라 일본어의 역사적 전통에서 한자 제한이라는 발상을 가능하게 하는 한자의 '기능적 사용'이라는 배경이 있었기 때문이다. 지나치게 많은 한자의 수를 제한한다는 것은 얼핏 보면 지극히 단순한 생각처럼 보이지만 그 발상이 성립하기 위해서는 역시 그 나름의 전제조건이 필요하다.

일본어에서 한자를 어떻게 처리할 것인가 하는 문제에 대해서는 마에지마 히소카前島密의 「한자폐지 건의漢字御廢止之議」(1866)가 가장 이른 시기에 가장 급진적인 제언한 것으로 유명하다. 마에지마는 일본이 근대국가로서 자립하기 위해서는 한자를 완전히 폐지해야 한다고 주장했다. 마에지마의 이 주장을 하나의 축으로 하여 한자를 비판하는 쪽에서는 다음과 같은 견해 차이가 드러났다. 첫 번째 해결책은 마에지마의 주장과 같이 가나문자 전용론이고, 두 번째 해결책은 로마자 전용론이다. 세 번째 해결책은 한자 전폐를 궁극적인 목표로 할 것인가의 여부는 논자마다 다르지만,

한자 제한론이다. 그리고 네 번째로는 앞의 세 가지 방안보다 현실성이 결여되어 지지자도 거의 없었던 신국자제정론新國字制定論이다.

이들 입장을 약간 억지스럽게 비교한다면 다른 나라가 취했던 한자에 대한 태도 결정을 상기시키는 점이 있다. 첫 번째 입장은 민족 고유의 문자를 사용한다는 점에서는 조선의 한글 사용 주장에 해당한다. 두 번째 입장은 베트남의 '꾸옥 응으' 사용과 비슷하다. 네 번째 입장은 어떤 점에서는 중화민국의 '주음자모'를 상기시킨다. 그런데 현재까지 일본어에서 한자 문제 해결책은 세 번째 입장인 한자 제한에 근거하고 있는 듯하다. 따라서 일본 한자 문제의 특수성을 이해하기 위해서는 이 한자 제한이라는 발상이 어떻게 생겨났는지 알아볼 필요가 있다.

우선 후쿠자와 유키치福澤諭吉의 『문자의 가르침文字之教』(1873)을 생각할 수 있다. 『서양사정西洋事情』, 『세계 여러 나라들世界國盡』, 『학문의 권장學問ノススメ』 등 후쿠자와의 많은 저작들이 이미 초중학교 교과서로 채택되었지만, 1872년 의무교육제를 규정한 '학제'가 공포된 것을 계기로 후쿠자와는 교육과 연결되는 형태로 문자 문제를 직접 언급하기 시작한 것으로 보인다. 『문자의 가르침』 '서문'에서 후쿠자와는 다음과 같이 말한다.

> 일본에 가나 문자가 있는데도 한자를 섞어 쓰는 것은 매우 좋지 않은 일이지만, 오랜 옛날부터 관습적으로 써 온 것이고 전국에서 늘 쓰는 문서에 모두 한자를 쓰는 것이 관례라면, 지금 바로 이것을 폐지하려고 하는 것 또한 좋지 않은 일이다. 오늘날에는 좋지 않은 상황들이 서로 팽팽하고, 그래도 사용해야 하는 실정이므로 한자를 완전히 폐지한다는 주장은 바람직하기는 해도 갑자기 실행하기는 어렵다. 이 주장을 실현하려면 때를 기다릴 수밖에 없을 것이다.
>
> 때를 기다린다고 해서 그저 손을 놓고 기다릴 수는 없으므로 지금부터 점차 한자를 폐지할 준비를 하는 것이 가장 중요하다. 그 준비란 문장을 쓸 때 어려

운 한자를 되도록 쓰지 않도록 유의하는 것이다. 어려운 글자만 쓰지 않으면 한자의 수는 2~3천이면 충분할 것이다. 이 책 세 권에 사용한 한자의 수는 불과 천 자에 이르지 않을 정도이지만 대강 써 나가는 데 지장이 없다. 이에 의거하여 생각해보면 한자를 섞어 쓴다고 해서 학자가 그다지 고생하는 것도 아니다. 그저 옛 유자儒者 방식을 따라 함부로 어려운 글자를 쓰지 않도록 유의하는 것이 긴요할 뿐이다. 쓸데없이 난문을 좋아하고 그 연습을 위해서라고 하면서 한적 소독素讀* 따위를 가지고 어린아이를 타이르는 것은 무익한 장난이라고 말해도 좋을 것이다.[8)]

결국 한자는 분명히 불편하지만, 한자를 사용하는 습관이 널리 퍼져 있는 이상 한자를 모두 폐지하기에는 시간이 필요하다. 그러나 그렇다고 해서 아무것도 하지 않을 수는 없으므로 한자를 폐지하는 방향으로 노력할 수밖에 없다. 즉 문장을 쓸 때 어려운 한자를 가능한 한 사용하지 않도록 유의해야 한다. 어려운 한자만 사용하지 않는다면 한자의 수는 2~3천이면 충분하다. 이 책에서 사용한 한자는 천 자도 안 되지만 그 정도로도 평소에 글쓰기에는 아무 지장이 없다는 것이다.

대수롭지 않은 말 같지만, 이것은 획기적인 제언이었다. 마에지마 히소카가 급격한 개혁을 지향한 것과 대조적으로 모든 일에 점진적 개량주의를 으뜸으로 삼았던 후쿠자와다운 방침이라 할 수 있다. 그러나 단순히 제언에만 그친 것이 아니라 스스로 자신의 주장을 곧바로 실행으로 옮긴 후쿠자와의 역량은 역시 주목할 만하다. 이 『문자의 가르침』에서 후쿠자와는 각 단락에서 한자로 쓴 단어를 들고 그 단어를 사용한 문장의 예를 덧붙이는 방식으로, 일상적이고 쉬운 것부터(제1권 제1교는 人・馬・行く・

---

* 내용의 이해와는 상관없이 글자만 소리 내어 읽는 한문 습득의 연습법.

來る, 제2교는 犬 · 猫 · 牛 등), 모두 928종의 한자와 숙어를 게재하여 그 의미용례를 설명하고 있다. 그 용례 중에는 후쿠자와 특유의 유머를 섞은 것도 적지 않다.

후쿠자와 유키치는 이미 처녀작 『서양사정西洋事情』(1866)에서 "한유자류漢儒者流" 문체를 비판하면서 "즉 이 책에서는 문장의 체재를 꾸미지 않고 애써 속어를 사용한 것도 다만 뜻을 통하게 하는 것을 위주로 하기 위함"[9] 이라고 선언했다. 『문자의 가르침』에서 보여준 실천을 뒷받침하고 있는 것은 후쿠자와의 이와 같은 문장의식이다. 후쿠자와는 다음과 같이 말한다.

> 글을 쓰는 데 형편에 맞게 거리낌 없이 한자를 이용하고 속문俗文 중에 한자를 끼워 넣어, 한자어를 접할 때 속어를 이용하고 아속雅俗을 구분하지 않고 뒤섞어, 마치 한문사회의 신령스런 바탕을 범하듯 그 문법을 문란케 하여, 오직 바로 이해되고 알기 쉬운 문장으로 통속 일반에 널리 문명의 신사조를 터득시키려고 한다.[10]

『문자의 가르침』 마지막 부분에서는 절대로 흉내 내서는 안 되는 나쁜 문장의 예를 들고 있다. 그것은 후쿠자와가 스스로 지은 것인데, 여기서 그는 극단적으로 희화적인 문체를 모방함으로써 한문직역체의 결함을 독자에게 확대경으로 보여주듯이 교묘하게 꾸미고 있다. 그 시작은 다음과 같다.

> 僕, 數年前より宇內の形勢を洞察し, 國元にて新に不毛の地を開拓し, 專ら農を勸る目的にて, 桑茶等も植付候處(そうろうところ), 何分にも財本に乏しくして遂に其事を果さず……[11] (나, 數年 前부터 宇內의 形勢를 洞察하여 國元에서 새로 不毛의 地를 開拓하여 오로지 農을 勸할 目的으로 桑茶等도 植付하는 데 아무래도 財本에 乏

하여 끝내 其事를 이루지 못해……)

후쿠자와에 따르면 이러한 문장은 "내용도 어이없고 문언도 어이없으며 글자도 또한 어이없이 어려운 것을 주워 모아 皇자 따위를 함부로 쓰고, 있지도 않은 숙어를 만들어 실로 쓸데없는 난문"이다. "皇자 따위를 함부로 쓰고" 있다는 것은 다음과 같은 부분을 가리킨다.

我皇國をして世界第一の富國たらしめ, 皇國既に富み, 皇兵も亦従て强盛を致し, 皇道て振ひ, 皇法以(もち)て立ち, 皇威は輝き, 皇名は轟(とどろ)き, 五洲の人民, 皇風に靡(なび)ひて皇德に化せんこと, これを掌(たなごころ)に指すが如し.[12] (我皇國을 하여금 世界第一의 富國으로 만들어, 皇國 이미 富하고 皇兵도 亦 從하여 强盛을 致하여 皇道를 가지고 떨쳐 皇法을 가지고 서며 皇威는 빛나 皇名은 울려 五洲의 人民 皇風에 나부껴 皇德에 化할 것, 이것은 掌을 指함과 같다.)

그리고 후쿠자와는 "지금 세상에서 유행하는 학자 선생의 문장"도 그것과 비슷하여 알맹이 없는 것을 어려운 글자와 문장으로 어정쩡하게 만들었을 뿐이라고 통렬하게 비판하고 있다. 후쿠자와는, 『문자의 가르침』에서 말하는 방법으로 학습해 나간다면 "한적의 난문에 괴롭힘을 당하지도 않고 소위 사서오경을 소독素讀하는 것에서 벗어나 따로 독서 작문의 단서"를 얻을 수 있다고 한다. 후쿠자와는 이렇게 말한다.

쉬운 한자를 알아보고 소독素讀하는 것은 그다지 어려운 일이 아니지만 단지 글자를 소독素讀하는 것보다 문장의 뜻을 이해하는 데 마음을 써야 할 것이다. 말하자면 이 책은 어린아이로 하여금 문장의 뜻을 이해시키려는 의도로 만든 것이다.[13]

여기서 후쿠자와가 "사서오경을 소독素讀하는 것"의 효용을 완전히 부정하고 있는 것은 중요하다. 즉, 후쿠자와가 주장하는 한자 제한의 핵심은 고전 한문의 가치를 부정함으로써 그 배후에 있는 유교 전통을 부정하는 것이었다. 요컨대 "문장의 뜻"을 독자에게 전달하는 것을 첫 번째 목표로 함으로써 "한문 사회의 신령스런 바탕을 범"하려고 한 것이다. '한자 제한'을 후쿠자와가 발상할 수 있었던 것은 이와 같이 한자를 통시적 전통의 사슬에서 해방시켜 공시적 기능성에 맞추려는 문장 의식이 있었기 때문이다.

그러나 한자를 "한문 사회의 신령스런 바탕"이라는 감옥에서 해방시켰다고 해서 "문장의 뜻" 전달을 제일로 하는 문장이 곧바로 생겨나는 것은 아니다. 오히려 메이지 시대 일본의 언어 세계에서 일어난 일은 그 반대였다. 말하자면 메이지 시대 일본에서는 한자를 "한문 사회의 신령스런 바탕"에서 해방시켰던 바로 그것 때문에 어마어마한 한자어의 물결이 사회를 휩쓸었던 것이다. 거기에서는 후쿠자와의 의도와는 달리 "문장의 뜻" 전달이 부수적으로 보이는 문체까지 생겨났던 것이다.

한자 문제에서 문체 문제로

한자 제한을 실제로 공적 문장에서 실행한 사람은 후쿠자와 문하의 제자로서 게이오 기주쿠慶應義塾에서 공부한 야노 후미오矢野文雄(류케이龍溪)이다. 야노는 정치소설 『경국미담經國美談』(1883)의 저자로 유명한데, 훗날에 『우편보지신문郵便報知新聞』의 주필이 된 메이지 시대를 대표하는 저널리스트였다.

야노는 1886년에 『일본문체문자신론日本文體文字新論』을 저술하여 신문에서 한자를 제한할 것을 처음으로 제안했다. 그리고 그 한자 제한안은 일본어 문체 변천을 고찰한 것을 근거로 하고 있다. 즉, 야노의 발상에서 문자 문제는 문체 문제와 긴밀히 연결되어 있었던 것이다.

야노의 『일본문체문자신론』 제3장은 「일본에서 써야 하는 문자 및 문체에 관하여日本に用ふ可き文字及び文體の事」라는 제목으로 문체론에서 문자론으로의 도정이 명확히 서술되어 있다.[14] 야노는 역사적인 관점에서 일본어의 문체를 다음의 다섯 종류로 분류하고 있다. 첫 번째는 일본에 한자가 수입된 이후 '왕정 팔백 년 동안' 공문서에서 쓰인 순수한 한문체이다. 두 번째는 군텐訓点을 달고 일본어식 문맥을 도입한 한문 변체로, 무로마치室町 시대 말기에서 에도江戸 시대 말기까지 사용되었다. 세 번째는 막부 말기부터 시작되는 일본어 문법에 한자를 끼워 맞춘 잡문체雜文體이다. 이 '잡문체'가 공문서에서 쓰인 것은 20여 년에 지나지 않지만, 그 기원은 『헤이케 이야기平家物語』나 『다이헤이키太平記』까지 거슬러 올라간다고 한다. 네 번째는 이 잡문체에 후리가나를 단 양문체兩文體인데, 메이지 시대의 『가나읽기신문假名讀み新聞』에 의해 널리 보급되었다. 다섯 번째는 한자를 쓰지 않는 순전한 가나체인데, 이 문체는 오래전부터 존재하고 있었지만, 당시까지 세상에서 널리 쓰이지는 않았다고 한다.

야노의 문체 분류는 오로지 문자의 사용법만을 근거로 하고 있다. 야노가 소위 '언문일치체'의 문제를 언급하지 않는 것도 여기에 그 원인이 있다. 언문일치체는 문자 처리의 문제와는 일정한 거리를 두고 어디까지나 '문어/구어'의 대립 해소를 지향했기 때문이다. 물론 야노가 언문일치체를 몰랐던 것은 아닐 것이다. 1885년 '언문일치'라는 용어가 처음 쓰인 간다 다카히라神田孝平의 「문장론을 읽는다文章論を讀む」가 발표되었고, 1886년에는 모즈메 다카미物集高見의 『언문일치言文一致』, 쓰보우치 쇼요坪內逍遙의 『소설신수小說神髓』가 간행된 것에서도 알 수 있듯이, 메이지 시대 언어 문제의 초점은 초기의 '국자 문제'에서 '언문일치' 문제로 이동하고 있었다.

그리고 1887년에는 후타바테이 시메이二葉亭四迷의 『뜬 구름浮雲』 제1편이 간행된다. 그러나 야노는 언문일치에는 단호하게 반대한다. 야노는 언어에는 원래 구어인 '상어체常語體'와 문어인 '문어체'라는 두 종류가 있고 문명이 진보함에 따라 '문어체'가 발달한다는 입장을 취하고 있었다.

위 다섯 가지 문체 중 야노가 장래 발전 가능성이 가장 크다고 인식한 것은 네 번째의 양문체, 즉 한문훈독체에 가나로 루비를 단 문체이다. 야노는 이 문체가 가나문의 배우기 쉬운 점과 잡문체의 간결함이라는 각각의 장점을 모두 지니고 있다고 생각했다. 말하자면 "양문체는 가장 편리한 것이므로 이것으로 일본 보통 문체로 삼으면 어디에도 결코 불편한 점은 없을 것이라고 믿는다"[15]는 것이다.

그러나 아무리 '양문체'라고 해도 한자의 수가 너무 많으면 지장이 있다. 거기서 우선 야노는 문장을 두 가지로 나눈다. 하나는 정부의 공문서, 교과서, 신문, 잡지, 일상의 편지 등 '보통서普通書'이고, 또 하나는 소설이나 전문서 등의 '문학서文學書'이다. 후자의 '문학서'는 작자의 뜻에 맡겨두어도 되지만, 전자의 '보통서'는 "모두 상용 문자만을 사용하여 어떤 사람도 이것을 읽기 편하게 하여 널리 세상에 통용되는 것을 주된 것"[16]으로 해야 한다고 말한다. 이리하여 야노는 '보통서'에 대해 삼천 자로 한자를 제한해야 한다고 주장한다. 야노에 따르면 한자가 무수하게 있는 것은 분명하지만, 대략 삼천 자 정도만 알고 있으면 일상에서 쓰는 데 충분하다는 것이다.

야노는 자신의 이 논리를 곧바로 실행했다. 야노는 다음 해인 1887년 11월 20일의 『우편보지신문郵便報知新聞』에 음훈을 제시하고 이로하いろは*순

* 가나 음을 외우기 위해 연습하는 노래인 이로하우타いろは歌에 의거한 순서. 가나 문자 47자를 모두 사용한 것이며, 예부터 공문서에도 순서 기호로 많이 사용되었다.

으로 나열한 「삼천자 자전」을 발표하여 이후 이 신문의 기사 집필 기준으로 삼았다. 이것은 신문 지면상에서 한자 제한을 실행한 최초의 시도이다.

야노 후미오가 한자절감안과 연결한 '양문체', 즉 모든 한자에 가나 루비를 부기한 한자·가나혼용문이야말로 한자의 일본화 현상을 전형적으로 보여 주고 있다. 그 문체에서는 한자의 일반적인 음독과 훈독만을 위해 루비로 가나를 사용한 것은 아니다. '旨趣(つもり)', '有益(ためになる)', '談話(はなし)', '投書(よせぶみ)', 그리고 '皇帝(てんし)さま'와 같은 한자어와 일본 고유어和語의 결합, 나아가 '手巾(ハンケチ)', '洋燈(ランプ)'처럼 '양훈洋訓'이라고 부를 만한 현상까지 가능해진다. 루비부기문은 에도 시대의 게사쿠요미혼戲作讀本*류에서도 사용되었지만 메이지 시대에 들어서면 『가나읽기신문』 등의 소신문을 비롯해 소설에 이르기까지 민중의 눈에 가장 쉽게 띄는 읽을거리는 거의 모두 루비부기문으로 되어 있었다. 그것이 가능했다는 점에서도, 또 저널리즘의 발전에 따라 사회적으로 일반화되었다는 점에서도 루비부기문의 사용 확대는 한자문화권에서 지극히 이상한 사건이었다.[17]

그러나 야노가 '보통서'의 첫 번째로 든 정부의 포고나 법령에서는 야노가 그토록 추천했던 '양문체'도 한자 제한도 실행되지 않았다. 왜냐하면, 그 언어 영역의 정점에는 결코 한자 제한 등이 실행되어서는 안 되는 성역이 있었기 때문이다.

이 점에 대해서는 야노 후미오와 함께 메이지 시대를 대표하는 저널리스트였던 후쿠치 겐이치로福地源一郞의 「메이지 오늘날의 문장明治今日の文章」[18](1893)이라는 논설이 흥미로운 관점을 제시하고 있다.

서두에서 후쿠치는 "메이지 성대聖代의 오늘날 우리 일본제국에는 일본의 문장이라고 이름을 붙일 만한 문장이 하나도 없다는 것이야말로 실로

---

* 에도 시대 후기에 유행한 오락 소설류를 아울러 이르는 말.

지극히 유감스러운 일"[19]이라고 한다. 그리고 후쿠치는 저널리스트로서의 자신의 경험으로 메이지 원년의 문장과 메이지 12~3년경의 문장을 비교해 보면 "학문이 진보함에 따라 문장의 퇴보를 보는 것은 다툴 필요도 없이 명백한 사실"[20]이라고 진단하고 있다.

그리고 후쿠치는 에도 시대부터 메이지 시대에 이르는 시기의 문체의 변천을 추적하는데 그 점은 생략하기로 한다. 후쿠치가 메이지 시대 "문장의 퇴보"의 예로 드는 것은 그 시기에 횡행하던 한문직역체와 구문歐文직역체이다. 특히 한문직역체에 근거하여 "구주歐州 개화의 신 사물"을 표현하려고 무턱대고 한자어를 끼워 넣고 제멋대로 만든 조어를 중복함으로써 "문장 상에 이상한 변화"가 생겼다고 한다. 그 원인은 "한학을 폐기한 채 한자어를 사용하는 일", 즉 한학에 정확한 지식이 없는 사람들이 한자를 애호하여 신기한 조어를 만들어 내는 데 있다. 이리하여 "그 신어는 한자어와 비슷하지만, 한자어가 아니며 일본어라고는 아예 말할 수 없고 서구어라고도 물론 말할 수 없으므로 아득해서 그 진의를 알기 어렵다"[21]고 하는 사태가 발생한 것이다.

여기서 후쿠치는 앞에서 언급한 바와 같은 의미에서, '고전적 사용'에서 벗어난 한자와 한자어의 '기능적 사용'의 악폐를 비판하고 있다. 즉, 후쿠자와가 의도한 것과 달리 "사서오경을 소독素讀하는 것"도 하지 않는 사람들이 무턱대고 한자를 쓰기 시작했다는 것이다.

더 나아가 후쿠치는 사회 풍조를 비판하는 데 그치지 않고 "정부가 제정한 교육 방침과 정부가 실제 사용하는 공용 문장이 늘 어긋나는 점"을 비판한다. 요컨대 교육에서는 "평이한 일본문"을 기초로 하면서 정부는 "그 평상의 공용문은 자꾸 한문체를 쓰면서 스스로 자랑한다"[22]는 것이다. 후쿠치는 대일본제국헌법의 고문告文과 헌법발포 칙어를 예로 든다. 후쿠치는 굳이 원문을 인용하지 않았지만 여기서는 이 두 문장의 서두를 인용한다(원문의 행갈이는 생략한다).

〔告文〕 皇朕レ謹ミ畏ミ 皇祖皇宗ノ神靈ニ誥ケ白サク皇朕レ天壤無窮ノ宏謀ニ循ヒ惟神ノ寶祚ヲ承繼シ舊圖ヲ保持シテ敢テ失墜スルコト無シ顧ミルニ世局ノ進運ニ膺リ人文ノ發達ニ隨ヒ宜ク(以下略) 〈皇인 朕은 謹하고 畏하여 皇祖皇宗의 神靈에게 誥하여 白하기에 皇인 朕은 天壤無窮의 宏謀에 循하여 이 神의 寶祚를 承繼하여 舊圖를 保持하고 敢히 失墜할 일이 無하옵니다. 顧하니 世局의 進運에 膺하여 人文의 發達에 隨하여 宜히 (이하 생략)〉*

〔勅語〕 朕國家ノ隆昌ト臣民ノ慶福トヲ以テ中心ノ欣榮トシ朕カ祖宗ニ承クルノ大權ニ依リ現在及將來ノ臣民ニ對シ此ノ不磨ノ大典ヲ宣布ス (以下略) 〈朕은 國家의 隆昌과 臣民의 慶福으로 中心의 欣榮으로 하여 朕이 祖宗로부터 承한 大權에 依하여 現在 및 將來의 臣民에 對하여 이 不磨의 大典을 宣布한다 (이하 생략)〉**

후쿠자와였다면 특히 앞의 글은 "皇자 따위를 함부로 쓰고" 있는 나쁜 문장의 예로 들었을지도 모른다. 이러한 글을 앞에 두고 후쿠치는 "이 포고문, 이 칙어를 잘 배독하여 잘 해석하는 자는 이 사천여 만의 일본 신민

---

* 현대어로 풀이하면 다음과 같다. '천황인 나는 삼가 송구스럽게도 역대 천황의 신령에게 말씀드립니다. 천황인 나는 천지처럼 영원히 이어지는 거대한 계획에 따라 이 신과 같은 황위를 계승하여 대대로 이어지는 영토를 유지하고 전혀 잃는 일도 없습니다. 되돌아보니 시국의 진전에 즈음하여 인문의 발달에 따라 잘 (이하 생략)'

** 현대어로 풀이하면 다음과 같다. '나는 국가의 융성과 신민의 경사를 진심으로 기쁨과 영광으로 삼아 내가 역대 천황으로부터 이어받은 대권에 의하여 현재 및 장래의 신민에 대하여 이 영원히 사라지지 않는 대전(대일본제국헌법-역자)을 세상에 널리 알린다. (이하 생략)'

중에 얼마나 있겠는가"[23]라고 묻는다. 아마 대학을 졸업한 수재라도 이해하지 못할 것이다. 왜냐하면, 이 글은 "지나 고문 중에서도 가장 전아한 문장으로 일컬어지는 상서尙書의 문체"를 바탕으로 하고 있기 때문이다. 그러나 전문 한학자라고 해도 이러한 글을 정확하게 해석할 수는 없다. 후쿠치는 그 까닭을 이렇게 말한다.

> 그 문자 언어의 특별한 신의의新意義는 그들(한학자)이 더욱 알 수 없는 바이기 때문이다. 실제로 제국헌법 7장 76조 중에 실린 문자에는 스스로 특별한 의의를 표하여 그 비밀 술어를 알지 못하면 도저히 통효하기 어려운 데가 있기 때문이다.[24]

요컨대 이들 한문체의 문장은 형식적으로는 한문에 의거했을지 모르나 그 내용은 고전 한문의 세계로부터 완전히 이반하고 있다는 것이다. 그리고 그 비밀 술어는 일종의 정치적 비의秘義가 되어 근대 일본의 문체를 오래도록 지배해 나간다.

결론으로 후쿠치는 한문직역체나 구문歐文직역체에 근거한 "기기괴괴한 요마 문장"[25]을 물리치기 위해서는 "평이하게 뜻이 통하는 것을 문장의 유일한 목적"[26]으로 삼아 학문상의 문장과 실용 문장 사이의 거리를 좁혀야만 한다고 주장한다. 그러나 "메이지 오늘날의 요마 문장"은 후쿠치의 의도와는 달리 그 이후도 오랫동안 목숨을 이어가게 되는 것이다.

이렇게 해서 메이지 시대의 일본어는 한자의 '기능적 사용'을 극한으로 밀고 나감으로써, 한편으로는 서구의 근대적 개념을 번역할 수 있었을지 모르지만, 다른 한편으로는 엄청난 양의 "비밀 술어"와 "요마 문장"을 만들어 냈다. 그들 "비밀 술어"는 고전 한문에 기원이 있을 경우라도 거기에 담긴 새로운 의미는 전적으로 메이지 일본의 것이었다. 이리하여 명확하게 의미를 이해하게 한다기보다는 이성을 마비시켜 무조건 복종을 요구하는 것과 같은 주술적 문체가 생겨난 것이다. 그리고 그것은 일본에서만이 아니라 식민지가 된 한자문화권에도 그대로 수출되었다.

■ 주

1) John DeFrancis, *The Chinese Language: Fact and Fantasy*, University of Hawaii Press, 1984.
2) Ferguson, Ch., Diglossia, *Word*, no.15, 1959, pp.325~340.
3) 조선에서 국한문 혼용체의 역사적 기원이 이두문이나 구결문에 있는 것은 틀림없지만, 일본 한문훈독체의 영향도 그것과는 별도로 고찰해 볼 필요가 있다. 야스다 도시아키安田敏朗는, 1905년 이후 통감부 시대에는 관용문에서 '국한문' 사용이 철저해져 갔지만, 그것은 어디까지나 대한제국의 일본인 관리를 위한 것이었다고 말하고 있다. 이 점에서 야스다의 '병합 후 일본 〈국어〉로 근대 조선의 언어체제를 바꾸어 써 가는 과정에서 공문서가 한문조의 국한혼용체였던 것은 큰 역할을 담당했다고 생각해도 좋을 것이다' 라는 지적은 매우 중요한 의미가 있다. 安田敏朗, 『제국 일본의 언어편제帝國日本の言語編制』, 世識書房, 1997, 122쪽.
4) 물론 문제는 그만큼 단순하지 않다. 이 점에 대해서는 무라타 유지로村田雄二郞, 「'문백(중국어에서 文白은 문어와 구어를 아우르는 말이다-역자)' 의 저편으로-근대 중국의 국어문제『文白』の彼方に-近代中國における國語問題」, 『思想』 제853호, 1995. 7, 4~34쪽을 보라.
5) 龜井孝, 『일본어의 역사7-세계 속의 일본어日本語の歷史7-世界のなかの日本語』, 平凡社, 1996, 244쪽.
6) 같은 책, 250쪽.
7) 같은 책, 241쪽.
8) 福澤諭吉, 『문자의 가르침文字之教』, 서문, 『福澤諭吉選集』, 제2권, 岩波書店, 1981, 218쪽.
9) 福澤諭吉, 『서양사정西洋事情』 1권, 小引, 『福澤諭吉選集』, 제1권, 岩波書店, 1980, 101쪽.
10) 福澤諭吉, 「후쿠자와전집 서언福澤全集緒言」, 『福澤諭吉選集』, 제12권, 岩波書店, 1981, 144쪽.
11) 福澤諭吉, 『福澤諭吉選集』 제2권, 234쪽.
12) 같은 책, 235쪽.
13) 같은 책, 236쪽.
14) 西尾實 · 久松潛一 감수, 『국어국자교육사자료총람國語國字教育史資料總覽』, 國語教育

研究會, 1996, 44~52쪽. 山本正秀, 『근대문체 발생의 사적 연구近代文體發生の史的研究』, 岩波書店, 1965, 344~355쪽도 참조.

15) 같은 책, 48쪽.

16) 같은 책, 49쪽.

17) 전후 일본의 한자 제한은, 한자에 달린 루비의 폐지와 표리일체의 관계였다. 예를 들면 소설가 야마모토 유조山本有三는 한자를 만연하게 하는 원인의 하나로 이 「루비부기문」의 횡행을 들고 있다. 루비를 없앤다면 어려운 한자는 쓰기 어려워질 것이기 때문이다.

18) 福地源一郎, 「메이지 오늘날의 문장明治今日の文章」, 吉田澄夫 · 井之口有一 엮음, 『明治以降國語問題論集』, 風間書房, 1964, 264~282쪽.

19) 같은 책, 264쪽.

20) 같은 책, 265쪽.

21) 같은 책, 275쪽.

22) 같은 책, 277쪽.

23) 같은 책, 278쪽.

24) 같은 책, 같은 곳.

25) 같은 책, 281쪽.

26) 같은 책, 281~282쪽.

제3장

'도쿄어' 표상의 성립

잃어버린 '교토어'의 위신

언어에는 저마다 어떠한 형태로든 언어적 중심이라고 할 만한 곳이 존재한다. 어느 특정한 지역의 방언이 그 언어 전체에 대한 규범을 마련할 수 있을 정도의 사회적 권위를 획득했을 때, 그 지역은 언어적 중심으로서의 역할을 담당하게 된다. 영어는 런던, 불어는 파리 등과 같이 정치적 중심이 그대로 언어적 중심이 되는 경우가 많지만, 이탈리아어의 피렌체처럼 정치적 중심이 아니더라도 다른 지역을 압도하는 문화적 전통을 지니고 있다면 그곳이 언어적 중심으로 간주되기도 한다. 그렇다면 메이지 초기 일본어의 언어적 중심은 어디였을까.

J. C. 헵번J. C. Hepburn은 『화영어림집성和英語林集成』(초판 1867)*의 제2판(1872)에서 다음과 같이 말한다.

* 헵번이 수집하여 만든 일본 최초의 일영사전.

수도이자 천황이나 문화인이 거주하는 교토의 말이 가장 권위 있는 표준어로 생각되고 있으나 방언 간에 차이가 심하며 지방 사투리와 비속한 말이 넘쳐난다.

그러나 제3판(1886)에 와서 이 문장의 후반부는, "왕정복고와 도쿄로 천도한 후에는 도쿄 방언이 우위를 차지하게 되었다"로 바뀐다. 메이지 초기에는 교토 말이 표준어로 인정되고 있었지만, 메이지 10년(1877)대 말이 되면 '도쿄 방언'의 지위가 상승하여 마침내 교토어의 지위를 빼앗았다는 것이다.

헵번의 관찰이 얼마나 정확했는지는 알 수 없지만, 이는 당시 일본 언어 상황의 일단을 보여 주고 있는 것으로 보인다. 다만, 제2판에서 헵번은 교토어가 '표준어'라고 했지만, 그것은 '올바른 말', '아름다운 말'이 어디에 있느냐는 의식에 기초한 것이지 현재 통용되는 의미의 '표준어'는 아니었다. 특정한 지역의 말이 '올바른 말'이라고 간주되는 것과 주민의 실제 언어 사용에 영향을 주는 규범이 되는 것은 다른 문제이다. 한편, 에도 시대 후반에는 지극히 한정된 범위이기는 하나 무사 계급과 상류 상인층의 에도어가 전국 공통어로서의 지위를 차지하고 있었다. 이러한 에도어의 지위는 헵번도 인식하고 있었다.

로드리게스의 『일본어문전日本語文典』(1604~1608)*에 교토 말이 표준어로 간주되고 있다는 기술이 있는 것으로 보아 교토어는 에도 시대 300년간 지속적으로 언어적 권위를 유지했던 것으로 보인다. 그리고 메이지 시대에 들어서도 교토어의 권위를 신뢰하던 사람이 있었다는 사실은 지금 시점에서 보면 흥미롭다.

---

* 로드리게스가 포르투갈어로 작성하여 나가사키에서 간행한 일본어 문법서.

교육학자로 알려진 미야케 요네키치三宅米吉의 초기 논문에 「각 지방의 사투리에 대해서くにぐにのなまりことばにつきて」(1884)라는 것이 있다. 이 논문에서 미야케는 일본어의 문어와 구어를 통일시켜야 한다고 주장하는데, 그러기 위해서는 일정한 기준을 세울 필요가 있다고 한다. 거기에는 다음 두 가지 방법이 있다. 하나는 "옛말"과 "우아한 말" 즉 문어를 기준으로 하는 방법이고, 다른 하나는 "지금 현재 사용되는 말" 즉 구어를 기준으로 하는 방법이다. 여기에다 이 후자의 입장에도 "서쪽 수도" 즉 교토의 말을 기준으로 할 것인지, "동쪽 수도" 즉 도쿄의 말을 기준으로 할 것인지, 혹은 "더 많은 사람들이 사용하는 말" 즉 전국의 방언 중에서 가장 공통으로 이해되는 말을 선정할 것인지 하는 세 가지 입장이 있다고 한다.

미야케의 논의를 따르면 당시에도 여전히 교토어가 "우리나라 말의 순수한 흐름"을 지금까지 전해주는 말이라고 인정했던 사람이 있었다는 것이다. 물론 도쿄어의 지위가 급속히 높아짐에 따라 이러한 언어 의식은 사라져 간다. 그렇지만 '언어적 중심으로서의 교토'의 역사적 역할을 잊지 못하는 사람이 있다. 바로 야나기타 구니오柳田國男이다.

야나기타 구니오는 메이지 시대 후반부터 시작한 강제적인 표준어 제정 정책이 메이지 이전부터 민중의 자발적인 선택과 동의에 의하여 추진되던 표준어 형성을 방해하여, 결국에는 표준어의 실현을 도리어 멀어지게 하고 있다고 신랄하게 비판하고 있었다. 야나기타는 "소위 표준어라고 함은 그 문자야 새롭지만, 그 생각은 오래전부터 있었"[1]던 것이며, "방법이 지금과는 전혀 다르고, 게다가 학교처럼 제도와 법령의 힘을 빌리지 않고 저절로 거의 전국이 통일되어 있었던 것이다"[2]라고도 말하고 있다.

그 당시 언어적 중심으로서 기능하고 있던 곳은 교토였다. 야나기타는 「방언의 성립方言の成立」이라는 논문에서 이렇게 말하고 있다.

교토에는 원래 위대한 감화력이 있어 이를 추수하는 것이 국어 개량의 주된 것이었다는 사실은 예나 지금이나 다를 바 없지만, 이전에는 다만 지역마다 능력 유무에 현저한 차등이 있었던 것이다.

만약 지방이 제멋대로 자기들만의 용어로 바꾸어 나갔다면 지금은 일치되어 있는 것조차도 유지되어 있을 리가 없다. 교토를 문화의 사표로 받드는 마음은 언어에서도 마찬가지이며, 오히려 언어가 그 중심에 있었다.[3)]

야나기타는 '도쿄어'가 표준어의 지위를 독점해가는 것을 참을 수 없었다. 더욱이 야나기타는 '도쿄어' 자체가 언어적으로 매우 큰 결함이 있는 말이라고 판단하고 있었다. 「도쿄어와 표준어東京語と標準語」(『표준어와 방언標準語と方言』 수록)에서 야나기타는 다음과 같이 말하고 있다. 이미 에도 시대부터 에도에서는 "신어가 아무렇게나 채택되고 동시에 저 꼴로 급격히 유행"하고 있었다. 이와 같은 특징은 도쿄가 된 이후도 계속되고 있다. 이렇게 해서 도쿄어에는 "용어의 신진대사"가 격심하여 부모와 자식 간의 소통이 어려울 정도로 "도쿄 말은 금방 낡은 말이 되어 간다." "단지 말의 자연 성장이라고 하여 옛사람들이 오랫동안 경험하여 얻은 지식을 도쿄인들은 조금도 계승하고 있지 않"기 때문에, 이러한 도쿄어는 '표준어'의 기반이 될 자격이 없다고 야나기타는 신랄하게 비판하고 있다.[4)]

이 두 편의 글이 발표된 것은 1940년이다. 즉, '표준어의 선정'이 국어조사위원회의 결의 사항이 되어 '도쿄의 중류사회'의 말을 표준어의 핵심으로 한 표준어교육이 학교교육에서 조직적으로 추진된 지 약 40년의 세월이 흘렀을 때였다. 그 시점에서도 여전히 야나기타는 '도쿄어'에 대한 불신감을 숨기지 않았다. 아마도 야나기타에게는 메이지 시대에 홀연히 나타난, 별다른 기반도 없는 도쿄라는 도시에 대한 반감이 있었던 것으로 보인다.

'언어혼합'으로서의 '도쿄어'

도쿄어 자체가 혼질적이고 통일되어 있지 않은 말이라는 인식은 메이지 시대부터 있었다. 앞에서 언급한 「각 지방의 사투리에 대해서」에서 미야케 요네키치는 도쿄어가 표준어로는 적합하지 않다고 하는 주장의 논거를 들고 있다. 그것은 다음과 같다.

도쿄는 비록 수도라고는 해도 많은 사람들이 각지에서 모여드는데 어떻게 '정해진 말'이 존재할 수 있는가. 옛날부터 사는 에도 토박이들은 대부분이 하층민들이고 중류 이상의 사람들은 모두 "각 지방에서 올라온 사람"이다. 그렇다면 "에도 토박이의 투박한 말투べらんめえ"*를 채택한다면 몰라도 그보다 상류층의 말을 채택하려면 도대체 어떤 사람을 기준으로 해야 하는가. 도쿄는 일본의 축소판 모형이고 일본 국내에 말의 변이가 있는 한 도쿄에도 "정해진 말"은 존재할 수 없다. 요컨대 "수도의 말이라고 한마디로 잘라 말하는 것이야말로 사려 깊지 못한 생각"이다.

즉 도쿄어란 각지의 방언 요소가 모여 만들어진 어수선한 집합체이며, 거기에는 균질적인 언어 상태는 찾아볼 수 없다는 것이다. 그러나 이 사실을 인정하면서 오히려 그렇기 때문에 도쿄어가 표준어의 지위를 차지할 수 있는 말이라고 주장하는 사람이 있었다. 『언문일치론개략言文一致論槪略』(1887)의 야마다 비묘山田美妙이다.

언문일치의 가장 유력한 반대론은 언문일치가 실행되면 문어는 각 지방에서 사용되는 방언마다 분열된 상태가 될 우려가 있다는 의견이었다. 거기에 대해 비묘는 언문일치라고 해도 어떤 지방의 말이라도 무방한 것

* べらんめえ는 도쿄의 서민들이 모여 사는 상공업지역下町에서 욕할 때 쓰는 말인데, 여기서는 이 말에 대표되는 에도 토박이의 말투를 가리킨다.

이 아니라, 어디까지나 국내에 두루 통하는 '보통어법'을 언문일치의 기초로 삼아야 한다고 주장한다. 그리고 "지금 도쿄어의 성질을 정밀히 음미해 보면 실로 이 말만이 이런 주문에 맞는 것 같다"고 한다. 왜냐하면 "도쿄어가 통하지 않는 것은 삿슈薩州*어나 오슈奧州**어가 통하지 않는 것보다 그 정도가 덜하"기 때문이며, 또 "충분하지는 않지만 어디서라도 이 도쿄어가 통용되지 않는 곳은 거의 없"기 때문이다.

더 나아가 비묘는 그 이유를 역사적으로 이렇게 설명한다. 에도 시대에 에도에 중앙정부가 생기고 각지의 무사나 상인이 들어옴에 따라 "오직 에도에서만 언어의 혼합"이 일어났다. 그리고 '도쿄어'는 이 '에도어'의 이점을 이어받고 있다. 즉 비묘는 도쿄어가 "언어혼합"이기 때문에 '표준어'의 자격을 지닌다는 것이다.

그렇지만 실제로 '도쿄어'의 소리에 접할 수 있었던 사람은 극히 소수였다. 메이지 시대에 '도쿄어'를 널리 알린 것은 메이지 시대 이후 발달한 저널리즘과 그 이후의 언문일치 소설이었다. 말하자면 도쿄어는 독자 계층 속으로 글자를 통해서 침투했던 것이다.

이 점으로 보아, 자유당의 민중 대상 기관지 『자유의 등불自由燈』에 게재된 「도쿄어의 통용東京語の通用」이라는 제목의 논설(1885)은 주목할 만하다. 그 필자는 "일상적으로 통용되는 일본어 중에 어느 지방의 말이 널리 통용될 것이냐고 묻는다면 나는 곧바로 도쿄어라고 대답할 것"이라며 글을 시작한다. 메이지 시대에 중앙과 교류가 밀접해지자 지방 사람들도 "사투리가 섞인 서툰 말"이 아니라 "언제 그랬냐는 듯이 도쿄 말을 쓰게" 되었다. 이전에는 닌조본人情本*** 등으로 도쿄 말을 배우곤 했지만 "요즘은 후리

---

* 현재 가고시마현鹿兒島縣 서부지방.

** 현재 아오모리현青森縣과 이와테현岩手縣의 일부.

*** 게사쿠戲作의 일종으로 에도 서민들의 연애나 치정을 대화 위주로 그린 소설류.

가나 신문*이 있어 읽고 배우기 매우 편리하므로 주제넘은 서생들은 도쿄에 발을 들여놓기 전부터 스스로 도쿄 말을 사용하는 자가 있을 정도"라고 한다.

여기서 흥미로운 것은 먼저 도쿄에 가 보지도 못한 "주제넘은 서생"이 앞장서서 일부러 도쿄어로 말하기 시작했다는 지적이다. 그러나 실제로 도쿄에 오면 아무리 "주제넘은 서생"이라도 도쿄어가 거침없이 나오는 것은 아니다. 그러한 정경이 생생하게 묘사된 장면을 모리 오가이森鷗外의 소설 『청년青年』에서 찾아볼 수 있다. 소설의 주인공 고이즈미 준이치小泉純一는 상경하자마자 바로 소개장을 들고 작가 오이시 겐타로大石狷太郎의 하숙집을 방문하는데 '하녀'가 누구를 찾아왔느냐고 묻자 이렇게 대답한다.

> "오이시 씨를 뵙고 싶습니다만."
>
> 시골에서 온 준이치는 소설을 읽고 배운 도쿄 말을 쓰고 있다. 마치 익숙하지 않은 외국어를 쓰는 것처럼 한 마디 한 마디 생각해 보고 입 밖에 내는 것이다. 그리고 이 대답을 무난히 할 수 있었던 것이 마음속으로 기뻤다.[5)]

말하자면 지방에서 야심을 불태우며 상경한 많은 젊은이에게 도쿄어란 "익숙하지 않은 외국어"와 마찬가지이며, "한 마디 한 마디 생각해" 보지 않으면 할 수 없는 말이었던 것이다. 이와 같은 말이 '표준어'의 지위에 오르기 위해서는 아직 몇 가지 장애를 극복해야만 했다.

---

* 루비부기신문.

표준어 정책과 도쿄어

이처럼 메이지 중엽까지 도쿄어는 권위의 측면에서도 언어 사용의 측면에서도 결코 우월한 지위에 오르지 못했다. 그랬던 도쿄어가 일본의 언어적 중심을 독점적으로 담당하게 된 것은 말할 것도 없이 메이지 시대 후반부터 시작된 표준어 교육과정에서 비롯된다. 거기에 가장 큰 역할을 한 사람은 우에다 가즈토시上田万年였다.

근대 일본 국어학의 기초를 확립한 우에다 가즈토시는 잘 알려졌듯이 언어정책 부문에서도 정력적인 활동을 펼쳐 나갔다. 유럽 유학을 마치고 귀국한 이듬해인 1895년 우에다는 「표준어에 대해서標準語に就きて」라는 제목으로 강연하여 '표준어' 개념을 처음 일본에 소개했다. 우에다에 따르면 표준어란 "전국의 모든 장소에서 통하고 대부분 사람이 이해할 만한 효력이 있는" "일국 내에서 모범으로 사용되는 언어"를 말한다. 그리고 우에다는 지금의 일본에는 '표준어'라고 부를 만한 말이 존재하지 않지만 "일대제국一大帝國 수도의 언어"인 '도쿄어'야말로 장래 표준어가 될 자격이 있다고 말한다.

그리고 우에다는 의식적으로 '에도어'와 '도쿄어'의 연속성을 단절시키려 한다. 즉 '표준어'의 기초가 되어야 할 '도쿄어'는 '에도 토박이의 투박한 말투べランメー'가 아니라 "교육을 받은 도쿄인이 쓰는 말"이지 않으면 안 된다는 것이다. 그러나 한편으로는 도쿄어는 몇 가지 결함이 있기 때문에 지금 당장 표준어가 될 수는 없다. 거기에 여러 가지 "인공적 조탁彫琢"을 가해야 한다고 우에다는 생각하고 있었다. 이 시점에서는 도쿄어가 진정한 표준어로 승격되는 것은 미래의 일이었다.

그런데 8년 후인 1900년에 발표한 논설 「내지잡거 후의 어학 문제內地雜居後に於ける語學問題」에서는 갑자기 논조가 변한다. 우에다는 무언가에 쫓기

듯 표준어의 실현을 성급하게 주장하기 시작한다.

내지잡거란 영사재판권이 철폐됨에 따라 일본 국내에서 외국인의 자유로운 활동을 인정하기 위한 일련의 방책을 가리킨다. 우에다는 외국인의 내지잡거가 일본어에 어떤 영향을 미칠지 우려하고 있었다. 우에다는 "우리 일본제국의 국민은 조금도 국어에 관한 준비 없이 내지잡거의 새벽을 맞이하게 되었다"고 탄식했다. 왜냐하면, 일본에는 아직 "엄격한 의미에서의 국어"가 존재하지 않기 때문이라는 것이다.

우에다가 말하는 "엄격한 의미에서의 국어"란 말하고 들을 때도, 읽고 쓸 때도 항상 "같은 성질"을 지닌, 담화에도 문장에도 골고루 사용할 수 있는 언어, 즉 "언문일치의 정신을 유지하고 있는 국어"를 가리킨다. 그렇지만 우에다가 보기에 현재 일본어는 참담한 상태이다. 문어는 물론 구어에서도 "일본의 표준적 담화어"는 결정되지 않았다. 도쿄어는 아직 그러한 권위가 없으므로 공적인 장소에서 방언으로 말해도 아무런 "제재"도 받지 않는다. 이러한 현상 앞에서 우에다는 국민 스스로가 자발적으로 '국어의 통일'을 이룩한다는 것은 도저히 불가능하다고 생각했다. 그래서 우에다는 다음과 같은 결론을 이끌어 낸다.

> 하루라도 빨리 도쿄어를 표준어로 하여 이 언어를 엄격한 의미에서의 국어로 삼아, 이것의 문법을 만들고 이것의 보통사전을 편찬하여 전국 곳곳의 소학교에서 사용하도록 하여, 이것으로써 동시에 읽기 · 쓰기 · 말하기 · 듣기를 학습할 때 유일한 기관으로 삼게 하라. …… 그러므로 일단 이것을 모범어로 하고 난 후 이것을 보호하라, 조탁하라, 국민은 이것을 국민의 뜻대로 발달하게 해야 한다.[6]

앞의 논문 「표준어에 대해서」에서의 논지는 문화적 "조탁"을 하고 난 뒤 도쿄어가 표준어의 지위로 오를 수 있다는 것이었는데, 이제는 "일단 이것을 모범어로 하고 난 후 보호하라, 조탁하라"고 하여 그 순서를 뒤바꾸고 있다. 그리고 우에다의 '국어' 사상에서 표준어 제정과 언문일치가 처음으로 원리적 · 유기적으로 결합하기에 이른다. 그리고 그때 핵심적 위치를 차지하는 것이 바로 '도쿄어'였다.

여기에 이르러 비로소 도쿄어가 단순히 도쿄에서 사용하는 말이라는 규정을 넘어, 일본어를 통괄할 수 있는 규범적인 가치를 띠게 된다. 그보다 표준어 정책 바로 그것이 '도쿄어'라는 가공의 표상을 만들어 낼 수 있었던 것이다. '도쿄어'란 근대 일본이 '국어' 이념을 확립할 때에 반드시 필요한 표상이었다. 실제로는 아무도 쓰고 있지 않지만 '국어'라는 이념적 공간에서 상징적으로 존재하는 말, 그것이 바로 '도쿄어'였던 것이 아닐까.

■ 주

1) 柳田國男, 「표준어의 이야기標準語の話」, (『표준어와 방언標準語と方言』 수록), 『柳田國男全集』, 제18권, 筑摩書房, 1999, 384쪽.
2) 같은 책, 제10권, 「옛날의 국어교육昔の國語敎育」(『국어의 장래國語の將來』 수록), 59쪽.
3) 같은 책, 123~124쪽 및 134쪽.
4) 같은 책, 제18권, 「표준어와 방언標準語と方言」(『標準語と方言』 수록), 434~444쪽.
5) 森鷗外, 『오가이선집鷗外選集』, 제2권, 岩波書店, 1978, 54쪽.
6) 上田万年, 「내지잡거 후의 어학 문제內地雜居後に於ける語學問題」, 『국어를 위하여 제2國語のため第二』, 1903.

제4장

야나기타 구니오柳田國男와 '국어'의 사상

'국어'와 '일국 민속학'–근대 비판과 내셔널리즘

근대라는 세계는 국민국가의 형성, 과학기술의 발전, 사회의 세속화, 교육의 보급, 사회적 통합의 촉진 등 다양한 측면으로 이루어져 있지만, 이들을 관통하는 사회 전체의 균질화와 평준화라는 경향이 있다는 것은 부정할 수 없을 것이다. 근대란 한 나라의 내부에서만이 아니라 그것을 넘어 국제적 차원에서도 공통의 표준이 통용하게 되는 시대이다. 이 균질화 운동은 정치나 경제의 영역뿐만 아니라 문화의 영역에서도 그대로 적용된다. 그때까지 닫힌 전통 속에서 자족하던 문화는 외부의 영향에 그대로 노출되어 필연적으로 그 형태를 변용시킨다. 그런 의미에서 최근의 글로벌리제이션이라는 흐름은 근대의 운동을 증대시키고 가속화시킨 것이라고도 말할 수 있다. 근대라는 시대가 시작되면서 국제화의 방향도 함께 시작되었던 것이다.

물론 근대는 국민국가의 시대이기도 하다. 각각의 국민국가는 다른 국민국가와는 다른 독자적인 고유성을 전경화前景化시켜 강조하려 한다. 자기들 '국민'의 독자성은 다른 '국민'과 같지 않다는 데서 찾아지는 것이며, 그런 의미에서 자기 동일성은 타자와의 비교 속에서만 성립한다. 그보다도 외부에서 밀려들어 온 균질성에 저항하는 형태로 자신의 고유성과 동일성이 '나중에' 만들어지는 것이다.

이것은 근대 일본에 특히 잘 들어맞는다. 에도 시대의 일본은 소위 '쇄국' 상태였다. 에도 시대에 일본은 네덜란드 및 청나라와만 정식 국교를 맺고 있었다. 일본의 근대는 쇄국을 부정하는 것, 즉 '개국'을 의미했다. 그것은 미국에서 찾아온 '흑선黑船'*에 대한 대응으로 시작되었다. 일본의 근대는 서구의 압력에 의해 강제되었으며 그와 동시에 일본은 구미 '따라잡기'를 근대의 목표로 설정한다. 메이지 정부의 슬로건이 '문명개화'와 '부국강병'이었다는 것은 근대 일본이 나아가야 할 방향이 근대화와 서구화에 있었다는 것을 잘 보여주고 있다.

넓은 의미에서 근대 일본을 규정한 것은 이와 같은 근대화=서구화라는 방향이었다. 그렇지만 의식상으로는 그것이 전면적으로 긍정된 것은 아니다. 근대 일본의 많은 지식인들은 다소간 근대 일본의 방향에 회의적이기도 했고 불안해 하기도 했다. 예를 들어 근대 일본을 대표하는 소설가 나쓰메 소세키夏目漱石는 일본의 근대화가 내부의 욕구에 의한 것이 아니라 오직 구미를 모방하려는, 표면적인 서구화의 폐해에 빠져들고 있다는 점에서 비판적이었고 머지않아 반드시 파국이 온다고까지 생각했다. 그러나 근대화=서구화가 지상 명제라고 한다면 그것을 비판하기 위해서는 어떤 사상적 입장에 서야 할까. 그 대응은 지식인의 수만큼 다를지 모르겠지만

* 1853년 페리의 흑선을 의미한다. 페리는 일본에 개항을 요구했고 결과적으로 이른바 안세이 5개국 조약이라는 불평등 조약을 맺게 된다. 그리고 이른바 내지잡거 논쟁 등도 이 과정에서 생겨난다.

가장 큰 역할을 떠맡은 것은 내셔널리즘이라는 방향이다.

내셔널리즘은 국제적인 기준에 근거한 사회의 균질화 · 평준화의 경향에 저항하여 제각기 민족이나 국민의 독자성과 고유성을 추구하는 움직임이라고 할 수 있다. 그러나 그렇다고 해도 내셔널리즘이 근대와 상반되는 사상이라고는 말할 수 없다. 물론 내셔널리즘은 사상 내용으로서 반근대나 근대 비판이라는 요소를 지닐 수 있다. 그렇지만 그것이 근대적 보편성에 대한 반작용으로 생겨나는 한에서 내셔널리즘 역시 '근대'의 사상이라는 것은 틀림없다. 사실 각 민족이나 국민의 개별성이 그러한 것으로 파악되는 것은 어디까지나 보편성의 안티테제로 파악되기 때문이고, 그런 의미에서 근대적 보편성이 어떠한 형태로든 전제되어 있다. 물론 내셔널리즘이라고 해도 그 내용은 제각각 다르다. 정치적인 국가중심주의 같은 형태도 있는가 하면, 일본문화의 독자성을 강조하는 문화적 내셔널리즘 같은 형태도 있다. 이 장에서 다루려고 하는 것은 그중에서도 사상적으로 지극히 중요한 위치를 차지하는 야나기타 구니오柳田國男의 민속학이다.

야나기타 구니오(1875~1962)는 도쿄대학에서 농정학農政學을 전공했고 농상무성, 법제국, 궁내성의 관직을 역임한 관료였다. 그러나 그는 관료로 일하는 한편 일본 곳곳에 남아 있는 습속이나 관습을 채집하는 일에 힘썼다. 그 목적은 민중 생활의 참모습을 밝힘으로써 근대의 부정적 부분을 겉으로 드러내는 데 있었다. 야나기타가 관심을 기울인 것은 문자 자료에는 전혀 기록되지 않은 민중의 풍속, 관습, 민간전승, 신앙 형태였다. 그런 의미에서 야나기타가 대상으로 삼은 것은 역사서에 쓰이지 않은 민중의 심성이었다고도 할 수 있다. 야나기타 민속학의 출발점이라고 할 수 있는 것은 도호쿠東北지방의 민간전승을 모은 『도노 이야기遠野物語』(1910)인데, 거기서 야나기타는 근대가 부정하려고 하는 비합리의 세계를 드러내 세상 사람들에게 충격을 주었다. 관직을 물러난 뒤, 야나기타는 『산의 인생山の

人生』(1926), 『메이지 · 다이쇼사 세상편明治大正史世相篇』(1931), 『여성과 민간전승女性と民間傳承』(1932), 『민간전승론民間傳承論』(1934), 『향토생활 연구법鄕土生活の硏究法』(1935), 『국어의 장래國語の將來』(1939), 『선조 이야기先祖の話』(1946), 『구승문예사고口承文藝史考』(1947), 『해상의 길海上の道』(1961) 등의 중요한 저작을 계속해서 간행한다.

야나기타 민속학의 큰 틀이 제시된 것은 『향토생활 연구법』에서였는데, 거기서 야나기타는 민속학의 대상을 주거, 의복, 음식물 등 눈에 보이는 유형 문화와 속담, 구비 전승, 가요 등의 언어예술, 의식 형태나 신앙 등에 나타나는 심의현상心意現象이라는 세 가지로 나누고 있다. 민속학의 최종적인 목표는 마지막에 든 민중의 심의현상을 밝히는 데 있으나 심의현상 자체를 직접적으로 파악하기는 어렵기 때문에 관찰할 수 있는 유형 문화와 언어예술을 매개로 접근하는 방법을 취한다. 다만, 이와 같은 정연한 민속학의 방법이 완성되지만, 초기에 야나기타가 하려 했던 일의 여러 가지 가능성이 사라져버린 것은 부정할 수 없다. 예를 들어 초기에 야나기타는 산악지방에서 생활하는 산민山民이 일본민족에 정복당한 피정복민족의 후예가 아닐까 생각하고 있었다. 물론 이러한 발상 자체는 조금은 공상적일지도 모르겠지만, 초기에 야나기타가 하려 했던 일에는, 평지 농업민의 세계를 '산'의 세계와 대비시키려는 방향성이 깔려 있었다.[1] 그러나 야나기타가 스스로 민속학을 체계화해 감에 따라, 평지의 농경민을 일본 사회의 근간을 이루는 '상민常民'으로 규정하고 그 이외의 요소들을 무시하려는 경향을 지니게 된다. 거기에는 일본 사회를 가능한 한 균질적인 것으로 파악하고 싶어 하는 야나기타의 바람이 투영되어 있었다.

쇼와昭和 시대에 이르면 야나기타 민속학에는 마르크스주의에 대항하는 측면도 나타난다. 야나기타는 마르크스주의를 일본 사회의 본질을 파악하지 못하고 있는 외래 사상으로 보고 있었던 듯하다. 야나기타가 말하는

'상민'은 계급 개념이 결코 아니다. '상민'이란 사회계급의 차이를 넘어 일본문화를 가치로 내면화한 인간 집단을 가리키는 것이며, 그 중심에는 분명히 천황이 자리하고 있었다. 야나기타는 매우 조심스러운 저작가여서 천황을 명시적으로 언급한 것은 의외로 적다. 그렇지만 야나기타의 저작을 읽어 가다 보면, 야나기타의 문제의식과 관심의 중심에 있었던 것은 결국 일본의 정체성을 지탱하는 천황제 문제가 아니었을까 하는 생각이 든다.

물론 민속학은 학문이지 정치적 이데올로기는 아니다. 그렇지만 야나기타가 만들어낸 민속학의 기저에는 내셔널리즘적 요소가 깔려 있다. 예를 들어 야나기타는 민속학folklore과 민족학ethnology의 차이점을 이상할 정도로 고집하고 있다. 야나기타에 따르면 민족학이란 그 사회에 소속되지 않은 외부자가 바깥에서 관찰하고 몇몇 사회를 비교함으로써 성립하는 학문이다. 이것이 유럽에서 행해지고 있는 민족학 혹은 인류학의 양상이다. 이와 달리 민속학에서는 대상이 되는 사회의 구성원 스스로 자신의 사회를 관찰하고 분석한다. 야나기타에 따르면 어떤 사회의 심층에 가로놓여 있는 것은 외부인의 관찰로는 결코 밝혀낼 수 없다. 따라서 일본 사회를 대상으로 하는 경우에도 민족학보다 민속학이 우월하지 않으면 안 된다는 것이다. 물론 이러한 독특한 견해는 야나기타 개인의 것이지 민족학과 민속학의 차이를 객관적으로 파악한 것이 아니다. 야나기타가 말하고 싶은 것을 매우 거칠게 단순화시키면 결국에는 '일본에 관한 일은 일본인만이 알 수 있다'는 결론에 도달한다. 요컨대 야나기타의 민속학이란 일본인이 일본인에 대해서 행하는 일종의 내성內省 작업이다. 그리고 야나기타에게 '일본', '일본인'이라는 범주는 의심할 수 없는 전제가 되어 있다. 더욱이 야나기타는 일본 사회를 다른 사회와 비교하려는 의지가 거의 없었다. 일본의 일은 일본 내부에서 해결할 수밖에 없다. 이리하여 야나기타는 자신의 학문에 "일국一國민속학"이라는 명칭을 부여하게 된 것이다. 야나기타의 민속학이 일종의 내셔널리즘적 경향을 띠고 있다고 말한 것은 이런 의미에서다.

그러나 유념해야 할 것은 야나기타의 학문이 결코 국가가 공인한 학문이 아니었다는 사실이다. 야나기타 민속학은 재야 사람들이 중심이 되어 진행된 것이지 대학 등 학술적 세계에 근거하고 있는 것은 아니었다. 민속학 강좌가 대학에 설치된 것은 제2차 세계대전 이후의 일이다. 이런 점에서 보면 야나기타의 민속학은 대학 등 '관학 아카데미즘'으로부터 동떨어진 곳에서 실행된 '민간학'이라는 성격을 지니고 있다고도 할 수 있다.[2] 나아가 학문이 지향하는 방향성의 관점에서도 근대 비판이라는 방향을 지니고 있는 한, 야나기타 민속학이 사회 동향이나 정부 정책에 대한 비판이라는 성격을 띠고 있었던 것은 부정할 수 없다. 야나기타가 사회의 저변에서 살아가는 '상민'의 존재를 주목한 것은 메이지 이후 급속하게 전개된 자본주의 사회의 부정적인 측면을 폭로함과 동시에, 근대 이전 '상민' 세계의 풍요로움을 크게 주목한 것과 연결되어 있다. 그러나 가노 마사나오鹿野政直의 말처럼 야나기타가 민중이 살아가는 세계를 아무리 중시했다고 해도 "민속학이 현황에 대한 강한 비판성 · 전투성을 노골적으로 드러냈다고는 결코 말할 수 없"[3]다. 반복하지만 야나기타의 민속학을 성립시킨 것은 근대 비판이라는 축과 동시에 내셔널리즘이라는 축이었다. 야나기타에게 일본인과 일본 사회의 일체성은 결코 부정할 수 없는 전제였다. 야나기타가 근대 일본을 비판한 것은 민중 속에서 계승되어 온 '일본의 전통'을 근대 일본이 파괴하려고 했기 때문이었다. 이처럼 근대 일본이라는 틀로 볼 때 야나기타 구니오는 매우 미묘한 위치에 있는 사상가이다. 그것은 야나기타 민속학이 근대 비판과 내셔널리즘이라는 교착되면서도 이질적인 두 가지 방향성을 띠고 있었기 때문이다.

이 장에서는 그러한 야나기타의 위치를 확인함과 동시에 야나기타의 언어론을 총괄하여 '국어' 이데올로기라는 측면에서 야나기타의 사상을 해명하고자 한다. 지금까지의 야나기타 연구는 주로 민속학이나 농정학 방면이었고, 언어론 연구는 그리 많지는 않다. 여기서는 오직 언어론에 관련된 부분으로 초점을 좁혀 야나기타의 '국어' 인식의 틀을 추려내고자 한다. 이미 말한 바와 같이 야나기타 민속학에서 언어의 문제는 매우 중요한 위치에 있다. 언어 문제를 통해서 야나기타 민속학의 문제성을 새로운 각도에서 밝힐 수 있을 것이다.

야나기타를 논하려면 그 저작을 어떻게 대해야 할지 문제가 된다. 야나기타의 저작은 대체로 체계적으로 쓰여 있지 않다. 어디부터 어디까지가 실증적으로 검증할 수 있는 사실 인식인지, 어디부터 어디까지가 야나기타 고유의 '사상'인지 판별하기 어렵다. 그 속에서 통일적인 야나기타의 '사상'을 추려내는 것은 대단히 어렵다. 그래서 여기서는 야나기타의 저작을 하나하나 연대적으로 살펴보지는 않는다. 오히려 야나기타의 언어사상을 하나의 전체로 간주하여 그것을 구성하는 다양한 요소들을 저작 속에서 추출하여 재구성하는 방법을 택했다.

우선 언어를 둘러싼 야나기타의 논의 중에서 가장 주목해야 하는 측면, 즉 표준어 교육에 대한 비판자로서의 야나기타를 검토하는 것으로 논의를 시작해 보자.

'표준어 제정' 정책의 성립

주지하다시피 야나기타 구니오는 『국어의 장래國語の將來』(1939), 『표준어와 방언標準語と方言』(1949) 등의 저작에서 메이지 이래의 표준어 정책을 가차 없이 비판해 왔다. 어린이의 타고난 언어인 방언을 억압하여 교과서적인 표준어로 바꾸려는 교육을 야나기타는 극도로 싫어했다. 소수인 지

배자나 지식인의 입장이 아니라 어디까지나 '상민'의 시점에 서서 일본의 사회와 역사를 읽어 내려 한 야나기타의 자세는 언어의 문제에도 일관되어 있다.

여기서 야나기타의 비판을 살펴보기 전에 일본의 표준어 정책을 간단하게 살펴보자.

'표준어'라는 말이 처음으로 사용된 것은 우에다 가즈토시의 강연「표준어에 대해서標準語に就きて」에서였다. 우에다는 '표준어'라는 개념을 영어의 "standard language", 독일어의 "Gemeinsprache"에 해당하며 "한 나라 안에서 모범으로 사용되는 언어"라고 정의한다. 그리고 일본에서는 수도의 말인 '도쿄어'가 '표준어'의 가장 유력한 후보인 것은 틀림없지만, 현시점에서는 아직 그 지위에 오르지 못했으며, "한 나라의 표준어가 되려면 좀 더 조탁이 필요하다"고 판정했다. 그 후 우에다가 주도한 국어조사위원회는 1902년에 네 항목으로 된 결의 사항을 발표했는데, 그 네 번째는「방언을 조사하여 표준어를 선정할 것」이었다. 그리고 1904년 문부성이 발표한『심상소학독본편찬취의서尋常小學讀本編纂趣意書』에서는 "문장은 구어를 많이 사용하고 용어는 주로 도쿄의 중류사회에서 사용되는 것을 취하여 국어의 표준을 알리고 그 통일을 도모하는 일에 힘쓴다"고 결정했다.[4]

이처럼 국어조사위원회 결의 사항에서는 표준어의 '선정'으로 기술되어 있었지만, 그 이후는 오히려 '제정'이라는 말로 언급되는 경우가 더 많았다. 다수 중에서 가려 뽑는다는 '선정'에 비하면 '제정'이라는 용어는 분명히 위로부터의 강제적인 수단으로 표준어를 결정한다는 뉘앙스를 띠고 있다.

「표준어에 대해서」에서 우에다 가즈토시는 이미 표준어의 '제정'에 대해서 말하고 있었다. 그러나 '표준어 제정'이라는 어휘를 정착시키는 데 가장 큰 역할을 한 사람은 호시나 고이치保科孝一가 아닌가 한다.

당시 호시나 고이치는 국어조사위원회의 보조위원을 맡고 있으면서, 『언어학잡지言語學雜誌』에 「국어조사위원회 결의 사항에 대해서國語調査委員會の決議事項について」라는 해설문을 썼다. 호시나는 결의 사항대로 '선정'이라는 용어도 쓰고 있지만, 그와 함께 "표준어를 제정하는 절차", "방언 조사를 표준어 제정의 참고 자료로 제공한다"라는 표현에서도 알 수 있듯이 이미 '표준어 제정'이라는 입장을 분명하게 취하고 있었다. 나아가 호시나 고이치는 역저 『국어학정의國語學精義』(1910)에서 '표준어 제정'이라는 용어를 명확하게 채택하고 있다. 그 책의 제4편 「국어학의 장래國語學の將來」 제3장 「국어에 관한 실제적 연구國語に關する實際的研究」 제2절 「국어문제에 관한 것國語問題に關するもの」의 제2관款은 「표준어의 제정標準語の制定」이라는 제목 아래 표준어의 정의, 표준어 제정에 관한 학설, 표준어 제정의 방법, 발음·어휘·어법의 통일, 방언 통일의 수단 등이 상세하게 논의되고 있다.

이렇게 '표준어 제정'이라는 용어는 정책 상황에서만이 아니라 학계에서도 점차 정착하게 된다. 예를 들어 제2차 세계대전 이전의 대표적인 국문학·국어학 사전이라 할 수 있는 후지무라 쓰쿠루藤村作가 편집한 『일본문학대사전日本文學大辭典』(1932~1935)의 '표준어'라는 항목에는, 「표준어 제정의 문제標準語制定の問題」라는 소제목으로 메이지 유신 이후 언어를 통일하고자 했던 역사가 정리되어 있다.[5]

'선정'이냐 '제정'이냐 하는 것은 사소한 용어의 문제임이 틀림없지만, 여기서 그것을 상세하게 설명한 것은 야나기타 구니오가 표준어 정책을 비판할 때 가장 먼저 표적으로 삼은 것이 '표준어 제정'이라는 개념이었기 때문이다.

'선택'과 '동의'

야나기타는 "표준어는 개념인데 이것의 제정을 주장하는 것부터가 이미 잘못된 일이라고 생각한다"[6]고 단언한다. 이러한 인식은 다음의 두 입장에 근거하고 있다. 하나는 '표준어 제정' 정책으로 민중의 언어생활이 억압되는 것을 비판하는 실천적인 관점이며, 다른 하나는 언어 영역에서 어떠한 강제적인 수단으로 계획을 실현하는 것은 애초부터 불가능하다는 이론적인 관점이다.

야나기타는 말한다.

> 국어를 지금 모습으로 놓아둘 수 없다는 것은 이미 많은 동포들이 스스로 느끼고 있다. 나는 이것을 가능한 한 자연스럽게 저절로 좋은 방향으로 향하게 하고 싶다.[7]

> 그런데 지금 국어교육은 전국에서 동일한 교육을 하려는 데 원래의 목적이 있다. 이것도 달성할 수 있다면 좋겠지만 그런 것을 나는 생각할 수 없다.[8]

야나기타에 따르면 메이지 이래의 표준어 정책은 학생에게 방언을 표준어로 바꾸게 하는 것을 목표로 하고 있었다. 교실 내에서는 엄격한 발음 교정이 행해졌고, 교실 밖에서는 참혹한 '벌찰罰札'* 제도가 있었다. 도대체 이런 방법으로 표준어를 실현할 수 있는지 야나기타는 의심하고 있었

---

* 일본에서 표준어를 정착시키기 위해 도입한 제도. 오키나와에서 학생이 표준어가 아닌 오키나와어를 사용하면 그 벌칙으로 나무판에 끈을 묶은 방언찰을 목에 걸게 했다. 이를 벗기 위해서는 오키나와어를 사용하는 다른 학생을 찾아내야 했다. 이후 조선에서도 사용되었다.

다. 언어란 화자의 내면 표현일 터인데 학교교육에서 가르치는 표준어는 화자의 경험도 감정도 무시한 참혹한 언어 바꾸기의 도구에 지나지 않는다. 야나기타는 이 점을 몇 차례나 거듭해서 주장했다.

> 한 나라의 말이 하나의 표준어로 통일된다는 것은 무엇보다 바람직하지만 그러기 위해서는 반드시 안전한 방법이 따르지 않으면 안 된다. 배우는 사람으로 하여금 먼저 미리 그 한마디 한마디를 체험시켜 항상 표준어를 가지고 사물을 생각하는 습관을 기르게끔 하는 것이 절대 조건이다. 말이 입에서 밖으로 나올 때 매번 번역을 시켜 바꿔 말하게 한다면 그것이 아무리 유창하더라도 외국어 또는 음곡音曲*이다.[9]

> 오랫동안 다른 관습 다른 사회생활 속에서 자라온 사람이 그 생활 전부를 다른 말로 영위한다는 것, 말하자면 새로운 말로 듣고 말하고 또 생각한다는 것은 아예 무리로부터 버림받지 않으면 불가능한 일이다. 더구나 오늘날의 보통교육이 시행하는 국어는 분량이 대단히 한정되어 있어 성인이 활용하기에는 부족하다. 울거나 웃거나 다투거나 할 경우의 감정 등은 이를 나타낼 만한 표준어가 없으므로 결국 벙어리와 마찬가지가 될 수밖에 없다.[10]

이렇게 해서 지금까지 방언으로 아무런 부족함 없이 표현할 수 있었던 것들이 표준어로는 전혀 말할 수 없게 된다. 따라서 표준어 교육이란 흉내내기 아니면 침묵을 강요하는 교육이다. "어머니의 말이나 그 지역의 말로 허물없이 말할 수 있는 아이들은 좋지만, 높으신 분 앞에서는 아무 말도

---

* 일본식 음악 · 가곡의 총칭. 좁은 뜻으로는 샤미센三味線에 맞추어 부르는 속곡俗曲을 가리킴.

못 하는 아이를 만드는 듯한 교육은 참혹하다"[11]고 야나기타는 고발한다.

그러나 이 정도의 강압적인 정책으로도 아직 '표준어'는 확립되지 않는다. 그 이유는 애초부터 '표준어 제정'이라는 사고방식 자체에 근본적인 잘못이 있기 때문이다.

야나기타에 따르면 "국어가 전국 구석구석까지 완전히 같아진다는 것은 명백한 공상"[12]이며, "나라의 말을 하나의 제도처럼 법령 고시告示 등을 가지고 고치려는 생각은 그만두는 것이 좋고, 그만두지 않아도 결과는 마찬가지다. 그렇다면 언뜻 보기에 시간이 걸리더라도 조장주의助長主義에 의지할 수밖에 없"[13]는 것이다. 즉 인위적인 언어정책은 결국에는 살아 있는 언어 현실을 바꿀 힘이 없다. 그렇다면 국어조사위원회 이래 추진되어 온 표준어 정책은 완전히 헛수고하는 것이 된다. 실제로 야나기타는 "나라에 뜻이 있는 사람은 위원회가 단순히 시간 낭비였다는 역사를 인정해야만 한다"[14]고 단언한다.

표준어는 '제정'에 의해서는 결코 실현되지 않는다. 기계적인 '흉내 내기'나 '언어 바꾸기'가 아니라 어디까지나 화자 자신의 자발적인 '선택'과 '동의'에 의거해야만 한다는 것이 야나기타의 기본적인 사고방식이다.

> 아무튼, 국민 한 사람 한 사람이 자주적으로 선택하여 자연스럽게 가려지는 것을 우리는 표준어로 하고 싶다. 따라서 중앙도시의 말이라는 이유만으로 맹목적으로 모방하는 폐해를 막는 것은 물론, 일반 사람들에게 남을 흉내 내는 것은 해서는 안 되는 일이라고 생각하게 하고 싶다.[15]

야나기타가 그토록 확고한 신념을 지니고 표준어 교육을 비판한 것은 방언을 쓰는 상민에 대한 애정 때문만은 아니다. 야나기타는 이러한 '선택'과 '동의'에 의한 표준어 형성은 메이지 이전 시대부터 이미 민중 속에서 자발적으로 진행됐다고 생각하고 있었다. 즉 메이지 시대의 표준어 정책은 그 이전부터 계속되어 온 표준어 형성 과정을 도리어 방해할 뿐이며 오히려 표준어의 실현을 늦추게 된다는 것이 야나기타의 진단이었다.

야나기타는 "소위 표준어라고 함은 그 문자야 새롭지만 그 마음은 오래전부터 있었"[16)]던 것이며, "방법이 지금과는 전혀 다르고, 게다가 학교처럼 제도와 법령의 힘을 빌리지 않고 저절로 거의 전국이 통일되어 있었던 것이다"[17)]라고 말한다. 그렇다면 야나기타는 메이지 이전에 이미 언어 통일이 이루어져 있었다고 말하고 싶은 것일까. 만약 그렇다고 한다면 일본에는 확고한 표준어가 존재하지 않는다고 탄식하며 어떻게 해서라도 표준어를 실현하려고 했던 우에다 가즈토시나 호시나 고이치는 자신이 제멋대로 꾸며낸 망상에 시달리고 있었다는 것이 되어 버린다.

그러나 야나기타는 우에다나 호시나와는 시점이 완전히 달랐다. 야나기타가 메이지 이전의 언어 통일을 언급할 때 염두에 있었던 것은 무엇보다도 문어와 '하레'* 말의 영역이었다.

그와 달리 우에다와 호시나는 언어학의 가르침에 충실하여 일상의 구어에 언어의 근본적 실체를 두고 있었기 때문에 이러한 영역에는 눈길을 주지 못했던 것이다.

야나기타는 이렇게 쓰고 있다.

> 첫째로 국어가 통일되지 않은 것은 문어의 문제가 아니라 구어의 문제이다. 구어도 구어, 매일 쓰는 구어, 보통의 일본어 대화가 각기 다른 것이 불편하고 또한 체제도 갖춰져 있지 않아 곤란하다. 문장은 처음부터 통일되어 있다.[18)]

---

* 하레ハレ(晴). 야나기타 민속학의 세계관에서 비일상적인 의례나 제사, 행사 등을 '하레'라고 하고, 이와 반대 개념인 일상생활을 '게ケ(褻)'라고 불렀다. '하레'는 의복, 음식, 말투, 행동거지 등의 면에서 '게'와 뚜렷하게 구별된다고 한다.

문장은 과거 수백 년에 걸쳐 일부러 시골 사람의 말을 그대로 적으려고 한 것 이외에는 전국에서 모두 일률적인 어구로 쓰여 있다. …… 지금에 와서 새삼 문장어의 표준을 제시할 필요는 전혀 없는 것이다.[19)]

그러나 이러한 관점이라면 메이지 시대에 들어 구태여 언문일치에 의해 문어를 표준화시키는 노력 등은 필요 없는 일이 되어 버린다. 그렇지만 야나기타 자신은 온갖 고생 끝에 겨우 현재 우리가 읽을 수 있는 야나기타 특유의 문체에 도달한 듯하다. 그 고심의 흔적은 야나기타 자신의 저작 속에도 새겨져 있다.

1914년에 야나기타가 자비로 출판한 『산도민담집山島民譚集』은 그 이후의 저작과는 달리 가타카나가 섞인 한문 훈독체漢文書きくだし體라는 색다른 문체로 쓰여 있다. 그 이유를 야나기타는 1942년의 재판 '서문'에서, 『산도민담집』은 확실히 "문장이 또한 매우 색다르다." "이러한 문장은 당시 세상에는 물론 통용되지 않았을뿐더러 메이지 이전에도 본보기가 있었던 것은 결코 아니다." 그 문체는 "흔히 말하는 잡문체雜文體가 점점 쓸 수 없는 상태가 되고, 지금 볼 수 있는 '데아루문である文'*은 아직 과감하게는 쓸 수 없는 일종의 과도기"의 산물이자 "실패한 수많은 시도 중의 하나"였다고[20)] 회상하고 있다.

즉 메이지 이전부터 "문장은 처음부터 통일되어 있다"고 하는 야나기타의 문장어 이해는 사실 야나기타 자신의 저작에 의하여 배반당하고 있다. 이 점은 야나기타 자신의 언어 실천 문제로 따로 검토해야 할 것이다.

본래의 논제로 돌아가면 표준화가 추진되어 왔던 또 하나의 영역인 '하

* 문장 끝에 데아루である를 사용하는 문장을 바탕으로 한 문체. 현대 일본어의 문어로 보편적으로 많이 사용되고 있다.

레' 말에 대해서 야나기타는 이렇게 쓰고 있다.

> 일본에서는 과거 천 년 이래 유별난 사람 이외에는 방언으로 문장을 쓰려고 하는 사람 등은 없었다. 문장뿐만 아니라 연설하거나 연극 등에서 그 공연에 대해 설명할 때도 하레 말은 모든 국민이 표준어에 따르려고 노력했던 것이다. 표준어 문제가 생기는 것은 구어 즉 우리가 호흡처럼 무의식적으로 매일 입에서 내고 있는 구어에서만이다.[21]

> 즉 글자書字 교육이 보급되어 하레 구어의 중요성이 감소하여 어느새 보통의 구어 속에 흡수되어 버린 것이다. 아침저녁의 감화와 흉내 내기로 모두 저절로 터득할 수 있는 것처럼 생각하는 사람들만 많아진 것이다. 이것은 큰 착각이었다. 이 때문에 구어의 통일은 더욱 멀어졌을 뿐만 아니라 그로 인해 다른 사람 앞에서 엉뚱한 말만 하는 사람이 이전보다 도리어 많아지고 있다. 현재의 교통 상태 아래서도 분명히 이 두 가지 구어, 즉 하레와 게褻를 구별할 수 있다면 나는 일부 외부와 접촉할 필요가 있는 사람에게만 그 공통어를 습득시키고 나머지 대다수에게는 자유를 부여하여 그들의 방언이 저절로 바뀌어 가는 것을 기다려도 된다고 생각하고 있다.[22]

물론 '하레'라는 개념은 상민의 신앙생활과 결부되어 민속학에서 생겼지만 여기서 '하레' 말이라고 하는 것은 화자가 어느 정도의 공적인 역할을 맡아 공식적인 장면에서 사용하는 말이자, 어떠한 정형을 지니고 전승된 언어 표현이라고 해도 좋을 것이다. 야나기타가 메이지의 언어생활에서 문제라고 생각한 것은 문자의 위력 때문에 '하레' 말의 지위가 점차 낮아지는 것이었다. 야나기타는 생활 전체에서 본 '근대화'의 폐해는 일찍이 큰 의미를 띠었던 '하레'의 영역이 점차 축소되어 가는 것에 있다고 생각했다. 따라서 어떠한 형태로든 '하레' 영역을 부활시키는 것이 야나기타의 생애를 일관하는 근본적인 신념이 된 것이다.

그렇지만 문어와 '하레 말' 이외의 영역, 즉 일상생활에서 쓰는 구어의 표준어화 과정이 발견되지 않았던 것은 아니다. "즉 옛날에는 구어도 어떤 것은 통일되어 있었다"[23]는 것이다.

이 점을 야나기타는 「옛날의 국어교육昔の國語教育」(『국어의 장래國語の將來』 수록)이라는 논문에서 자세히 논하고 있다. 야나기타는 일찍이 학교라는 제도적 교육기관을 매개하지 않고 일상생활에 녹아든 형태로 알게 모르게 '국어교육'이 행해지는 모습을 생생하게 묘사하고 있다. 연장자가 들려주는 이야기나 자장가, 수수께끼나 속담, 아이들의 놀이노래 등이 그것이다. 야나기타가 특히 중시하는 것은 언어 형성에서 아이들의 역할이다. 야나기타는 "매우 중요한 초기 4년 정도의 기간, 우리 국어교육은 연장자의 손을 떠나 거의 아이들끼리의 자치에 맡겨진다."[24]고도 말한다.

그러나 어느 정도 성장한 단계에서 아이는 친숙한 가족이나 신변을 벗어난 언어생활을 영위하지 않으면 안 된다. 그 시점에서 말에는 어떤 규범화의 힘이 작용해 오게 된다. 그것을 행하는 것이 '무리의 힘'이다.

'무리' 속에서는 "조금이라도 말을 잘못 하면 웃음거리가 되는 무서운 제재"[25]가 기다리고 있다. 이렇게 해서 하나의 '무리' 속에서는 장면에 어울리는 말이 선별되어 규범화되고 동질화되어 가는 것이다. 다만, 그 규범은 '무리' 속에서의 생활이라는 장면에만 한정되는 것이며, 언어생활 전반에 미치는 것은 아니었다. 그렇다고 해도 그것은 일종의 언어교육임이 틀림없었다.

그런데 향당鄕黨의 교육은 한층 엄격한 실지 교육이었고, 한 번 엉뚱한 말을 시켜놓고는 와르르 웃곤 했다. 그래서 청년들은 무리 우두머리가 하는 말에 주의하면서 다른 사람들의 웃음거리가 되지 않도록 그것을 따라 한다. 이것으로 방언의 국어교육은 이루어지는 것이다.[26)]

그리고 이 '무리'를 확대해 가는 것이 아이의 성장 과정을 의미하고 있었다. 그 '무리'의 범위는 처음에는 마을의 또래 집단에 한정되겠지만, 점차 더욱 문화적 위신을 지닌 집단으로 확대해 간다. 이러한 시점에 근거하여 야나기타는 메이지 이전에도 구어의 영역에서 지방마다 언어에 대한 위신을 지닌 중심지가 존재하고 있었다고 말한다. 이것이 바로 야나기타의 언어 인식의 핵심이 되는 중요한 사고방식이다.

방언을 오직 외진 시골의 기이한 현상처럼 이해하는 사람들이 많았던 이유는 이들 크고 작은 중심지에서는 각각 그 지역에 한정된 국어의 통일이 있었기 때문이다. 여기에는 하레에 쓰이는 구어와는 달리 통상적으로는 강제도 없고 적극적인 교육도 없었다고는 해도 그곳에 들어오는 다른 지역 사람들은 어느새 동화되어 고립 상태를 오래 유지하지는 않았다. 지금도 이 통일은 그다지 파괴되지 않고 있다.[27)]

작은 사회에서 사용되기 시작한 말은 구성이 자연스럽고 또한 알게 모르게 동료 감각을 대표하고 있기 때문에 너무 난폭하고 듣기 거북한 것 외는 바로 허용되어 그곳에서는 통용되지만 한 번 경계를 넘어 이웃 무리와 상극이 되면 꽤 준엄한 심판이 내려져 더 우수한 것만 남는다. 그것을 몇 번이고 거듭하여 마침내 전국 구석구석까지 널리 퍼져 나간다. 그래서 수도의 중심 세력을 쓸데없이 지원하지 않아도 오늘날의 교통 상태라면 저절로 좋은 말로 통일이 이루어져 우리가 애타게 기다리는 미래의 표준어는 완성될 것이다. 다만, 그러기 위해서는 제각기 자신의 필요에 따라 스스로 골라 쓰는 재능을 좀 더 길러 나가야 할

것이다.[28)]

즉 이와 같은 지방의 문화적 중심지에서 진행되고 있던 표준화 과정을 한 걸음 더 나아가 일본 전국으로 확대하면 표준어를 실현할 수 있다고 야나기타는 생각하고 있었다. 다만 이 당시 학교에서 행해지고 있었던 것처럼 인위적이고 강제적인 수단을 써서는 안 된다. 표준어는 어디까지나 화자 자신의 '선택'과 '동의'에 의하지 않으면 안 된다. 그때 가장 힘을 발휘하는 것이 '무리의 힘'이다.

> 새로운 단어나 구법句法은 대부분 순수하고 꾸밈없는 공동의 놀이에서 발생하고 있다. 재능 있는 한 사람이 고안했다기보다, 무리의 의향이라 할 수 있는 누군지도 모르는 대표, 즉 모방이라기보다 승인이 이것을 유포시킨다.[29)]

> 오늘날 지방에서 사용되는 방언이라는 것 중에도 오류에서 출발한 말은 의외로 적으며, 나쁜 취미든 조잡한 판단이든 어쨌거나 두 사람 이상의 합의에 따라 그렇게 결정된 것이 훨씬 더 많다. 합의라는 것은 대부분은 한쪽의 발의發意임이 틀림없다. 그렇다면 이 대범해 보이는 용기는 누구에게 지지받는지 하는 문제가 생기기도 하는데, 나는 반드시 본능의 자연스러운 결과라 보지는 않는다.[30)]

> 옛날의 어떤 고립된 사회라 하더라도 어떤 말을 국어에 편입시키려면 아기를 제외한 모두의 합의가 필요하다.[31)]

따라서 표준어 교육에 그토록 비판적이었음에도 불구하고 표준어의 실현에 관해서 야나기타는 우에다 가즈토시나 호시나 고이치보다 훨씬 낙관적이었다. 야나기타는 표준어를 달성하기 위해서는 특별한 정책은 그다지 필요하지 않다고까지 생각하고 있었던 듯하다.

> 일본은 드물게 방언이 많은 나라이며 그것이 언제까지나 활개를 치는 나라였다. …… 게다가 이것이 세상에서 소위 표준어화 운동의 장애인 것처럼 주장하려는 사람이 혹시 있다면 그것은 그저 실패에 대한 일종의 핑계에 지나지 않는다. 국어의 통일은 큰 추세이다. 만약 전적으로 팽개쳐 두더라도 자연스러운 귀착점은 거기밖에는 없다.[32]

> 대개 일본 동서 양 끝이 서로가 이해할 수 없는 말을 쓰는 것이 더 좋다고 생각했던 사람은 옛날부터 없었을뿐더러 이것을 어쩔 수 없다고 생각하여 개량을 단념했다고 판단할 만한 사실도 없다. 양쪽이 서로 다가간다면, 많은 사람들이 쓰는 용어 중 상하 두 계층에서 따로 소통되는 말이 있을 때 더 나은 생활을 하는 사람들의 말에 따라가려는 것도 일반적인 방침이었다. 다만, 그 필요가 교통이 빈번해진 근세처럼 절실하지 않았기 때문에 이전에는 그 방향으로의 변화가 늦었을 뿐이라고 생각한다. 팽개쳐 두더라도 이와 같은 경향이 점점 증가할 시대가 오고 있다. …… 말투만 흉내 내면 마음속의 생각과는 다른 것을 말할 위험이 있다. 그것을 경계하는 것이 도리어 더 필요했을 정도로 급격히 국어는 통일을 향하여 달려가고 있다.[33]

표준어의 실현을 위해서는 "얼마든지 대범하게 낙제할 각오로 마음대로 엉뚱한 신어를 만들고 싶은 것은 거리낌 없이 버린다"[34]라는, 어쩌면 무모하게도 보이는 야나기타의 제언은 종래의 표준어 교육에 대한 신랄한 비판임과 동시에 표준어가 자발적으로 형성될 것이라는 믿음에 근거하고 있다. 이와 같은 야나기타의 관점에서 보면 문화의 중심지로 들어온 사람들이 고향의 방언을 그대로 사용하는 것은 과거의 언어 전통을 무시하는 태도로 판정된다. 다음과 같은 말은 이러한 사람들에 대한 분노를 나타내고 있다.

> 되도록 빨리 이 대도시의 표준어에 동화하려는 사람들은 지금도 많겠지만 다른 한편으로는 그런 것에 조금도 개의치 않고 때로는 일부러 고향 말을 쓰려고까지 하는 사람들이 정치가나 실업가의 상층을 차지해 버린 것이다.[35)]

> 온 나라의 표준어를 새롭게 맞이하기 위해서는 어쨌든 지금까지 할거하고 있는 지방 표준어는 우선 권리를 모두 포기해야 하는 것은 마찬가지다. 다만, 우리가 이토록 통일을 중시하여 하나의 중심지로 들어올 때마다 반드시 거기서 가장 좋다고 여겨지는 말에 동화해서 상호 교통에 만전을 기하려고 했던 오랜 관습을 무시하며, 도쿄에 있어도 평생 태연히 지역 사투리를 쓰고 있는 무심한 사람들에게 국어 통일이라는 중요한 문제를 생각하게 한다는 것이 어쩐지 불안하다.[36)]

야나기타가 말하는 "무심한 사람들" 중에는 틀림없이 국어학자도 포함되어 있다. "현미경적 분석이나 계산, 도표에만 몰두하여 혼자서만 기뻐하고 있는 소위 국어인을 나이를 불문하고 다시 한 번 재교육할 것"[37)]이라는 야나기타의 과격한 말은 표준어 제정 정책을 아무 의심 없이 추진해 왔던 국어학자들에 대한 신랄한 비판이었다. 야나기타는 "국어인"들이 만드는 표준어를 믿지 않았다. 그리고 "국어인"들도 야나기타에 대한 반감이 꽤 컸던 듯하다.

이케다 야사부로池田彌三郎는 스승이었던 오리쿠치 시노부折口信夫에게 들은 다음과 같은 일화를 소개하고 있다.

그것은 전쟁 중의 일인데 표준어 사전 같은 것을 만들려는 움직임이 있어 문부성 측에게 의논해 오자 오리쿠치 시노부는 바로 그 자리에서 야나기타 구니오를 추천했다고 합니다. 야나기타는 받아들인 거예요. 그런데 그렇게 되지 않았어요. 나중에 듣기로는 "방해가 좀 있었던 게지."라고 했어요. 하시모토 신키치橋本進吉 씨 등이 재야인 야나기타 같은 사람이 표준어 사전을 만든다면 체면이 안 선다며 방해했다는 것이겠지요. "아쉬운 일이다. 그때 만들었다면"하고 오리쿠치는 아쉬워했어요. "이제는 안 되겠지." 이렇게 두고두고 말했습니다.[38]

'표준어'와 '방언'의 개념

야나기타의 표준어론 · 방언론을 읽을 때 주의해야 할 점이 있다. 그것은 야나기타가 말하는 '표준어'와 '방언'이 국어학만 아니라 일반적으로 파악되는 것과는 상당히 다른 의미의 개념이었다는 것이다.

일반적인 의미에서 '표준어'란 음성 · 어휘 · 문법 · 문체의 각 영역에서 일정한 기준을 부여하는 언어로 파악되고 있는 것으로 보인다. 이 관점에 따르면 '표준어'는 해당 언어 – '국어'로 불리는 경우가 많지만 – 의 하위 체계를 만드는 것이다. 그런데 야나기타는 그렇게 파악하지는 않았다.

표준어 제정이라는 개념을 비판하는 근거의 하나로 야나기타는 "표준어라는 명칭과 내용이 애매"[39]하다는 점을 들고 있다. 도대체 '표준어' 개념의 어떤 점이 '애매'한 것일까. 야나기타 자신의 정의는 다음과 같다. 조금 길지만 인용해 보자.

처음 이 말이 생겼을 때의 사정을 상상해보면 하나의 같은 사물에 지방마다 제각기 다른 이름이나 표현이 몇 가지나 있다. 그러면 들어도 서로 이해하지 못하는 경우가 많은 까닭에 그중의 어느 하나라기보다도 도쿄라든가 교토 등에서 이전부터 사용되고 있는 좋은 말을 선정하여 그것만을 쓰기로 하면 좋을 것이라는 주장이 널리 퍼져 이것을 먼저 표준어라고 부른 것 같다. 우리 국어에서는 단수 복수의 표현에 늘 곤란을 겪는다. 지금이라면 표준단어라든가 표준구법이라든가 하는 이름을 붙여 각각의 것이라는 점을 명확하게 할 수 있겠지만, 무심코 그것을 전체와 뒤섞어버릴 우려가 있었다. 게다가 한편으로 영어가 유행하고 독일어가 칭송받고, 또한 지나어라든가 아이누어라든가 하는 이름이 자주 사용되기 때문에 여기에 하나의 표준이라는 좋은 언어, 하나의 계통을 갖춘 배울 만한 국어가 있는 것처럼 오해하는 사람들이 생겨, 어디냐 어디냐고 하면서 찾아 헤매는 소동이 일어난 것이다.[40]

표준어는 하나하나의 단어에는 물론 있을 수 있다. …… 우리가 알고 있는 것은 오직 약간의 표준단어의 존재뿐이다. …… 다만 그러한 단어의 수는 한정되어 있어 아무리 애를 써서 모아도 도저히 전체가 될 수는 없다. 그런데 중앙의 어떤 지도자는 그 있지도 않은 전체를 강요하려 한다. 적어도 지방 말의 전체를 부인한다. 이런 일 등은 확실히 포학하다고 해도 좋을 것이다.[41]

지방마다 사물에 대한 표현이 서로 대립하고 있어 무엇을 따르면 좋을지 혼돈되는 경우, 여기에 표준어의 필요도 있으며 이것을 내세울 의의도 있기 때문에 그 비교는 개개의 단어 혹은 표출법에서만 가능했다. …… 그것을 표준어라는 일종의 다른 계통의 일본어라도 있는 것처럼 생각하게 된 것은 속된 습속이며, 정확하게 말하면 '표준어를 많이 쓰는 국어'이다.[42]

야나기타의 표준어론을 충분히 이해하기 위해서는 이처럼 '낱말' 차원에서만 표준어 개념을 파악하려는 야나기타의 자세를 염두에 두어야만 한다. 즉 야나기타가 말하는 '표준어'란 'standard language'가 아니라 이를테면 'standard word' 이다. 이것은 확실히 '~어語'라는 일본어의 낱말 구성에 필연적으로 따르는 중의성이었다. 『국어라는 사상-근대 일본의 언어 인식』에서 이미 지적했던 것처럼 '국어'라는 개념조차 메이지 20년대에는 언어 전체가 아니라 단어 차원의 개념으로 파악되기도 했던 것이다.

하지만 야나기타의 파악 방식은 좀 더 깊은 뜻을 지니고 있었다. 그것을 언급하기 전에 '표준어'와 대비되는 '방언'의 개념을 논의해 보자.

'방언'의 개념도 야나기타의 견해에 따르면 어디까지나 '낱말' 차원의 문제이다. 즉, 야나기타가 말하는 '방언'은 언어학에서 파악하는 것처럼 한 언어 내에서 지리적 변종으로서의 하위 체계를 가리키는 것이 아니다. "방언은 다른 단어 또는 사물을 다르게 표현하는 방식을 의미"[43]한다.

> 표준어와의 차이, 문법과의 차이, 중앙 문예어와 지방어와의 차이가 우리가 말하는 방언이며, 방언이라는 낱말은 널리 일본어로 사용되어 왔기 때문에 나도 쓰고 있지만, 이것은 지방적 언어 현상, 즉 각 개별적인 언어 현상은 아니다.[44]

> 만약 어쩌다 그 표준어 혼입 상태를 한마디로 표현할 필요가 생긴다면 이것을 지방어 현상이라든가 지방 언어 사실이라고 불러도 임시로 사용하기에는 충분하다. 지금 있는 광의의 방언 등도 사실은 이렇게 불러도 좋았을 것이다. 다른 좋은 낱말이 있다면 더 좋겠지만, 단어 · 음운 · 어법의 세 가지를 총괄하여 연구 대상으로 하지 않으면 안 되는 경우는 우리가 아는 한 그리 자주 발생하지는 않는다.[45]

"단어 · 음운 · 어법의 세 가지를 총괄하여 연구 대상으로 하지 않으면 안 되는 경우"란 바꾸어 말하면 그것들이 통합되어 하나의 전체—현재의 용어로는 '체계'—를 이루는 경우를 말한다. 따라서 표준어와 방언과의 이중언어 구사bilingualism라는 문제도 야나기타에게는 발생하지 않는다. 왜냐하면, 표준어와 방언은 별개의 체계를 이루는 것이 아니기 때문이고, 같은 언어 내부에서 단어 선택의 차원으로 환원되기 때문이다.

이러한 야나기타의 특이한 견해에는 표준어를 하나의 완결된 언어 체계인 것처럼 강요해 왔던 국어교육에 대한 비판도 물론 있을 것이다. 하지만 야나키타에게 중요했던 것은 다음과 같은 것이 아니었을까.

지방마다 하나의 전체로서의 '방언'이 있고 그 방언들이 통합되어 '하나의 언어'라는 모습을 추상했을 때 '국어'가 나타나는 것은 아니다. 하지만 그 반대로 '국어'라는 전체를 각 지방으로 분할했을 때 '방언'이 나타나는 것도 아니다. 야나기타는 '일본어=국어'는 어떠한 의미에서도 공간적으로 분할되지 않는 하나의 통일체를 이루고 있다고 확신하고 있었다. 지방적인 변이가 나타나는 것은 단어 · 음운 · 어법의 각 차원에서만 인정할 수 있을 뿐이며 언어 체계에서는 그럴 수 없다. 야나기타는 일본에 복수의 언어 상태가 있다는 사실－그것이 '표준어'든 '방언'이든－을 절대로 인정하지 않으려 했다. '국어'는 공간적으로 분할할 수 없고 '일본'이라는 공간에 밀착된 형태로 불가분의 통일체로 존재한다는 것, 이것이야말로 야나기타 사상의 밑바닥에 가로놓인 숨겨진 언어 인식인 셈이다.

그리고 이 숨겨진 인식이 정식화된 학설의 형태로 나타난 것이 유명한 '방언주권론方言周圈論'이다.

방언주권론方言周圈論과 언어지리학

1927년 『인류학잡지人類學雜誌』에 발표하고 1930년 단행본으로 묶은 『달팽이에 관한 고찰蝸牛考』은 일본 방언 연구에서 획기적인 것이었다. 그리고 단행본으로 묶을 때 야나기타는 거기서 취한 방법을 '방언주권론'이라고

이름 붙였다. 그것은 대략 다음과 같이 정리할 수 있다. '달팽이蝸牛'를 가리키는 방언의 지리적 분포를 조사하면 긴키近畿 지방에서 멀어짐에 따라 낱말이 동심원상으로 배열되는 것을 알 수 있다. 요컨대, 중앙부인 긴키 지방 주변에서는 '데데무시デデムシ'이지만 그 바깥쪽은 '마이마이マイマイ', 더 바깥쪽은 '가타쓰무리カタツムリ'와 '쓰부리ツブリ'이다. 그리고 긴키 지방에서 가장 먼 벽지에서는 '나메쿠지ナメクジ'라는 낱말이 분포되어 있다. 왜 이렇게 분포되어 있는 것일까? 그 이유는 "방언의 지방 차이는 대체로 옛말이 위축되고 소멸하는 과정을 표시하고 있"[46]기 때문이라는 것이 야나기타의 직관이었다. 야나기타는 『달팽이에 관한 고찰』 개정판의 서문에서 이렇게 설명하고 있다.

국어의 개량은 고금을 통하여 먼저 문화의 중심에서 일어나는 것이 보통이다. 그러므로 거기서는 이미 변화하거나 또는 다음에 생겨난 단어나 사물의 표현 방식 등이 먼 마을에는 아직 미치지 않아 오랫동안 원래대로 있는 경우는 얼마든지 있을 수 있다. 그 같은 과정이 여러 번 반복되면서 저절로 그 주변에는 거리에 따라 층층의 원 같은 것이 생길 것이다.[47]

이것이 야나기타가 말하는 '방언주권론'이었다. 이에 대하여 후쿠다 아지오福田アジオ는 '방언주권론'은 민속학적인 방법론과 모순된 것이라고 하면서 다음과 같이 비판하고 있다.

주권론周圈論을 유일한 기준으로 삼은 중출입증법重出立證法*은 야나기타 구

---

* 사료에 의지하지 않고 실제 생활상을 조사하면서 그 지역 차이를 변천 과정으로 파악함으로써 지역의 문화 관습을 분석하는 야나기타 구니오의 독자적인 민속학 방법.

니오가 주장한 민속학의 입장과 모순되는 점에 주의해야 한다. 이 가설〔주권론〕에 따르면 중앙에서 발생한 것이 시간의 경과에 따라 각지에 미치는데, 중앙에서 같은 거리에 있는 곳에는 같은 것이 미쳐야 한다. 때문에 특정한 시간으로 분포를 확인하면 동심원상이 된다는 것이며, 중앙에서 그것이 여러 번 발생하여 차례로 각지에 미치기 때문에 중심이 같고 반경이 다른 여러 개의 동심원이 된다는 것이다. 이러한 생각에는 결국, 역사는 중앙 혹은 도시에서 전개되고 지방은 그것을 수동적으로 받아들일 뿐이라는 것이 전제되어 있다. 민속의 주권적 분포는 단순히 중앙의 역사적 서열을 공간적으로 반영한 것에 불과하다는 것을 의미한다.[48)]

야나기타의 주권론으로는 중앙의 것이 그대로 수용된다는 것을 의미한다. 주권론으로는 지방의 주체성 · 선택성 · 창조성은 무시되고 지방은 단순히 중앙에서 발생한 새로운 것을 그대로 받아들이는 곳으로 간주되어 버린 것은 문제라고 할 수 있다.[49)]

그렇지만 야나기타의 '방언주권론'은 방언 분포를 설명하기 위한 방법론만은 아니었다. '방언주권론'은 야나기타의 사상 심층에 뿌리를 내린 인식이 학문적으로 전개된 것이었다. 그보다도 언뜻 보기에 학문적 방법론에 불과한 '방언주권론'이야말로 야나기타 사상의 의문을 푸는 하나의 열쇠일지도 모른다.

야나기타는 언어 변화가 먼저 중앙에서 일어난다는 것을 전혀 의심하지 않았다. 야나기타는 이렇게 말한다.

즉, 국어는 여러 곳에서 변화해 온 것 이상으로 사람도 자극도 함께 많은 지역에서 특히 민활하게 바뀌었다고 볼 수 있다. 아무런 근거도 없었던 쪽은 이

한 나라의 총체적 변화가 각 지방 제각각의 방침으로 진행되거나 아니면 구역마다 각자 전래의 규준 같은 것을 오래도록 지켜 온 것처럼 단정하는 것이다.[50)]

문화적 중심이란 "사람도 자극도 함께 많은 지역"이다. 그렇다면 왜 다른 지역보다 먼저 중앙에서 언어 변화가 일어나는 것일까. 사실 야나기타에게는 이상한 언어 진화의 도식이 있었다. 야나기타에 따르면 사람들의 교류가 빈번해지고 커뮤니케이션의 밀도가 짙어짐에 따라, 사람의 감각은 예민해지고 관념은 치밀해져 그것을 나타내기 위해서는 새로운 언어 요소가 늘 필요해진다. 결국, 야나기타가 말하는 언어 변화란 새로운 언어 요소를 창조하는 과정을 가리킨다. 그리고 이 언어 변화=언어 창조는 단순히 인간 인식의 진보를 더듬어 확인하는 데 그치는 것만은 아니다. 어떤 인간이 다른 인간보다 우월한 지위에 서기 위해서는 새로운 말이 필요했다는 것이다. 그와 같은 사정을 야나기타는 이렇게 말하고 있다.

이들 사례를 종합해 보면 이전부터 있던 낱말은 케케묵은 것일 뿐만 아니라 또한 단순히 의미를 파악하기 어려운 데 그치지 않고, 대개 그 범위가 정확하지 않았다. 사물의 이름은 부호이기 때문에 의미 등은 상관이 없겠지만, 앞 시대 사람들이 지식을 배워 익힐 때는 오늘날처럼 교과서도 없고 문자도 없고 또한 그림도 없었다. 현실적으로 그것을 손에 쥐고 있는 경우를 제외하면 이름을 아는 것이 사물을 지배하는 유일한 수단이었다. 그러므로 사람들은 각자의 실명을 숨기거나 꺼렸던 것이다. 그러므로 또한 일반인들이 서로 교통할 때는 조금이라도 구체적으로 또는 인상 깊은 이름을 아는 사람이 항상 더 유리한 지위를 차지했던 것이다.[51)]

결국, 야나기타가 말하는 언어 변화란 오늘날의 용어로 말하면 언어의

'위신'을 끊임없이 확인하고 재구성해 가는 것이었다. 그것은 단순한 변화에 그치지 않고 다른 사람에 대한 우위를 획득하기 위한 수단이기도 했다. 중앙과 지방의 관계는 이렇게 이루어져 있었다. 중앙의 언어가 언어 변화 면에서 앞서 가고 있는 것과 지방에 대하여 위신을 떨치는 것은 불가분의 현상이었다. 그리고 야나기타는 교토 말이 변화의 중심이면서 위신의 중심이라고 굳게 믿고 있었다.

> 교토에는 본래 위대한 감화력이 있어 이를 추수하는 것이 국어 개량의 주된 일이었다는 것은 예나 지금이나 다를 바 없지만, 이전에는 다만 그 지역마다 능력 유무에 현저한 차등이 있었던 것이다.[52)]

> 만약 지방이 제멋대로 자신들만의 용어를 변화시켜 나갔다면 지금은 일치된 것조차도 유지되고 있을 리가 없다. 교토를 문화의 사표로 받드는 마음은 언어에서도 마찬가지이며, 오히려 언어가 그 중심에 있었다. 다만 그 추수가 시골에서는 매우 뒤처져 있으며, 또한 때로는 원래의 곳에서 이미 다시 변화한 것을 모르고 낡은 것에 매달리고 있는 기간이 길었기 때문에 종종 눈앞의 사실밖에 보지 않는 사람들에게 다른 세계인 듯한 느낌이 들었을 뿐이다.[53)]

즉 일본어는 교토라는 중심에 의하여 지탱되는 하나의 동질적인 전체를 이루고 있는 것이다. 물론 그것은 변화의 중심이자 위신의 중심이기도 하다.

『달팽이에 관한 고찰』로 대표되는 야나기타의 방언학이 단어의 분포에만 주의를 집중시키고 있는 점이 비판받는 경우가 있지만 사실 그 점을 야나기타는 충분히 자각하고 있었던 듯하다. 왜냐하면, 앞 절에서 살펴보았듯이 야나기타에게 '방언'이란 '낱말' 차원의 변이였기 때문이며, 그것도 그 갖가지 '방언'들은 교토라는 중심으로 연결된, '국어'라는 불가분의 전체를 구성하고 있었기 때문이다.

따라서 '방언주권론'은 방언의 다양성을 설명함과 동시에 '국어=일본어'의 동질성을 증명하는 이론이었다. 일본어의 동질성뿐만 아니다. 거기서는 암암리에 '일본인'의 동질성을 증명하려고까지 하고 있다. 야나기타가 도조 미사오東條操의 '방언구획론方言區劃論'을 집요하게 공격하고 있는 것은 이 때문이다.

> 사람 외에는 말을 바꾸고 가려 쓰는 존재가 있을 수 없다면 이 변화는 최초의 주민이 정착한 뒤에 생긴 일이며, 오히려 이전의 동료와 격리되어 있었던 것이 그 원인이었다고 보아야 하기 때문이다. 방언구역의 존재를 주장하는 사람들은 바로 지금도 여전히 그 사실의 존재를 확인하는 데 급급하여 왜 그리되는지에 대한 해설을 뒷전으로 미루어 놓고 있는데 혹시 이 국어 변화의 경향을 우리와는 반대로 추측하고 있는 것은 아닐까. 만약 앞 시대로 거슬러 올라갈수록 국어의 지방 차이가 심하다고 한다면 다른 것이 아니라 우리는 다른 종족이라는 사실로 귀결된다.[54]

이와 같은 야나기타의 비판은 '방언구획론'에 대한 오해에 기인하고 있다. '방언구획론'은 방언의 지리적 분포를 설명하는 것이 목적이지 과거를 거슬러 동·서부의 일본인이 '다른 종족'이었다는 사실을 밝히려는 것이 아니기 때문이다. 그렇지만 이 야나기타의 오해는 오히려 자신의 사상에 빛을 던져 준다. 일본어/일본인이 불가분의 동질적 전체라는 신념을 뒤흔들려는 생각에 맞닥뜨렸을 때 야나기타는 격렬하게 분개하는 것이다. 야나기카가 오해하고 거부한 것은 '방언구획론'만이 아니다. 사실 '언어지리학'도 야나기타는 똑같이 취급한다.

야나기타의 『달팽이에 관한 고찰』은 흔히 일본 언어지리학의 탄생으로 평가받기도 하지만, 사실 야나기타는 자신의 방언론에 '언어지리학'이라는 명칭이 부여되는 것을 완강히 거부하고 있었다. 『달팽이에 관한 고찰』은 야나기타가 이해하는 의미의 '언어지리학'은 아니었다.

『달팽이에 관한 고찰』이 '언어지리학'의 방법을 일본에서 적용한 것으로 간주하여 '방언주권론'에만 관심이 집중된 것이 야나기타는 초조했던 듯하다. 1943년 간행한 『달팽이에 관한 고찰』 개정판 서문에서 야나기타는 '방언주권론'은 "발견이라고 할 만큼 훌륭한 법칙도 아니고 아무것도 아니다"[55]라며, "소위 방언주권설을 위하여 이 글을 쓰기 시작한 것처럼 말하는 사람이 있다는 것은 들었지만, 그것은 정성 들여 '달팽이에 관한 고찰'을 읽지 않은 사람들의 지레짐작"[56]이라고까지 말하고 있다.

야나기타가 '언어지리학'의 전형이라고 생각한 것은 질리에롱과 에드몽이 작성한 『프랑스 언어도권フランス言語圖卷』이었다. 『프랑스 언어도권』은 지도를 1920매 게재한 36책의 분책 지도집이며 1902년 제1권을 간행하고 1912년 총색인이 나옴으로써 완성된 대작이다. 『프랑스 언어도권』은 언어지리학의 발전이 모두 이 책에서 출발했다고 할 수 있을 만큼 고전적인 가치를 지닌 저작이다. 그런데 야나기타는 '방언구획론'을 대했을 때와 마찬가지로 이 『프랑스 언어도권』이 취하고 있는 방법에 대해서도 기묘하게 오해하고 있다. 야나기타는 『달팽이에 관한 고찰』 개정판 서문에서 다음과 같이 말하고 있다.

> 나는 단지 방언이라는 뚜렷한 문화 현상이 대체로 이것(주권론)으로 설명할 수 있다는 것을 주의해서 보았을 뿐이다. 이 국어 변화의 경향은 우리나라에서는 매우 단순하여 이것을 교란시키는 힘은 옛날부터 적었을 것으로 생각한다. 예를 들어 이민족의 영향이 특별히 한 군데 강하게 미친다거나 혹은 거주민의

계통이 달랐기 때문에 동화를 거부하거나 타협을 요구하기도 한다는 프랑스 방언도권方言圖卷[57]에서 주장하고 있는 것과 같은 원인은 찾아내려고 해도 그렇게 많이는 찾을 수 없다.[58]

언어지리학에는 기층언어substratum라는 사고방식이 분명히 있다. 어떤 민족이 다른 민족을 지배하거나 정복했을 때 선주민족의 언어가 지배 민족의 언어에 영향을 미쳐 그때까지와 다른 언어 변화를 일으킨다는 사고방식이다. 그렇지만 언어지리학은 결코 그러한 현상에만 주목하는 것이 아니다. 그럼에도 불구하고 야나기타는 언어지리학의 방법이 다른 민족의 언어와 접촉함으로써 생긴 현상을 설명하는 것이 주된 목적인 것처럼 오해하고 있다. 다음과 같은 야나기타의 말은 그러한 오해에 바탕을 두고 있다.

아무튼, 언어지리학 지식으로 언어를 해석할 수 있다고 생각하는 것은 바람직하지 않다. 이것을 각 지방별로 볼 수 있는 언어 현상으로 이해한다면 괜찮을 것이다. 그러나 이에는 언어지리학으로 해석할 수 있는 나라와 없는 나라가 있다는 것을 생각하지 않으면 안 된다. 프랑스가 가장 많이 언어지리학이라는 말을 쓰고 있지만, 프랑스는 육지로 이어진 나라를 이웃하고 있고 과거 천 년간의 역사에서 그 국토는 자주 병마兵馬에 유린당하여 인종의 이동이 심했다. 그 이동이 한창일 때 성립된 프랑스어이기 때문에 여러 나라와 접촉이 있었고 이 점이 일본어와는 방식이 전혀 다르다. 이 프랑스와 같은 경우를 일본에서도 말할 수 있을까. 일본에 전혀 외국인이 드나들지 않았는지 알 수는 없지만, 아무튼 국내의 이동은 꽤 활발했다. 그러나 이 문제는 프랑스에서 말하는 바와 같은 언어지리학의 틀 안에서는 생각할 수 없다.[59]

향토 연구의 의미는 서양 여러 나라에서 말하는 획지조사법劃地調査法(レジオナリスム)*과 이

점에서 상당히 다른 데가 있다. 그들은 종족의 혼화混和에 기초한 문화의 다원성을 인정하여 지방마다 종종 계통이 다른 것이 있다는 점을 미루어 밝혀내지만, 우리나라는 남쪽이든 북쪽이든 거슬러 올라가면 도리어 많은 일치점을 찾을 수 있으며 다만 지형과 중앙에서의 거리가 멀고 가까움에 따라 그 변천 과정에 더디고 빠름이 있다는 것을 찾을 수 있을 뿐이다.[60]

결국, 야나기타에 따르면 일본은 "종족의 혼화混和에 기초한 문화의 다원성"이 인정되지 않는 나라이다. 하나의 중심이 주위의 지방에 미치는 영향에 따라 언어 변화의 결과가 동심원상을 이룬다는 것과 일본어가 일본이라는 공간 속에서 이민족의 영향을 전혀 받지 않는 동질적인 전체를 이룬다는 것은 같은 의미이다.

이렇게 본다면 사실은 '방언주권설'에는 이중의 의미가 있다는 것을 알 수 있다. 하나는 순전한 언어 변화의 차원이다. 변화의 전파에는 시간이 걸리기 때문에 시간적 변이가 공간적 변이에 변환되고 그 결과 언어 변화는 하나의 중심지 주위에 동심원상의 결과를 불러일으킨다는 것이다. 그런데 '방언주권설'에는 또 하나의 숨은 의미가 있다. 그렇다기보다도 언어 변화와는 다른 차원의 사실이 야나기타의 머릿속에서 이중으로 그려졌다고 하는 편이 옳을 수도 있다. 그것은 위의 인용문에서도 볼 수 있는 바와 같은("국내의 이동은 꽤 활발했다") 일본 '국내 이민'의 역사이다.

지명의 권력

『달팽이에 관한 고찰』이 방언 연구에서 획기적이었다면 『지명의 연구地

* regionalism. 야나기타의 원문에 이렇게 루비가 달려 있다고 저자가 표시하고 있음.

名の研究』는 그야말로 지명 연구의 획기적인 저작이었다. 그러나 여기서도 야나기타의 시점과 방법은 야나기타 특유의 사상이 짙게 반영되어 있다. 즉 지명 연구도 역시 실증 연구로 환원할 수만은 없는 야나기타 고유의 인식에 근거하고 있는 것이다.

야나기타는 "일본 지명 연구의 또 하나의 큰 특징은 동서남북의 일치가 매우 뚜렷하며 그 발생의 일반 법칙을 찾아내기가 쉽다는 것이다. 이것은 하나의 중심지에서 사방으로 앞뒤 몇 번에 걸쳐 이민이 분산된 나라가 아니면 찾아볼 수 없는 하나의 현상"[61]이라고 말한다. 즉 지명의 "동서남북의 일치"는 같은 시기에 중앙에서 지방으로 향해간 '이민'들이 각지에 남긴 흔적이며 출발 시기가 일치하지 않기 때문에 그때마다 지명의 같고 다름이 생긴다는 것이다. 여기서도 공간적인 변이를 시간적인 변이로 바꿔 읽는 야나기타 특유의 방법은 살아 있다. 그런데 이 '이민'은 무엇을 목적으로 한 것일까. 그것은 '토지경영'이다.

야나기타는 『지명의 연구』(1936년)에서 일본의 지명이 복잡하고 다양한 것은 지명이 자연의 경관에 따라 붙여진 것이 아니기 때문이라고 한다.

> 요컨대 그 의미를 명확하게 알기 어려운 것, 게다가 그 명확하지 않은 의미를 깊이 연구하는 묘미가 다종다양한 것은 일정한 지역에 부여된 명칭이다. 자연의 지형에 따라 부여된 명칭이 아니라 사람의 생각으로 구획한 약간의 면적에 부여된 지명이다. 엄격한 의미에서 토지경영이 시작되고 난 후의 일이다. 즉 아이누가 아직 도달하지 못한 수준에서 나온 명명이다."[62]

아이누의 지명은 "자연의 지형에 부여된 명칭"에 지나지 않은 데 비해 일본어의 지명은 "사람의 생각으로 구획한 약간의 면적"에 대하여 부여된 것이며, 결국은 인간의 활동과 토지의 상관관계에서 생겨났다는 것이다.

이것을 야나기타가 가진 아이누에 대한 편견이라고 보아도 잘못은 아니다. 야나기타는 "가까운 예를 들면 아이누 등은 경작이 아직 발달하지 않아 거주 외의 목적으로 토지를 구획하여 또한 오랫동안 이것을 점유하는 일이 거의 없으므로 지명은 수도 적고 매우 단순하다"[63]고 단정한다. 야나기타의 견해에 따르면 일본어의 지명은 '토지경영'을 표시하는 증표인 데 비해 경작하지 않는 아이누에게는 토지에 이름을 붙일 필요성이 없다는 것이다.

초기에는 지명을 아이누어로 해석하려고 한 적도 있었지만, 어느 시기부터 야나기타는 지명을 아이누어로 해석하는 것을 단호하게 거부한다. 야나기타는 일본에서 '이종족의 혼화'를 절대로 인정하지 않으려고 한다. 야나기타에게 아이누는 선주민=산사람山人이기는 해도 상층 언어 · 상층문화에 영향을 미치는 기층언어 · 기층문화는 아니다. 일본인의 선조가 도래하기 이전, 일본인보다 앞서 그곳에 일본인 이외의 민족이 거주하고 있었다고 해도 '일본'에는 아무런 영향도 남기지 않았다. 그 공간을 '일본'이라는 동질적인 공간으로 만들어낸 것은 어디까지나 일본인이다. 따라서 일본의 기원을 이민족에게서 찾으려고 하는 것은 무의미한 시도로 간주하여 거부한다. 지명을 아이누어로 해석하는 것에 대한 감정적이라고도 할 수 있는 야나기타의 반발은 여기에 유래하고 있다.

> 원래 우리의 역사과학이라는 것이 사실은 지금까지 기원론에 지나치게 갇혀 있었다. 중간의 천 년은 백 년의 추이를 무시하고 기원이 하나라는 사실을 증명하기에만 전념했던 것이다. 하나의 극단적인 예는 지명의 아이누어 해석, 이것은 약 70년 동안 일본에서 계속되고 있다. 인구가 늘어나고 토지와 인연이 깊어지고 난 뒤 비로소 지명 등을 부여할 필요성이 생겼다는 것은 알고 있으면서도 한번 아이누가 살고 있었다는 것이 곧바로 지명이 지금도 남아 있는 이유라고

하여 왜 이어받았는지도 생각해 보지 않는 사람들이 많아 근대 일본어로 훌륭하게 설명할 수 있는 것까지 에조蝦夷*어라고 말하며 기뻐하고 있다. 이렇게 아는 척하는 것은 질이 나쁘다. 전염되지 않도록 조심하지 않으면 안 된다.[64]

야나기타가 지명의 근거로 삼는 '토지경영'이란 바로 벼 재배를 말한다. 즉 일본인은 '벼'와 '일본어'를 손에 들고 중앙에서 지방으로 지배권을 확대해 간 것이며 일본어 지명은 그 지배의 확립을 각인하는 것이었다. 토지경영을 위한 지명이란 정복 민족에 의한 지배의 상징이 아니면 무엇인가. 그런데 야나기타는 그것을 결코 '침략'으로 생각하지 않고 마치 자연스러운 추세인 것처럼 '국내 이민'에 의한 '토지경영'의 확대로만 파악한다. 야나기타는 "평지를 차지한 민족의 지위가 차츰 경사지를 차지한 민족보다 우세하게 된 상황도, 후자가 압박에 밀려 몽매한 산사람 상태로 퇴보해 간 추세도 이 약간의 공통 언어로부터 상상할 수 있다"[65]고 말한다. 이런 의미로 야나기타 민속학은 또 하나의 농정학이며 정치학이었던 것이다.

일본어와 일본인의 기원

표준어와 방언의 문제로 돌아가자. 야나기타에 따르면 방언의 발생은 사실 이와 같은 '국내 이민'의 양상과 밀접하게 연관되어 있다. 야나기타는 "원래 방언이라는 현상은 이전에는 적었지만, 후세에 들어 점차 증가하여 온 것은 상상할 수 있다"[66]고 말한다. 여기서 말하는 '방언'도 야나기타

* 일본열도 간토關東 이북 홋카이도 · 토호쿠 지방에 살던 일본의 선주민족. 근세 이후는 아이누와 동의어로 사용되었다.

가 이해하는 의미로서의 개념인 것은 두말할 것도 없다. 즉 같은 하나의 사물에 지방마다 다른 이름이 붙여진다는 의미이다. 그리고 방언의 성립에 대하여 야나기타는 이렇게 말한다.

> 국내 이민의 오랜 역사를 고려하면 오히려 예전에는 땅을 달리하면서 똑같은 말을 쓰던 시대도 상상할 수 있다. 적어도 3~5세의 자손까지는 지금이라도 어디서 왔는지를 그들이 쓰는 말로 미루어 밝혀낼 수 있는 예는 드물지 않다. 그러므로 이것이 때로는 통역이 필요할 만큼 서로 다른 것으로 바뀌어 버렸다는 것은 그 원인이 비교적 새로운 시대에 발생하고 또 계속해서 반복되어 뒤얽혀 있는 것으로 보아야 한다."[67]

말하자면 일본어는 원래 중앙의 집단이 사용하던 균질적인 말이었지만 '국내 이민'이 각 지방으로 흩어졌고, 나아가 그들이 제각기 독자적으로 발전함으로써 방언을 형성했다고 야나기타는 말하고 있다. 이리하여 일본어의 지리적 변이는 시대가 내려오면 내려올수록 커졌다는 것이다.

지금까지 논한 바를 간추리면 야나기타가 생각한 일본어 역사의 틀은 다음과 같다.

(1) 국외에서 일본어를 사용하는 일본인의 선조가 중앙에 정착했다.
(2) 거기서 몇 차례에 걸쳐 '토지경영'을 위하여 각 지방으로 '국내 이민'이 건너갔다.
(3) 그들 이민이 정착하자 각 지방에서 제각각 언어 변화를 일으키게 되었다.
(4) 그러나 변화는 음성이나 단어 등 개별적인 항목에 한정되었다.
(5) 그 경우에도 언어의 위신은 중앙이 유지하고 있었다.

"아무리 먼 변두리의 말들이라 해도 일본어인 이상 나란히 비교해 보면 명백하게 일치하는 점이 많다"[68]고 야나기타가 말하는 것은 그 '변두리의 일본어'가 모두 '국내 이민'으로 중앙에서 전파된 말의 후예이기 때문이다. 그런데 후세에 들어 '방언'이 발생하자 각지의 말은 통일성을 잃게 되었다. "2천6백 년 이전에는 아마도 같았을 것 같은 일본어가 어찌하여 5리 10리 사이에서 이렇게 차이가 나서 바로잡아 고치지 않으면 안 되었던가"[69]라는 야나기타의 물음은 이 점에서 참으로 절실했다. 이렇게 일원적인 기원을 지니면서 어떻게 해서 다양한 방언이 발생하는가 하는 문제와 맞서면서도, 얼핏 보면 다양해 보이지만 일본어의 동일성은 흔들림 없이 유지됐다는 점을 밝히는 것이 야나기타 방언학의 목적이었다. 그리고 여기서 "2천6백 년 이전"이라는 말은 단순한 수사적 장치라고 만은 생각하기 어렵다. 그것은 두말할 것도 없이 천황가의 선조가 일본에 정착했을 때를 가리키는 것이다.

나아가 야나기타는 극심한 언어 변화가 있었음에도 불구하고 일본어의 동일성이 유지된 것을 다음과 같이 설명한다.

> 〔신어가 유행한〕 주된 원인은 다른 많은 추수자가 오래전부터 고어에 질리기 쉬워 기발하고 새로운 소리에 금세 익숙해지는 예민함이 있었다는 것과 또 하나는 무리에는 사물에 이름을 짓는 힘이 있기 마련이라고 이해했던 경험 때문이었다. 즉 옛날에는 거의 완전에 가까운 지방자주地方自主를 각각의 소분지小盆地까지 인정했던 것이다. 그럼에도 불구하고 여전히 약간의 연락과 두드러진 공통의 경향을 잃지 않았던 것을 수륙 내왕의 효과로만 귀일시키기는 어렵다. 설령 경역을 교착交錯하여 건너가는 나그네들이 그 수가 더 늘어나더라도 민종民種이 하나가 아니고 문화가 기원을 같이하지 않다면 이렇게까지 현저하고 우

연한 일치는 있을 수 없다.[70)]

말하자면 일본어의 동질성이란 교통의 연결에 따른 결과가 아니라 애초부터 일본어의 기원에 심어져 있는 것이며 역사적 시간을 초월하는 조건이다. "민종民種이 하나"이며 "문화가 기원을 같이"하고 있다는 것이 일본어의 통일을 지탱하고 있다. 야나기타가 표준어의 실현이 자연스러운 추세라며 낙관적인 태도를 보였던 것은 틀림없이 일본어의 기원적 동일성에 대한 신앙에 기대고 있었기 때문이다.

위에서 언급한 것처럼 야나기타가 파악했던 일본어의 역사는 그대로 일본인의 역사와 겹친다. '벼와 일본어를 손에 든 일본인'이라는 신화적인 이미지는 이렇게 만들어진 것이다. 이 신화는 야나기타 뿐만 아니라 일본어의 기원을 탐색하는 사람들에게 이후에도 매혹적으로 작용한다.

그러나 이와 같은 일본어의 세계는 옛날 국내 이민의 후예인 일본인에게만 한정되는 닫힌 세계이다. 야나기타가 파악한 표준어와 방언의 관계는 어디까지나, 일본어를 모어로 하는 화자가 동일한 사물이나 관념에 대하여 지방마다 어떤 이름을 선택하느냐의 문제로 수렴된다. 그런데 일본어를 모어로 하지 않는 비일본인에게는 어휘 선택의 가능성이 있을 수 없으므로 표준어와 방언의 문제는 비일본인에게는 생기지 않는다. 야나기타는 "외국에 있는 동포, 혹은 이민족에 대한 일본어는 어떻게 할 것인지 하는 문제"에 이렇게 대답한다.

표준어는 원래 지방마다 뿔뿔이 흩어져 있는 방언에 대립시킨 말이다. 일본어를 전혀 모르는 사람들에게는 표준어든 무엇이든 아무 것도 없기 때문에 그들에게 표준어를 가르치고 싶다는 주문은 자칫하면 두부 집에 된장을 사러 오는 것이나 마찬가지이다."[71)]

"두부 집에 된장을 사러 오는 것이나 마찬가지"라는 비유는 이해하기 어렵지만, 일본어를 모어로 하지 않고 어휘를 선택할 수도 창조할 수도 없는 사람에게 표준어와 방언의 관계는 적합하지 않다고 말하고 싶은 듯하다. 즉 야나기타의 관점에서는 비일본인에 대한 일본어 교육 문제는 본래의 일본어 세계와는 관련 없는 주변적인 사건으로밖에 비치지 않는 것이다.

그런 의미에서 야나기타는 일본어의 세계와 비일본어의 세계를 단호하게 단절시키려 한다. 이리하여 아이누, 대만, 조선 등의 이민족은 야나기타 민속학에서는 관계없는 대상으로 팽개쳐진다. 그런데 이와 반대로 일본어의 고유성을 보증하기 위한 특권적인 장소로 선택된 것이 오키나와다.

야나기타는 오키나와 방언 논쟁이 한창일 때 "표준어를 올바른 것의 한 뭉치로 보는 것은 잘못일 뿐만 아니라 폐해가 이미 드러나 있다. 오키나와의 자녀들은 그 무익한 희생이었다"[72]며 오키나와에서 시행하는 표준어 교육을 비판했다. 그러나 그 비판은 평소의 야나기타답지 않게 대단히 미온적이었다. 야나기타가 표준어 교육을 비판한 것은 결코 류큐琉球*어를 사수하려고 했기 때문은 아니었다. 야나기타에 따르면 오키나와어는 "자연스럽게 놓아두어도 한 걸음씩 소위 야마토말大和語에 접근해 오는 것은 확실했"[73]으며 강제적인 표준어 교육은 도리어 그 자연스러운 발걸음을 방해하는 것이다.

『달팽이에 관한 고찰』에서 야나기타는 중앙에서 먼 지방에 고어가 남아 있는 이유를 다음과 같이 설명하고 있다.

* 13세기 초부터 1879년까지 오키나와 본도本島를 중심으로 주변 도서를 통치한 왕국의 이름. 이후 오키나와의 별칭으로 사용되고 있다.

새로움을 기뻐하고 낡음에 지겨워하는 기질, 재치와 연습으로 말투의 변화를 재촉하는 노력이 일반적으로 번화한 지역에서만 첨예했기 때문에 그 반면에 벽지라 불리는 지방에는 오래된 것들이 많이 보존되었던 것이다. 단순히 상고시대 민족 이동의 노정이었다는 이유로 자루에서 물건이 넘쳐흐르는 듯이 뿔뿔이 흩어진 것으로 이해하는 것은 잘못이다.[74)]

이러한 견해는 아이누어가 일본어의 기층언어라는 주장을 부정할 때에 사용되었다. 이와는 달리 야나기타에게 오키나와는 "상고시대 민족 이동의 노정" 으로 자리매김하는 유일한 장소였다. 야나기타는 민속학의 확립에 즈음하여 민속학의 대상을 근세부터 현대에 걸친 사회의 변화로 파악하며 기원론을 격렬하게 공격하고 있었다. 그런데 그 야나기타가 오키나와에 대해서는 대담하게도 기원론을 전개하게끔 되었던 것이다. 이는 오키나와가 중앙에서부터의 국내 이민이 아니라 남방에서 도래한 일본인의 선조가 계류한 장소라는 야나기타의 역사관에 기인한다. 결국, 앞서 언급한 '국내 이민'이라는 틀 안에서 유일하게 설명할 수 없는 장소가 오키나와였던 것이다.

야나기타는 오키나와에서 시행하는 표준어 교육을 비판하며 "조선반도 국어 보급 정책의, 약간 빗나간 추수"[75)]가 이루어졌다고 말하고 있다. 그러나 원래 "빗나간" 것은 "조선반도의 국어 보급 정책" 이 아니었던가.

야나기타는 식민지에서 시행된 언어정책에는 거의 무관심했다. 아니, 오히려 일부러 무시했다고 하는 것이 옳을 것이다. 왜냐하면, 식민지라는 외부의 시점을 개입시켜 버리면 자신이 상정했던 내부 세계의 조화가 무너질 위험이 있었기 때문이다. '일본인=일본어'라는 신화에 기대어 그 닫힌 세계에서 자기 완결을 지향했기 때문에 야나기타는 그토록 격렬하게 표준어 정책을 비판할 수 있었던 것이다. 물론 그것은 일본의 언어적 근대에 대한 가차없는 비판이었던 것은 두말할 나위도 없다. 그렇지만 일본인=일본어라는 등식을 의심하지 않는 한 야나기타의 언어 인식도 근대 일본이 낳은 " '국어' 의 사상" 의 한 변종인 셈이다.

■ 주

1) 이 점에 대해서는 아카사카 노리오赤坂憲雄, 『야나기타 구니오 읽기-또 하나의 민속학은 가능한가柳田國男の讀み方-もうひとつの民俗學は可能か』(ちくま新書, 1994)가 많은 것을 가르쳐 준다.
2) '민간학' 에 대해서는 가노 마사나오鹿野政直, 『근대 일본의 민간학近代日本の民間學』, 岩波新書, 1983 참조.
3) 鹿野政直, 『근대 일본의 민간학近代日本の民間學』, 77쪽.
4) 이 점에 대해서는 이연숙, 『국어라는 사상-근대 일본의 언어 인식國語という思想-近代日本の言語認識』, 1996, 137~145쪽 및 220~227쪽 참조.
5) 藤村作 엮음, 『일본문학대사전日本文學大辭典』, 제3권, 新潮社, 1934, 486~487쪽.
6) 柳田國男, 『야나기타 구니오전집柳田國男全集』, 제3권, 筑摩書房, 1999, 404쪽.
7) 같은 책, 제10권, 146쪽.
8) 같은 책, 제29권, 149쪽.
9) 같은 책, 제10권, 30쪽.
10) 같은 책, 제18권, 471쪽.
11) 같은 책, 제29권, 149쪽.
12) 같은 책, 제18권, 412쪽.
13) 같은 책, 470쪽.
14) 같은 책, 제10권, 145쪽.
15) 같은 책, 제18권, 393쪽.
16) 같은 책, 384쪽.
17) 같은 책, 제10권, 59쪽.
18) 같은 책, 제18권, 383쪽.
19) 같은 책, 401쪽.
20) 같은 책, 제2권, 523쪽.
21) 같은 책, 제18권, 465쪽.
22) 같은 책, 383쪽.
23) 같은 책, 383쪽.

24) 같은 책, 제10권, 76쪽.
25) 같은 책, 제18권, 384쪽.
26) 같은 책, 제29권, 148쪽.
27) 같은 책, 제18권, 385쪽.
28) 같은 책, 제10권, 30~31쪽.
29) 같은 책, 79쪽.
30) 같은 책, 103쪽.
31) 같은 책, 141쪽.
32) 같은 책, 제18권, 380~381쪽.
33) 같은 책, 472쪽.
34) 같은 책, 제22권, 52쪽.
35) 같은 책, 제18권, 385쪽.
36) 같은 책, 385~386쪽.
37) 같은 책, 427쪽.
38) 池田彌三郎 · 谷川健一, 『야나기타 구니오와 오리쿠치 시노부柳田國男と折口信夫』, 岩波書店, 1994, 154쪽.
39) 『야나기타 구니오전집柳田國男全集』, 제18권, 387쪽.
40) 같은 책, 387쪽.
41) 같은 책, 466쪽.
42) 같은 책, 409쪽.
43) 같은 책, 제9권, 159쪽.
44) 같은 책, 제29권, 159쪽.
45) 같은 책, 제9권, 152쪽.
46) 같은 책, 제5권, 197쪽.
47) 같은 책, 302쪽.
48) 福田アジオ, 『야나기타 구니오의 민속학柳田國男の民俗學』, 吉川弘文館, 1992, 79~80쪽.
49) 같은 책, 80쪽.
50) 『야나기타 구니오전집柳田國男全集』, 제10권, 132~133쪽.
51) 같은 책, 제5권, 273쪽.
52) 같은 책, 제10권, 123~124쪽.
53) 같은 책, 134쪽.
54) 같은 책, 123쪽.
55) 같은 책, 제5권, 302쪽.
56) 같은 책, 303쪽.
57) 여기서 '방언도권' 이라는 것은 '언어도권' 의 잘못으로 생각된다.
58) 『야나기타 구니오전집柳田國男全集』, 제5권, 302쪽.
59) 같은 책, 제29권, 159쪽.

60) 柳田國男, 『정본 야나기타 구니오집定本柳田國男集』, 제25권, 筑摩書房, 1964, 511쪽.
61) 『야나기타 구니오전집柳田國男全集』, 제7권, 12쪽.
62) 같은 책, 제8권, 382~383쪽.
63) 같은 책, 70쪽.
64) 『정본 야나기타 구니오집定本柳田國男集』, 제30권, 69쪽.
65) 『야나기타 구니오전집柳田國男全集』, 제8권, 454쪽.
66) 같은 책, 제10권, 122쪽.
67) 같은 책, 122~123쪽.
68) 같은 책, 제18권, 403쪽.
69) 같은 책, 476쪽.
70) 같은 책, 제13권, 86쪽.
71) 같은 책, 제18권, 413쪽.
72) 같은 책, 410쪽.
73) 같은 책, 406~407쪽.
74) 같은 책, 제5권, 268쪽.
75) 같은 책, 제18권, 406쪽.

제5장

'협의의 일본인'과 '광의의 일본인'

-야마지 아이잔山路愛山의 『일본인민사日本人民史』를 중심으로

'일본인'이란 누구인가

메이지 시대 이래 일본에서는 '일본인론'이 한창 논의됐다. 일본인의 본질은 무엇인가, 일본인은 어떤 국민성을 지니고 있는가, 일본인은 어디에서 왔는가 등의 물음이 제기되고 다양한 대답이 모색되어 왔다. 그렇지만 왜 지금까지 '일본인론'은 조금도 쇠퇴할 기미가 보이지 않는 것일까. 그것은 이런 물음에 담긴 온갖 의문을 불식시킬 만한 결정적인 해답을 누구도 제시할 수 없었기 때문이다. 그리하여 끊임없이 '일본인'론이 나타나고 사라져갔다. 그렇다면 '일본인론'이 본래 지향하는 것은 이런 물음에 명확한 답을 내는 것이 아니라, 어쨌든 균질한 '일본인'이 존재한다는 사실을 이해시키는 데 있는지도 모른다. 즉 '일본인론'은 암묵적으로 '일본인이라는 것'을 자명한 대상으로 설정하기 위한 장치라고 할 수 있을 것이다.

역사가 아미노 요시히코網野善彦는 이러한 '일본인론'의 양상을 신랄하게 비판하고 있다. 아미노에 따르면 '일본'이란 지명도 아니거니와 어떤 정체성을 나타내는 민족명도 아니다. '일본'이란 "야마토를 중심으로 성립한 국가의 국호, '천황'을 왕의 칭호로 제정한 왕조명"이며, 따라서 '일본국'이 성립하기 이전에는 '일본'도 '일본인'도 존재하지 않는다. 그리고 '일본의 역사'란 '야마토'와는 다른 생활 형태 아래 살아가는 다양한 '비일본인'을 차례차례 '일본'으로 편입시켜 간 지배권의 팽창 과정이며 "'일본국'은 그 출발부터 이와 같은 '제국주의'적, 침략적 일면을 지니고 있었다"[1)]고 말한다. 아미노는 이처럼 마치 기성의 일본상과 대결하듯이 정주농경민족으로서의 '일본인'이라는 이미지를 타파하는 다양한 민중의 모습을 생생하게 묘사하고 있다. 이는 대단히 자극적이며 매력적인 역사관으로 보인다.

그러나 여기서 한 가지 의문이 떠오른다. 그것은 '일본'의 다양성을 인정하면서 정반대 가치로 '일본'의 '제국주의'적인 침략과 팽창 과정을 공공연히 긍정하는 역사관이 그 속에 포함되어 있지 않을까 하는 의문이다. 여기서 내가 논하고 싶은 것은 그러한 '제국주의적' 역사관의 한 예이다.

야마지 아이잔의 『일본인민사』

여기서 다루려는 것은 메이지에서 다이쇼大正 시대 초기까지 산 저널리스트이며 역사이론가인 야마지 아이잔山路愛山(1864~1917)의 유고 『일본인민사日本人民史』이다. 야마지 아이잔은 민권과 국권의 접합을 지향했다는 점에서 메이지 시대 중기에 자기를 형성한 지식인의 전형이라고도 할 수 있다. 젊은 시절 기독교의 세례를 받은 아이잔은 한결같이 신앙과 사상의 자유를 주장했지만, 후년에는 스스로 '제국주의자'로 공언하며 나아가 국가사회주의로 접근해 갔다. 그 점에서 아이잔의 궤적은 평민주의에서 제국주의의 길을 걸어간 도쿠토미 소호德富蘇峰와 병행하고 있다고 말할 수 있을 것이다.

『일본인민사』는 독특한 내력을 지니고 있다. 1915년에 중병을 앓고 간신히 회복된 아이잔은 이전부터 염원했던 『일본인민사』 집필에 착수했다. 그것은 손수 만든 작은 책자에 가는 붓으로 글씨를 썼는데 아이잔의 죽음으로 미완인 채 중단되었다. 그리고 아이잔 사후 48년이 지나, 셋째 아들 야마지 헤이시로山路平四郞의 노력으로 이와나미岩波문고에 수록되어 일반 독자들도 손쉽게 접근할 수 있게 된 것이다.[2)]

이 저작은 '인민사'라는 제목이 붙여졌지만, 계급적인 개념인 '인민'을 뜻하는 것은 아니다. 아이잔은 이 저작에 '인민사'라는 이름을 붙인 이유를 이렇게 설명하고 있다.

> 우리가 이 글에서 주로 강구하려는 바도 일본의 영웅, 호걸 및 그 사업이 아니다. 일본제국의 내용을 충실하게 해야 할 인민이다. 일본의 인민이 나라의 공동생활로 들어온 시기와 순서의 이야기이다. 이것이 이 책이 제국사라고 하지 않고 인민사라 한 까닭이다.[3)]

결국, 아이잔이 말하는 '인민'이란 '일본제국'을 근저에서 지탱한 '인민'을 의미하며 때로는 '인종'과 거의 동의어이다.

아이잔은 이 '일본의 인민'이 어디서 왔으며 어떻게 형성되었는지 밝히려 했다. 그런 의미에서 이 책의 주제는 '일본인 기원론'이라고도 말할 수 있겠지만 아이잔은 『고사기古事記』, 『일본서기日本書紀』 등의 '고전古傳'을 증거로 가져오는 태도를 신랄하게 비판한다. 아이잔은 에도 시대의 국학자들이 "주로 사학, 언어학의 위광에 의지하여 고전을 비판한" 것을 평가하고 있기는 하다. 그러나 국학자들은 거기에 머물지 않고 "불교설법, 유학과 더불어 스스로 일종의 철학을 세워 이것과 우열을 겨루려" 했다. 즉 아이잔은 국학이 '과학'의 영역을 벗어나 있다는 점에서 그 치명적인 약점을 본 것이다.

여기서 '과학'의 대표로서 '사학'과 '언어학'을 들고 있는 것에 주목하고 싶다. '사학'은 원래 아이잔이 본령으로 삼았던 분야였기 때문에 당연하다고 볼 수 있다. 그렇다면 왜 '언어학'이 등장하는 것일까. 해답은 『일본인민사』 바로 그 안에 있다. 아이잔은 스스로 '언어학'의 영역에 적극 나서서 '일본인의 기원'에 대한 '과학적' 연구를 추진하려고 했던 것이다.

그렇지만 아이잔이 천황제 자체에 대해서는 끊임없이 경외심을 가지고 있었던 것을 잊어서는 안 된다. 아이잔은 "일본인의 도덕은 세상에 따라 때에 따라 그 형식에는 다양한 변화가 있으나 일본 국민이 황실을 중심으로 한 공동생활체라는 사실은 만고천추에 영원히 변치 않을 일"이라고 생각하고 있었다. "일본 국민이 황실을 중심으로 한 공동생활체라는 사실"을 철저히 '과학적'으로 논증하려는 데에 아이잔의 목적이 있었던 것이다.[4]

고대의 '일본제국'

아이잔은 당시 인류학의 성과를 이용하여 "원래 일본인은 반드시 일양동계의 종족은 아니다"라는 입장에서 '일본인' 속에 다양한 '이류異類'의 사람들이 존재한다는 것을 입증하려고 한다. 아이잔은 '에타穢多'*라고 불리던 피차별민, 시라뵤시白拍子** 등의 예능민, 『고사기』와 『일본서기』에

* 천민을 가리키는 말로 에도 시대 사민四民 계급의 아래에서 학대받던 천민 계급.
** 헤이안 시대 말기에 시작된 가무 또는 그것을 추는 유녀遊女.

기록된 규슈九州의 '하야토隼人'*, '구마소熊襲'**를 두고, 이들 '인민'은 "일본인 속에 존재하는 한 이류異類"이며, 정주 농경 생활을 하지 않은 유목민의 후손이라고 주장한다(이는 부락部落*** 차별을 정당화한 이데올로기인 피차별민 이민족론 그 자체이다). 게다가 아이잔은 조선의 피차별민 '백정'에 대해서도 이렇게 말한다.

> 하야토隼人, 백정, 양수척****, 에타 등은 모두 같은 종족이자 보통 일본인과 인종이 다른 유목민 또는 그 후손이라고 해야 할까. 이러한 인종도 옛날에는 보통 일본인과 함께 일본도島에 살며 우승열패의 생활을 했으며 어떤 사람은 일본인과 동화하여 완전히 그 피를 섞고, 어떤 사람은 생존경쟁의 열패자로서 여전히 미미한 존재를 에타 마을에 남기고 있다.[5)]

위의 인용에서 '우승열패', '생존경쟁' 등 노골적으로 사회진화론의 틀에서 역사를 설명하는 것이 『일본인민사』의 큰 특징이라는 것을 알 수 있다.

"아이누 즉 에조蝦夷인"에 대해서도 마찬가지이다. 아이잔은 "오우奧羽 지방*****은 에조蝦夷인과 일본인이 오랫동안 대립하여 생존경쟁을 하던

---

* 옛날 큐슈 남부 지역에 살던 용맹한 고대 종족.

** 큐슈 중남부에 살았다고 전해지는 옛 부족.

*** 에타, 히닌非人(인간의 모습을 한 야차, 악귀 또는 거지, 걸인, 그리고 인간이 아닌 존재라는 뜻으로 에도 시대에 사형장 등에서 잡역에 종사하던 최하층민) 등 피차별민이 거주하는 지역. 메이지 시대에 신분제도가 폐지된 이후 현재까지도 부락 차별은 사라지지 않고 있다.

**** 후삼국, 고려 시대에 떠돌아다니면서 천한 직업에 종사하던 무리. 대개 여진의 포로 혹은 귀화인의 후예로서 관적貫籍과 부역이 없었고 떠돌아다니면서 사냥을 하거나 고리를 만들어 파는 것을 업으로 삼았는데 이들에게서 광대, 백정, 기생 등이 나왔다고 한다.

곳"이며, "오우 지방의 일본인은 에조인의 피가 가장 많이 섞였기 때문에 에조는 에조인 안에서 망하고 일본인 안에 살아 있다고 말할 수도 있다"[6]고 한다. 또한, 아이잔은 간토關東 지방에 이주당해 온 도래계渡來系 조선인에 대해서도 "간토 토착민이 말타기와 활쏘기의 달인인데도 불구하고 정치상에 있어서는 비노尾濃평원 서쪽의 인민에 지배당하고 기질도 저절로 보수화되기 쉬운 것도 또한 그 혈액이 지금의 조선인과 유사하기 때문이 아닌가"[7]라고 한다. 이렇게 아이잔은 '피'의 중요성을 강조하는 인종주의적인 설명을 전면에 내세우고 있는 것이다.

한편, 문화나 풍속의 진화가 강조될 때도 있다. 아이잔은 『고사기』와 『일본서기』에 기록된 "옛 어민 즉 '아마海人'의 가키베部曲*는 "태양신의 자손으로 계시는 황실에 소속된 일본 인민"과는 그 출신이 다르다고 한다. 그 논거의 하나는 '경면黥面' 즉 얼굴에 '문신'을 하는 풍속이다. 아이잔에 의하면 "무릇 고대의 일본인으로서 경면을 한 사람들은 거의 하등인민이며 대부분 이류異類"[8]이다.

이렇게 본다면 아이잔의 역사관의 틀은 하나는 인종주의이고 또 하나는 사회진화론임을 알 수 있다. 이들 백성이 '이류'로서 '일본인'으로 동화된 것은 '일본인'이 인종의 측면이나 사회진화의 측면에서도 우월했기 때문이다. 아이잔의 결론은 이렇다.

이들은 더 나아가 이들 이류異類를 동화시키고 정복하여 일본국을 건설한 간

***** 간토關東 지방의 북쪽. 옛날의 무쓰陸奥(지금의 아오모리현과 이와테현의 일부, 미야기현, 후쿠시마현)와 데와出羽(현재의 야마가타현과 아키타현)의 두 지방. 도호쿠 지방의 별칭으로 사용된다.

* 야마토大和 정권의 제도인 부민제部民制의 하나이며, 각 호족의 사유민私有民으로 소속되는 호족의 이름을 붙여서 불렀다고 한다.

부幹部 인종이 무엇인지 밝히지 않으면 안 된다. 우리는 일단 이 인종을 협의의 일본인이라고 이름 붙여 부른다. 단지 넓게 일본인이라고 부를 때는 각종 인종과의 혼혈로 지금의 상태가 된 일본인 전체를 가리키는 것이라면 이는 광의의 일본인이라고 불러야 할 것이다. 단 그 중에 처음부터 일본 천황의 백성으로 일본 천황을 따르며 국가를 경영하고 이인종異人種의 생존경쟁을 억눌러 그들로 하여금 그 절도에 복종시켜 마침내 광의의 일본인이 되게 만든 간부 인종이 있다. 이것이 참으로 일본제국의 핵자核子라고도 할 만한 순수한 일본인이며, 일본제국은 이 핵자 인종을 중심으로 다른 인종을 혼혈, 동화시킴으로써 광의의 일본인을 만들었다. **이 광의의 일본인은 지금도 여전히 혼혈, 동화 작용을 왕성하게 하며 차츰 제국의 질과 양을 늘려 가고 있다.**[9] (강조-인용자)

아이잔은 '일본인'을 '협의의 일본인'과 '광의의 일본인'으로 명확히 양분한다. '광의의 일본인'이란 생존경쟁에서 패하여 '일본인' 속에 동화된 '이류異類'의 백성이며 '협의의 일본인'이란 "일본 천황과 함께 처음부터 나라 만드는 사업에 따랐던 일본제국의 핵자核子"이다. 아이잔은 '협의의 일본인'의 특징으로 "얼굴 문신의 풍속을 보유하지 않은 것", "무기 및 공예품이 다른 인종에 비하여 정밀하고 양호한 것", "애초부터 집에 거주한 것", "정치상의 천재天才를 보유한 것" 등 네 가지를 들고 있다. 이중에서 특히 중시하는 것은 마지막의 "정치상의 천재"이다. 왜냐하면, 바로 그 점에 '이류異類' 백성이 패하고 '협의의 일본인'이 승리한 최대의 역사적 원인이 있기 때문이다. 아이잔은 사회를 강력히 응집한 유기체가 되지 못했던 인종, 민족이야말로 인류의 생존경쟁에서 패배할 수밖에 없다고 말한다. 그렇지만 '협의의 일본인'은 그렇지 않다.

그러므로 일본 천황과 함께 일본국을 경영해 왔던 일본인은 그 사는 곳이 일본 전도全島로 확장되었을 때에도 황실을 중심으로 견고한 정치단체가 되었고, 그 신앙과 사상은 여태껏 한 번도 분열을 일으킨 적이 없다. 즉 일본 인민은 애초부터 동감, 동정의 공동생활체이며 각 베部*, 각 씨족이 예를 들어 아무리 서로 갈라져도 그 본 줄기에서는 일치하여 분리하기 어려운 일체가 되어 있었다. 이런 일본 인민의 정치적의 재능이 애초부터 일본도島에 사는 다른 인종을 초월한 특징이며 다른 인종이 마침내 그 절도 아래 굴복하여 동화작용 속에서 광의의 일본인이 된 까닭이다.[10]

아이잔에게 '천황제'의 의미는 여기에 있었다. 천황의 존재로 인하여 비로소 일본은 "동감, 동정"으로 살아가는 하나의 유기체가 되었던 것이다. 이 "황실을 중심으로 한 견고한 정치단체"는 온갖 '이류異類'의 백성을 멸망시키면서 '일본인' 속으로 동화시켜 갔다. 그러므로 아이잔에 따르면 원래 일본은 애초부터 여러 이인종, 이민족을 포함하고 동화시켜 온 '제국'이다. 오카 도시로岡利郎가 지적하는 바와 같이 "천 년의 옛날을 기록한 서적도 눈앞의 일이 되는 것처럼 과거를 현재로 불러들이는 관찰력"[11]이 아이잔 사론史論의 원칙이라면 아이잔이 『일본인민사』를 쓸 때 염두에 있었던 것은 대만, 조선, 사할린을 잇달아 식민지로 지배하며 팽창해 가는 '대일본제국'의 모습이 아니었을까.

아이잔의 '투란주의'

그러면 '협의의 일본인'은 어디에서 왔는가. 아이잔은 "대개 지금의 일본 인민 중 일본도島 본토박이가 아닌 사람은 움직일 수 없는 증거가 있다"

* 야마토 정권의 부민제에 의하여 나누어진 직능 집단.

고 말한다. 당시 일본인 기원론은 '북방설'과 '남방설'로 양분되어 있었지만 '남방설' 쪽이 유력시되고 있었다. 예를 들어 이노우에 데쓰지로井上哲次郎는 1892년의 강연「인종, 언어 및 종교 등을 비교함으로써 일본인의 지위를 논한다人種, 言語, 及び宗教等の比較に依り, 日本人の位地を論す」에서 일본에는 북방 기원의 인종도 있다는 것을 인정하면서 "말레이에서 온 인종이 일본 인종의 가장 많은 부분을 차지"한다고 주장했다. 아이잔도 일본인에게 남방의 '말레이 인종', '오월吳越 인종'의 요소가 많은 것을 부정하지는 않는다. 그렇지만 아이잔에 따르면 '말레이 인종'은 '협의의 일본인'의 기원은 아니다. 아이잔은 "우리는 오히려 협의의 일본인은 오월과 동종이 아니며, 대륙에서 조선반도를 거쳐 일본도에 도달한 '투라니안' 종족의 한 분파로 추정"한다고 말한다.[12]

'투라니안Turanian'이란 지금은 거의 듣기 어려운 말이다. 원래 이 용어는 언어학자 막스 뮐러Max Muller가 베스트셀러『언어의 과학에 관한 강의』(1861)에서 소위 '우랄알타이어족'의 다른 이름으로 제시한 것이다. 이와 관련하여 현재의 언어학에서 인정하고 있는 것은 투르크 제어諸語, 몽골 제어, 퉁구스어족을 포함한 '알타이 제 언어'와 핀어, 헝가리어, 사모예드어 등을 포함한 '우랄어족'이며, 이 두 가지의 상위에서 이들 언어 모두를 포괄하는 '우랄알타이어족'은 그 존재가 입증되지 않고 있다. 그러나 이 '우랄알타이'와 그 동의어인 '투라니안'이라는 개념이 사상사에서 중요한 역할을 한 것을 간과해서는 안 된다. 왜냐하면 '투라니안'이라는 개념은 아이슬란드에서 인도 북부에까지 분포된 '아리아'의 대항 개념으로, 핀란드에서 극동까지 유라시아대륙에 걸쳐 있는 '투라니안=투란인'을 설정하여 인종주의적으로 세계사를 파악하는 틀로 기능했기 때문이다.

원래 '투란'은 카스피해 동방의 중앙아시아에 걸쳐 있는 평원의 명칭이며 옛날에는 페르시아계 민족과 투르크계 민족이 대립한 지역이었다고 한다. 이 '투란'에서 파생된 '투라니안=투란인'을 인종주의적 개념으로까지 만들어낸 사람이 뮐러였다. 뮐러는 악명 높은 '아리아'의 '명명자'였다(뮐러에 따르면 "영국의 병사와 적동색인 벵골인의 혈관 안에는 같은 피가 흐르고 있"다). 더구나 뮐러는 '아리아'와 대립하는 중동의 '세미틱', 아시아의 '투라니안'이라는 인종 대립 구도를 그려낸다. 뮐러에 따르면 '경작하다'를 어원으로 하는 '아리아'라는 이름 자체가 '유목인종'인 '투라니안=투란인'에 대항하는 의미로 붙여진 이름이다.[13)]

다만, 이러한 인종주의적인 의미 부여는 처음에는 그다지 주목받지 못했다. 이노우에 데쓰지로도 앞의 강연에서 '우랄알타익어ウラルアルタイック語', 말하자면 '랑그 츄라닌ラング, チラーニン'이라 하여 서방의 터키인, 헝가리인, 핀란드인, 동방의 몽골인, 만주인, 조선인을 들고 있다. 여기서는 아직 일본인은 등장하지 않는다. 그러나 일본인이 '투라니안' 무리 속으로 들어가는 데는 시간이 걸리지 않았다. 뮐러의 앞의 책은 일본에서는 『언어학』이라는 제목으로 가나자와 쇼자부로金澤庄三郎와 고토 아사타로後藤朝太郎가 함께 번역하여 1907년에 상하 2권의 책으로 출판되었다. 그 역서 상권 권말의 「아리안 대언어족」은 2쪽에 지나지 않지만, 하권 권말의 '투라니안 대언어족' 도표는 6쪽에 걸쳐, 그것도 각각의 언어명이 자세히 소개되어 있다. 그리고 주목할 수밖에 없는 것은 '퉁구스어', '몽골어' 아래에 '아이누어', '조선어', '류큐어', '일본어'라는 명칭을 괄호로 묶어 덧붙이고 있다는 점이다. 즉 '일본어'가 '투라니안 대언어족'의 무리 속으로 포함된 것이다. 원저에서 뮐러는 이 네 가지 언어를 언급하지 않은 것으로 보아 이들을 덧붙인 것은 아마도 번역자인 가나자와 쇼자부로와 고토 아사타로의 판단에 따른 것으로 추정된다. 훗날에 '일선동조론日鮮同祖論'으로 결실되는 견해를 오랫동안 지니고 있던 가나자와 쇼자부로는 일본어와 조선어가 같은 계통임을 제시하는 언어학적 증거를 찾고 있었음이 틀림없어 보인다.

다만, 일본어와 조선어를 '우랄알타이=투라니안어족' 속에 포함하는 견해는 일본학자로 이름 높은 영국의 애스턴W. G. Aston이 이미 표명하고 있었다. 애스턴은 1874년 「일본어는 아리아 여러 언어와 친연성을 지니는가日本語はアーリア諸言語と親緣性をもつか」라는 논문에서, 일본어를 '투라니안 제어'와 연결하여 생각해야 할 필요성을 주장했다. 그리고 1879년에는 「일본어와 조선어의 비교연구日本語と朝鮮語の比較硏究」라는 논문에서, 일본어와 조선어를 정밀하게 비교하여 이 두 언어가 같은 계통이라 주장했다. 또한, 언어학자 후지오카 가쓰지藤岡勝二는 1908년 논문 「일본어의 위치日本語の位置」에서 14항목에 걸친 음성적, 문법적 유사성을 근거로 일본어가 '우랄알타이어족'에 속한다고 주장했다. 다만, 후지오카는 '투라니안'이라는 용어는 사용하지 않았다. 사실 '우랄알타이'에 비하면 '투라니안'이라는 용어를 전문가들은 그다지 좋아하지 않았던 모양이다.

그러나 막스 뮐러가 '투라니안'이라는 용어에 포함한 인종주의적 의미는 훗날 표면화된다. 특히 헝가리에서는 독일과 러시아 양쪽의 압력에 저항하는 형태로 헝가리인이 아시아 기원이며 '유라시아 정신'을 지니고 있다는 주장이 점차 나타나게 된다. 이렇게 해서 생겨난 것이 '투란주의', '투라니즘'이라는 이데올로기이다. 이에 대하여 미나미즈카 신고南塚信吾는 다음과 같이 말하고 있다.

> 헝가리인이 아시아계이며 많은 아시아계의 동포를 가지고 있다는 막연한 '투라니즘'은 헝가리에서 19세기 초부터 나타났지만 19세기 말까지도 아직 확립된 이데올로기는 아니었다. 1910년에는 부다페스트에 투란협회가 만들어지고 1913년부터는 기관지 『투란』이 발행되었지만 큰 영향력은 지니지 못했다. 그러나 그것은 전간기戰間期*에 급속히 세력을 확대해 나가게 된다.[14)]

이 '투란주의'의 여파는 일본에도 미쳐 온다. 1933년에는 '일본투란협회'가 발족하여 일본이 유라시아대륙에 널리 퍼진 '투란민족'에 속한다는 것을 열렬하게 선전하게 되었다. 그리고 그때 근거가 된 것이 '우랄알타이=투라니안어족'이라는 언어적 동계성이었다. 예를 들어 투란운동을 추진한 한 사람인 노조에 시게쓰구野副重次는 『투란민족운동과 일본의 새로운 사명ツラン民族運動と日本の新使命』(1934)에서 우선 '투란민족(우랄알타이민족)'의 공통성을 언어의 동계성에 따라 주장하고 있다.

두말할 것도 없이 '투란주의' 이데올로기는 일본의 대륙 침략을 정당화하는 이데올로기가 된다. 일본에서 '투란운동'이 고조된 때가 '만주국' 건설과 전후하는 시기라는 것은 우연이 아니다. 앞의 노조에의 책에 '서문'을 보낸 선린협회 이사 사이토 미쓰구齋藤貢는 "일본민족도 그 시초는 북서에서 도래한 것"이므로 "일본인이 북방 지나支那에 들어가고 만주에 들어가고 몽골에 들어가는 것은 그 민족 조상의 땅으로 되돌아가는 일"이라고 말한다. 저자인 노조에는 심지어 '투라니즘'에 의한 경제 블럭 수립을 제언할 뿐만 아니라 "이제 일본열도는 그 역사적 사명을 다했"으며 대륙을 "일본국가 자체가 이사 갈 땅"으로 해야 한다고까지 주장하고 있다.

『일본인민사』의 '일본인=투라니안설'을 보려면 이렇게 전개된 '투란주의'를 염두에 두지 않으면 안 된다. 왜냐하면, 이후 '투란주의'에 명료하게 나타나는 인종주의적 세계관이 이미 『일본인민사』에서 관철되고 있기 때문이다. 아이잔은 『일본인민사』 집필에 착수하기 약 1년 전, 에세이 「나는 몽골인종인 것을 부끄러워하지 않는다我は蒙古人種たることを恥じず」에서 제목 그대로 일본인이 "타고난 무인武人"인 "몽골인종인 것을 자랑스러워해야 한다"는 의견을 피력한다.(『중앙공론中央公論』, 1914. 1.) 여기서 말하는

---

* 제1차 세계대전 종결부터 제2차 세계대전 발발까지의 기간.

'몽골인종'이 『일본인민사』에서는 '투라니안족'으로 다시 파악된 것이다. 이리하여 아이잔은 "일본 인민의 내력을 어둡게 하여 우리의 조국이 아시아대륙에 있다는 것을 잊고 일본 인민의 광대한 운명을 오로지 일본도島에만 가둬두려고 시도하는 것은 사학의 입장에서는 결코 경축할 일이 아니"라고 말하고 있다[15](아이잔이 헝가리의 '투란주의'에 대하여 알고 있었는지 아닌지는 흥미로운 문제이다).

『일본인민사』에서 아이잔은 "우리는 협의의 일본 인종도 또한 '투라니안'족임을 부끄러워하지 않으며 오히려 자랑스러워한다. …… 우리는 우리 안에 잠재하는 영웅적 감정이 각성해 오는 것을 자각할 수밖에 없기 때문"이라고 말한다. 그리고 '투라니안족'의 특징으로 "종교심의 두터움", "규율의 엄정함", "물질적인 쾌락보다 오히려 권력을 사랑함" 등을 들어 '투라니안족'이 희생심이 풍부한 용맹 과감한 "무인"이며 "선천적으로 통치자의 성질"을 지니고 있다고 예찬한다.[16]

그렇지만 일본에서 일어난 '투란주의'에는 매우 특이한 점이 보인다. 거기에 '반중국 의식'이 결합하여 있었다는 점이다. '투라니안족'으로서 일본이 조선, 만주, 몽골과 결부된다면 필연적으로 일본은 중국을 멀리하고 나아가서는 적대적으로 파악하는 관점을 이끌어 내게 된다. 실제로 아이잔은 '투라니안족'과 대비시켜 '한인漢人'을 몹시 부정적으로 다루고 있다.

아이잔에 따르면 '투라니안족'은 "엄정한 규율에 따라 지배되는 공동생활체임을 이상"으로 하고 "사회생활의 약속을 꺼리고 사회를 벗어나 고립, 독선의 자기중심주의로 흘러가기 쉬운 한인과는 그 부류가 다르"다. 또한 '투라니안족'은 "영광과 권리와 치자治者임을 기뻐하"지만 이에 반해 '한인'은 "물질적 쾌락에 탐닉하기 쉬운" 민족이며 "자신의 이익, 독선을 현명하게 보아, 물질적인 쾌락에 집착한다"고도 말한다. 그 결과 "한인 국가가 응집력이 강하지 않으며 해체와 붕괴의 위험도 많은데, '투라니안' 족 국가는 응집력이 견고하"게 된다는 것이다.[17)]

이와 같은 반중국 의식이 '투란주의'에 일관된 것은 놀랄 만한 일이다. 노조에 시게쓰구野副重次의 『투란 민족운동과 일본의 새로운 사명』에서도 마치 아이잔의 말을 그대로 모방하는 것처럼 "투란인 안에는 한漢민족을 포함하지 않는" 것이 강조되고 일본과 중국은 결코 '동문동종同文同種'의 나라가 아니라는 것이 재삼 확인된다. 또한 "한漢민족만큼 심각한 침략자는 없다"며 "전체를 위해서는 자신을 희생하고 돌보지 않는" 일본인과 달리 한漢민족은 "이기주의와 개인주의로 일관한 개인적 욕심 일변도의 비사회인"으로 묘사하고 있기도 하다.[18)]

이렇게 본다면 아이잔이 언급하고 이후 구체화된 '투란주의'는 한편으로 구미 백인사회와의 대결을, 다른 한편으로는 반중국 의식을 고양한다는 점에서 일본이 '만주국 건설'에서 중국 침략으로 나아가는 시대에 적합한 이데올로기였다고 말할 수 있을 것이다. 그렇지만 노몬한 전쟁*의 패배로 일본이 종래의 '북진' 정책에서 '남진' 정책으로 전환함에 따라 '투란주의'가 나서는 일은 줄어들었다. 그리고 '투란주의' 대신에 대두한 것이 거의 같은 수준의 과대망상인 '대동아공영권'이었다. 그러나 '투란주의'를 일시적인 유행 현상으로만 볼 수는 없다. 왜냐하면, 인종주의적 이론에 근거하여 반구미 반백인과 반중국이라는 두 입장을 동시에, 그것도 공공연히 주창할 수 있는 수미일관한 이데올로기가 근대 일본에는 '일본인 우랄알타이설'에 근거하고 있는 '투란주의'밖에는 없었기 때문이다.

* 1939년 만주와 몽골의 국경 지대인 노몬한에서 일어난 일본군과 몽골 · 소련군 간의 대규모 충돌 사건으로 일본군의 참패로 끝남.

아이잔류 비교언어학과 진화론

그러면 아이잔은 조선인을 어떻게 생각했을까. 이에 대해서 아이잔은 두 가지 방향을 취할 수밖에 없었다. 즉, 한편으로는 조선인이 일본인과 같은 '투라니안족'의 일원이라고 주장하면서 다른 한편으로 일본인이 조선인보다 우수하다는 것을 증명해야 했던 것이다. 일본인과 조선인이 같은 계통인 이상, 여기서 인종주의적 이론을 내세울 수는 없다. 그래서 부각되는 것이 '생존경쟁'에 의한 역사의 진보라는 사회진화론의 틀이었다.

먼저 전자의 논점부터 살펴보기로 하자. 당시 언어의 동계성은 말하자면 민족의 공통적인 기원을 가리킨다고 생각되었고, 비교언어학은 그것을 '과학적'으로 증명하는 학문으로 인식되었다. 그래서 아이잔은 비교언어학의 식견을 바탕으로 일본어와 조선어가 같은 '우랄알타이=투라니안어족'에 속하며 그것도 매우 가까운 관계라는 것을 자세히 설명한다. 여기서 곧바로 떠오르는 것은 언어학자 가나자와 쇼자부로金澤庄三郞가 주장한 악명 높은 '일선동조론日鮮同祖論'이다. 『일선동조론日鮮同祖論』이라는 저작은 1929년에 간행되었기 때문에 아이잔은 볼 수가 없었지만, 그에 앞서 1910년에 가나자와는 『일한양국어동계론日韓兩國語同系論』을 간행하여 일본어와 조선어가 같은 계통의 언어라고 주장했다. 하지만 같은 '일선동조론'이라고 해도 아이잔과 가나자와는 큰 차이가 있다. 가나자와는 조선어를 '우리 국어의 한 분파'에 불과하다고 하는데, 이 입장에 따르면 언어 전파의 중심은 조선이 아니라 일본에 있는 것처럼 보인다. 그러나 『일본인민사』에서 아이잔은 고대 '민족이동'의 양상에 비추어 조선에서 일본이라는 방향은 있어도 일본에서 조선이라는 방향은 있을 수 없다고 결론짓고 있었다. 더 나아가 가나자와가 일본어와 조선어라는 두 언어의 동계성에만 주목하는 것과 달리 아이잔은 일본어와 조선어의 관계뿐만 아니라 한층 더 시야

를 확대하여 일본어와 만주어, 더 나아가 몽골어와의 비교도 해 나가고 있다.[19)]

아이잔의 눈에 띈 것은 오히려 시라토리 구라키치白鳥庫吉의 연구가 아니었을까. 시라토리는 1898년「일본의 고어와 조선어의 비교日本の古語と朝鮮語との比較」(『고쿠가쿠인잡지國學院雜誌』), 1905년「국어와 외국어의 비교 연구國語と外國語との比較研究」(『사학잡지史學雜誌』)라는 논문을 발표했다. 두 논문 모두 각 잡지에 약 1년간에 걸쳐 게재된 장대한 논문이다. 그리고 시라토리는 해박한 지식과 방대한 자료를 바탕으로, 전자에서는 유사한 일본어와 조선어 어휘의 예를 약 200여 개 제시하고 후자에서는 일본어와 몇몇 '우랄알타이어'를 비교하고 있다.[20)]

아이잔은 일본어와 조선어가 '우랄알타이어족'(아이잔의 표현에 의하면 '피노 타타스フィノ, ターターズ')과 공통되는 문법적 요소를 여섯 가지 들고 있다. (1) 주어, 목적어, 동사의 어순을 취하는 것, (2) 소유물은 소유격의 뒤에 오는 것, (3) 탁음이 적은 것, (4) 어두에 r음이 올 수 없는 것, (5) 어말의 n음, ng음이 다른 소리로 바뀌는 것, (6) '은/는, 이/가, 을/를, 와/과(テニヲハ) 등의 조사가 있는 것 등이 그것이다. 이들을 현재 시점에서 보면 모두 언어의 동계성을 증명하기에는 충분하지 않지만, 당시 언어학의 저작에서는 위와 같은 현상이 일본어와 조선어가 '우랄알타이어족'에 속하는 증거로 제기되고 있었다. 예를 들어 시라토리 구라키치가「일본의 고어와 조선어의 비교」에서 들고 있는 일본어와 조선어의 다섯 가지 공통점 중 네 가지는 아이잔이 든 (1), (3), (4), (6)과 일치한다.

그러나 아이잔이 일본어와 조선어의 공통점으로 가장 중요하게 생각하는 것은 "유사한 단어가 너무나 많다는 점"이었다. 그래서 아이잔은 일본어와 조선어에서 127개에 이르는 단어의 짝을 추려내어 일본어와 조선어가 같은 계통이라는 주장의 증거로 내세운다. 어쩌면『일본인민사』최대

의 압권은 아이잔이 제시한 이 단어 리스트인지도 모른다. 이 모두를 제시할 수 없어 맨 처음 여섯 가지만 소개한다. 앞쪽이 일본어, 뒤쪽이 조선어이다. "アサ(아사)/アチヤ(아치야) 〈朝〉", "クモ(구모)/クラム(구라므) 〈雲〉", "ツキ(쓰키)/タル(다르) 〈月〉", "ホシ(호시)/ピヨル(비요르) 〈星〉", "シモ(시모)/ソーソー(소오소오) 〈霜〉", "ハル(하루)/ポム(보므) 〈春〉".* 아이잔이 든 조선어의 예는 틀린 것도 있고 왠지 발음만 비슷하게 느껴지는 예도 물론 있다. 그러나 한편으로 일본어와 조선어의 공통성이 화제가 될 때 자주 인용되는 예도 볼 수 있다(예를 들어 여기에 든 단어 중에 'アサ', 'クモ', 'ツキ', 'ホシ'는 『이와나미 고어사전岩波古語辭典』에서 조선어와 같은 뿌리라는 점을 시사하고 있다). 여기다 아이잔은 몇 가지 아이누어의 예까지 들고 있기도 하다.

도대체 아이잔은 어디서 이만큼 전문적인 지식을 얻은 것일까(예를 들어 'ハル(하루)/ポム(보므)'가 같은 뿌리라는 것을 지적하려면, 현대 일본어의 h음이 고대에는 p음이었다는 지식이 있어야만 한다). 어쩌면 아이잔은 시라토리 구라키치가 논문 「일본의 고어와 조선어의 비교」에서, 일본어와 조선어가 비슷하다는 예로 들고 있는 약 200여 개 단어를 보았는지도 모른다. 그러나 아이잔 자신은 "요즘 신문 잡지에 실린 여행가의 담화에서 볼 수 있는 한어韓語와 일본 고서에 나오는 한어漢語로 고금의 일본어와 비교한 것"[21]이라고 하고 있는 것으로 보아 이 단어표를 아이잔이 전적으로 만들었을 가능성도 부정할 수 없다. 일본어와 조선어의 동계성은 현재도 여전히 언어학적으로 증명되지 않고 있다. 아마도 야마지 아이잔은 메이지 시대 이후 일본어와 조선어의 동계론을 주장한 사람들 중에 가장 대범하고 용감한 사람 중의 하나일 것이다.

---

* 한국어 발음은 현재의 발음을 고려하지 않고 번역자가 붙였다.

어쨌든 아이잔은 이러한 비교언어학적 검증에 근거하여 우랄알타이어족 중에서 일본인과 조선인이 "가장 비슷한 언어를 말하고 그 사회제도를 같이하며 그 혈통種姓에 관한 습속을 같이하고 그 중요한 정치조직을 같이 한다"[22]는 것을 증명할 수 있다고 생각하고 있었다.

그렇다면 '협의의 일본인'과 조선 민족은 어떤 관계인가. 이미 살핀 것처럼 아이잔은 일본열도에 " '말레이' 인종 즉 오월吳越인종"이 수많이 건너온 것을 부정하지 않는다. 그러나 중국의 힘이 강대해짐에 따라 남방민족의 고향인 중국 남부지방과의 관계는 단절되고 때마침 조선반도에서 '투라니안족'이 들어온다. 아이잔에 따르면 그들이 바로 '협의의 일본인'이 된다. 아이잔은 이렇게 말한다.

> 이러므로 일본도島에 거주하는 '말레이' 인종은 그 조국을 잊어버리고 그 전설을 잊고 난 뒤, 용감한 '피노 타타스' 어語계 인민은 대륙에서 조선반도로 들어왔고 다시 조선반도에서 일본도로 들어와 여기에 일본제국을 건설하게 되었다.[23]

조선반도에서 들어온 '협의의 일본인'은 우수한 정치력과 군사력으로 열도 각지에 흩어져 있는 다종다양한 인민을 정복하여 '일본'으로 동화시켜 갔다. 그것은 바로 '제국건설'의 과정이었다. 이리하여 "우리의 소위 협의의 일본인종의 노력으로 제국건설 사업"과 "역사 이전 이야기에 두드러지게 나타나는 여러 나라 여러 섬 정벌"이 진행된 것이다.

이미 살핀 것처럼 '협의의 일본인'이란 "일본 천황과 함께 애초부터 나라 만들기 사업에 따랐던 일본제국의 핵자"임에 틀림없다. 여기서 아이잔은 명백히 '천황가의 조선 도래설'을 주장하고 있다. 오구마 에이지小熊英二에 따르면 메이지 시대에 황실 외래설을 공공연히 주장한 사람은 역사가인 호시노 히사시星野恒를 예외로 하면 거의 찾기 어렵다. 천황가의 기원에 대한 논의는 "암묵적 전제, 암묵적 금기" 였고 그것이 또다시 등장하는 것은 "반세기 후의 기마민족 도래설을 기다리지 않으면 안 된다"[24]고 한다. 따라서 여기에서 아이잔의 주장 역시 만약 공표되었다면 당연히 공격의 대상이 되었을 것이다.

그러나 아이잔에 따르면 아무리 천황의 기원인 땅이었다 하더라도 "국가를 건설한 우등한 인민(우리의 소위 협의의 일본인종)" 이 일본에 건너온 이후, 조선반도는 역사의 진보에서 뒤처지게 된다. 조선 민족은 피차별민, '하야토' '에조인'과 마찬가지로 역사의 생존경쟁에 패했다는 것이다. 『일본인민사』의 첫머리 부분에서 아이잔은 동시대의 조선에 대하여 이렇게 말한다.

> 조선을 구경하러 가는 오늘날의 여행객은 조선인이 너무나 기개가 없는 모습을 보고 놀라고 한탄하며, 그 용모 골격과 언어의 성질, 그 건강의 정도를 보아도 일본인과 큰 차이 없는 그들이 무지, 무기력, 빈약, 허탈에 빠져 있는 것을 수상하게 여기지만 만약 자세히 그 역사를 살펴보면 당연한 상태라고 생각하게 될 것이다.[25]

이러한 관점은 『일본인민사』에만 한정된 것이 아니다. 아이잔은 러일전쟁이 한창이던 1904년 5월, 약 2주에 걸쳐 조선반도를 방문하여 자신이 편집한 잡지 『일로전쟁실기日露戰爭實記』에 기행문 「한산기행韓山紀行」을 연재했다. (『아이잔문집愛山文集』 수록) 이 기행문은 조선과 조선인에 대한 모멸적이고 부정적인 언사로 가득 차 있다. 대표적인 부분을 예로 들면 이런 것이다.

> 조선인은 잇속에 밝다. 금전상의 집착이 매우 강하다. 일종의 외교가이다. 조

선에 처음 온 사람들은 시인 같은 상상으로 이 인민을 고무하고 진정으로 독립된 인민으로 만들어 주겠다고 동등하게 대우하지만, 시일이 조금만 지나면 너무나 나태하고 염치없는 인민인 것을 알아차려 느린 말에 채찍질하듯이 편달할 기분이 들기 마련이다. 그 고집 셈, 요령부득함, 비굴함, 화낼 줄 모름肝癪の無さ* 등은 도저히 우리가 견딜 수 있는 바가 아니다.[26)]

이렇게 조선을 멸시하는 관점은 비슷한 차원에서 아카데미즘에 이르기까지 당시의 많은 일본 지식인이 공유하고 있었다. 그 중심에 있었던 것은 조선의 자립성을 부정하고 조선을 어디까지나 '타율적 존재'로 보는 담론이었다. 아이잔은 "한인韓人이 스스로 진작하기를 기다리는 것은 마치 고목에서 싹트기를 기다리는 것과 다름없다"고까지 한다. 이러한 담론이 일본에 의한 조선의 식민지 지배를 정당화하고 사회진화의 실현이라고 예찬하는 효과를 초래한 것은 두말할 나위도 없다. '병합' 이전에 쓴 「한산기행」에서 아이잔은 마치 일본이 조선을 지배해야 하는 필연성을 설명하듯 이렇게 말하고 있다.

나는 한국에 대한 일본의 위치가 도저히 지금 상태에 머물러 있지 않을 것을 믿고 한국을 편달해서 질서 있고 규율이 있고 문명인의 삶과 경영을 견딜 만하게 만드는 것이 참으로 대일본 국민의 의무인 것을 깊이 믿게 되었다.[27)]

아이잔은 1901년의 논설『일본 인권발달의 흔적日本に於ける人權發達の痕跡』에서 "대개 당시(고대의-인용자) 일본 인민은 귀족의 전횡과 에조 및 삼

* 肝癪간적–화냄, 불뚝함 등의 뜻이기 때문에 부당한 대우를 받아도 화낼 줄도 모른다는 뜻에서 이렇게 표현한 듯함.

한三韓과의 생존경쟁에서 자기를 방위해야만 할 필요가 있었으므로 일본 천황은 실로 이 인민의 필요를 충족시킬 수 있는 지위에 계셨다"[28]고 말한다. 말하자면 아이잔은 일본과 조선, 일본인과 이민족의 '생존경쟁'은 고대까지 거슬러 올라가는 것으로 보고 있었던 것이다. 그 승리자가 된 것이 황실을 중심으로 강력한 국가를 만들어낸 '협의의 일본인'이다. 이리하여 아이잔은 근대 일본의 식민지 지배를 고대까지 거슬러 올라가는 일본 '제국건설'의 연장 선상에 자리매김할 수 있었던 것이다.

맺음말

아이잔은 '협의의 일본인'과 '광의의 일본인'이라는 두 가지 개념을 설정함으로써 '일본인'의 순수성과 다양성을 교묘하게 설명할 수 있었다. 더욱이 거기에 사회진화론의 틀이 겹쳐지면서 '협의의 일본인'에 들어가지 않는 요소는 말 그대로 진화가 늦은 단계에 위치시켰다. 이리하여 '협의의 일본인/광의의 일본인'이라는 개념+사회진화론이라는 틀은 '황실을 중심으로 한 일본인'이라는 이미지를 만들어내는 강력한 설명 장치가 된 것이다.

물론 아이잔의 역사관에는 『고사기』와 『일본서기』의 신화 기술에 근거한 공인된 천황제 이데올로기와는 상반되는 부분이 있었다. 아이잔은 『고사기』와 『일본서기』의 기술을 그대로 믿지 않고 철저히 '과학적으로' 천황제의 근원을 밝혀내려 했다. 아이잔은 비합리주의적인 신비화를 배격하고 '제국주의적'인 '일본'상을 가능한 한 명석하게 해명하려 했다. 그런 의미에서 아이잔은 '일본'의 비밀을 폭로하고 말았다고도 말할 수 있다.

그러나 그렇다고 한다면 제2차 세계대전 이전의 광신적인 황도皇道주의를 일단은 부정한 전후戰後의 상징천황제 아래서 일본 역사의 '제국주의적' 성격을 긍정적으로 말하려 한다면, 그것은 필연적으로 『일본인민사』에서 제시된 '일본' 상에 가까워지는 것이 아닐까. 사실 오늘날에도 인종주의적 대립을 강조하는 '투란주의'의 현대판 같은 역사관, '협의의 일본인'과 '광의의 일본인'이라는 구별이나 인종 간, 민족 간의 '생존경쟁'을 자명한 것으로 파악하는 사회진화론적 설명과 맞닥뜨리는 경우가 종종 있다. 물론 이러한 '제국주의적' 역사관은 비판받아야만 한다. 그러나 그때 주의해야 하는 것은, 다양한 '이류異類' 일본인='광의의 일본인'의 존재를 아무리 지적해도 사회진화론적 사고방식이 그대로라면 '협의의 일본인'의 의미를 부정하지는 못한다는 점이다. 문제 삼아야 하는 것은 중심에 '협의의 일본인'이 존재하고 그 주변에 다양한 '광의의 일본인'이 배치되어 있다는 구도 자체이다. 만약 이 관점이 타당하다면 아이잔의 『일본인민사』는 지금도 여전히 검토할 여지가 있는 저작이라고 말할 수 있을 것이다.

■ 주

1) 網野善彦, 『'일본' 이란 무엇인가「日本」とはなにか』, 『일본의 역사日本の歷史』, 제00권, 講談社, 108쪽.(이 책은 시리즈물인데 "제00권부터 제25권까지 총 26권으로 이루어져 있다-역자 주)
2) 山路愛山, 『기독교 평론 · 일본인민사基督教評論 · 日本人民史』, 岩波文庫, 1996.
3) 같은 책, 211쪽.
4) 같은 책, 203쪽.
5) 같은 책, 262쪽.
6) 같은 책, 265쪽.
7) 같은 책, 272쪽.
8) 같은 책, 273쪽.
9) 같은 책, 278쪽.
10) 같은 책, 281쪽.
11) 岡利郞, 『야마지 아이잔-사론가와 정론가 사이山路愛山-史論家と政論家のあいだ』, 研文出版, 1996, 95~96쪽.

12) 山路, 앞의 책, 301쪽.

13) 뮐러를 시초로 하는 당시의 비교언어학이 인종주의적 '아리아' 신화의 확립에 매진했던 역할에 대해서는, Poliakov, 『아리아 신화アーリア神話』(法政大學出版局, 1985)를 참조할 것.

14) 南塚信吾, 『조용한 혁명-헝가리의 농민과 인민주의静かな革命-ハンガリーの農民と人民主義』, 東京大學出版會, 1987, 154쪽.

15) 山路, 앞의 책, 317쪽.

16) 같은 책, 305쪽.

17) 같은 책, 316쪽.

18) 野副重次, 『투란 민족운동과 일본의 새로운 사명ツラン民族運動と日本の新使命』, 日本公論社, 1934, 221쪽.

19) 야스다 도시아키安田敏朗가 『'언어'의 구축-오구라 신페이와 식민지 전쟁「言語」の構築-小倉進平と植民地戰爭』(三元社, 1999)에서 밝히고 있는 것처럼, 일본어와 조선어를 '우랄알타이어족'의 틀 속에서 생각했던 사람은 가나자와의 제자인 오구라 신페이小倉進平였다.

20) 白鳥庫吉, 『시라토리 구라키치전집白鳥庫吉全集』, 제2권, 岩波書店, 1970.

21) 山路, 앞의 책, 328쪽.

22) 같은 책, 340쪽.

23) 같은 책, 341쪽.

24) 小熊英二, 『단일민족신화의 기원-'일본인'의 자화상의 계보單一民族神話の起源-「日本人」の自畵像の系譜』, 新曜社, 1995, 96쪽.

25) 山路, 앞의 책, 192쪽.

26) 山路愛山, 『아이잔문집愛山文集』, 『메이지문학전집明治文學全集』, 제35권, 德富猪一郎 감수 · 山內省三 편찬, 民友社, 1917, 611쪽.

27) 같은 책, 622쪽.

28) 山路愛山, 『야마지 아이잔집山路愛山集』, 『메이지문학전집明治文學全集』, 제35권, 筑摩書房, 1965, 315쪽.

제6장

'정음'의 제국

음성으로서의 '국어'의 발견

근대 일본에서 '국어'라는 개념을 지탱하는 두 개의 기둥은 음성과 구어 영역의 발견이라고 할 수 있다. 왜냐하면 '국어'의 이념은 언어 규범을 소수 엘리트의 문어에서 벗어나 '국민' 모두가 보편적으로 사용할 만한 말을 창출하는 것을 지향했기 때문이다. 바꾸어 말하면 음성과 구어라는 입장에 따라서야 비로소 근대의 '국어'라는 사상이 가능해지는 것이다. 우에다 가즈토시上田万年와 호시나 고이치保科孝一가 표음식表音式 가나 표기법과 한자 폐지를 주장하고 언문일치를 추진한 것도, 또한 호시나 고이치가 식민지, '만주국', '대동아공영권'에서 이민족에 대한 언어적 동화정책을 추진하려 한 것도 그러한 방향성이 있었기 때문이다. 그리고 이러한 인식 바탕에는 서구 근대 언어학 이데올로기의 지침이 있었다. 나는 『국어라는 사상-근대 일본의 언어 인식』에서 그것을 강조했다.

그러나 이 점에 관해서는 몇 가지 비판적 논평을 받았다. 예를 들어 나

카야마 아키히코中山昭彦는 「'글'과 '목소리'의 항쟁-메이지 30년대의 '국어'와 '문학' "文"と"聲"の抗爭-明治三十年代の<國語>と<文學>」이라는 논문에서, 자신의 시점은 "음성어를 중시하는 우에다 등의 자세가 결과적으로 국어의 음성중심주의의 일부와 구도 면에서 공통되어 버리는 점도 중시하고 있어 우에다가 **의식적으로** 획득했다는 관점에서 국학과의 단절만을 강조하는 이연숙의 논점과는 다르다"(강조-원문)고 말하고 있다.[1] 나카야마는 우에다가 음성언어를 중시한 것이 "가라고코로漢意*로서의 한자=문자를 배척하고 그것에 침식되기 이전의 언어로 상정想定되는 음성=야마토 고토바大和ことば**를 상찬한다는 '음성중심주의'의 구도와 이것은 뜻밖에도 일치되어 버린다"[2]고 말하는 것이다.

또한 오사 시즈에長志珠繪는 나카야마의 지적을 인용하면서, "이연숙은 우에다를 국학과의 단절을 강조하여 '반국학', '반전통'이라는 도식으로 이해하려고 하는 것"[3]이라고 하고 있다. 또 오사는 우에다 가즈토시가 " '국어'가 제도화된 이후의 우에다는 '고토다마言靈***론'에 대한 관심을 노골적으로 드러낸다"고 하여 우에다를 '서양유행을 좇는' 언어학자'로 규정하는 것은 일면적이라고 말하고 있다.[4]

여기에 대해 야스다 도시아키安田敏朗도, 이연숙의 서술에 따르면 "우에다는 '현재성'을 더 중시하고 '역사성'에는 그다지 신경 쓰지 않는 합리적인 인물 같은 인상을 받"지만 실제로는 우에다는 신궁황학관장神宮皇學館長****을 맡아 『신도학잡지神道學雜誌』에 기고하는 등 "우에다는 신도神道

---

* 중국적인 사고방식. 에도 시대의 국학자가 비판적으로 사용한 말.

** 대륙 문화가 들어오기 전부터 사용되어 온 말로서 한자어나 외래어와 대립하는 '일본 고유의 말'이라는 뜻으로 쓰이는 말.

*** 고대 일본에서 말에 깃들여 있다고 믿어진 영적인 힘.

**** 神宮皇學館–1882년에 설립된 신사神社에 종사하는 신관神官을 양성했던 이세신궁伊勢神宮 관련학교. 현재 고가쿠칸皇學館대학의 전신.

의 중요성을 인식하고 있다", "즉 우에다는 '전통'에서 전혀 동떨어진 데에 있었던 것은 아니다"고 반론하고 있다.[5)]

『국어라는 사상-근대 일본의 언어 인식』에서 내가 시도한 것은 근대 일본의 언어 인식을 구성하는 몇 가지 계열을 굵은 선으로 묘사하는 것이었고 그 속에서 우에다 가즈토시와 호시나 고이치의 연속성을 밝히는 것이었다. 그리고 「국어와 국가國語と國家と」를 쓴 우에다 가즈토시가 왜 자신을 '패군의 장수'라 부르고 제2차 세계대전 중에는 '혁명분자의 수령'이라고까지 불려야 했는지를 이해하려 했다. 그래서 나는 '〈국어〉라는 사상'의 무대 위에서 연기한 역할, 혹은 연기할 수밖에 없었던 역할이라는 관점에서 우에다를 논한 것이지, 우에다 개인의 사상을 그대로 재현할 생각은 없었다. 그래서 앞의 여러 논자의 지적은 틀린 것은 아니지만 내가 문제로 삼았던 것과는 논점이 어느 정도 어긋나 있다.

우에다가 근대적 국어학을 수립하려고 했을 때 지침으로 삼은 것은 서양언어학이었고 전통적 국학이 아니라는 점은 여기서 다시 강조해 두고 싶다. 우에다가 '반국학' 태도를 보인다는 것은 국어학의 실제 연구에서 전통적 국학 이론과 방법을 그대로 이어받을 수 없었다는 것이고 바로 이 점이 야마다 요시오山田孝雄나 도키에다 모토키時枝誠記 등과 결정적인 차이이다. 내가 『국어라는 사상-근대 일본의 언어 인식』에서 우에다·호시나와 야마다·도키에다의 대립의 근간은 "국가 숭배, 천황 숭배의 신앙의 깊이나 경건함의 차이에 있었던 것이 아니라 그야말로 국어학과 언어학이라는 언어 이데올로기적 기반에서 발생한 대립이었다"[6)]고 말한 것은 바로 그런 뜻이다.

우에다 가즈토시는 1896년에서 이듬해에 걸쳐 제국대학*에서 진행한

---

* 현재의 도쿄대학.

「국어학사」 강의의 첫머리에서 다음과 같이 말하고 있다.

한편으로는 국어라든가 국문 등 오늘날 교육자가 쓰는 말이 있다. 이 국어란 고대 또는 중고中古의 문장 및 그 시대의 문장을 모델로 하는 문장을 가리키며 낱말과 문장을 병렬해서 말한다.

그러나 Philologie〔문헌학〕에서 mother tongue〔모어〕로서 〔혹은〕 Muttersprache로〔서〕 말할 수 있는 〔것〕은 현재 사용하는 말을 일컫는다. 결코, 고대 혹은 중고의 말만을 다루는 것이 아니다. 또는 소수일파의 노학자는 '국어학'이란 화학和學, 국학國學, 황학皇學*과 같다고 주장한다. 이것이 오류인 것은 누구나 알고 있다.[7)]

이를 전제로 우에다는 "'국어'란 〔일본〕 국민이 말하는 모든 언어"[8)]라고 정의하고 있다. 요컨대 우에다의 '국어' 인식에서 가장 중요한 점은 '현재' '사용되는' '모든 언어'라는 세 가지에 있다.

그래서 나카야마가 말하는 것처럼 '국학'의 음성중심주의가 한자에 침식되기 '이전의' 음성을 상찬한다는 입장이라면 우에다의 음성중심주의와는 중요한 부분에서 결정적인 차이가 있다. 우에다가 주장하는 '음성'이란 바로 지금 '현재' 눈앞에서 모든 '국민'이 말하고 있는 '음성'이기 때문이다. 바로 그 때문에 우에다는 한자 · 한자어의 지배를 비판하면서도 "귀로 듣고 혼잡을 일으키지 않을 만큼의 한자어를 보존할 것"을 "국어에 대하여 일본 국민이 취해야 할 3대 방침"의 하나로 제시하는 것이다.[9)]

그래서 나는 '음성중심주의'라는 특징만으로는 '국학적'인지 아닌지를

* 和學, 國學, 皇學 모두 일본 고유의 문화, 역사, 사상 등을 구명하는 총합적인 학문 분야를 의미하는 말.

판단할 수 없다고 생각한다. 그러한 관점으로는 문제의 본질을 놓칠 우려마저 있다고도 말할 수 있다. 야마다 요시오는 근대의 '국어학자' 중에서 가장 뚜렷하게 '국학적'인 것을 이어받았다고 말할 수 있겠지만, 그 야마다가 "구어만이 살아 있는 국어이며 문자로 쓴 것 따위는 중점을 둘 필요도 없다고 하는 의견"을 "문화라는 중대 사실을 무시하고 야만인의 언어를 표준으로 삼은 잘못된 견해"이며 "문화를 보유하는 국민 사이에는 유해무익이라 존립시켜서는 안 되는 편벽된 주장"[10]이라 단정하고 있는 사실을 '국학=음성중심주의'라는 관점에서 과연 어떻게 설명할 수 있을까.

'정음'의 제국으로서의 '국어'

음성으로서 성립되는 '국어'라는 방향성을 일관되게 충실히 지킨 사람은 역시 호시나 고이치保科孝一일 것이다. 호시나는 한자로부터의 탈각과 표음식 가나 표기법 실현을 '국어정책'의 궁극적 목표로 삼았다. 소학교에서 시험적으로 실행된 '줄긋기棒引き가나 표기법'*을 자신의 저작에서 실행한 그 우직함은 그 유례를 찾기 어렵다. 또한 '국어'가 음성으로 성립한다고 파악하고 있었기 때문에 다양한 방언의 존재를 '국어' 실현을 가로막는 장애물로 보고 교육의 장면에서 발음교정을 지시했던 것이다. 그리고 식민지 언어정책에서는 일본어 사용을 강요함으로써 이민족을 동화시킬 수 있다고 믿고 있었다.

그러나 아무리 한자를 배척하고 표음식 가나 표기법을 쓴다고 해도 문자 자체는 발음과 자의적인 관계밖에 지니지 못한다. '아あ'라는 문자의 형태는 '아ア'라는 발음과는 아무 관계가 없다. 만약 음성의 본질 자체를

* 한자 자음의 장음을 '—'처럼 줄을 그어 나타내던 가나 표기법.

문자 속으로 포함하려면 음성과 필연적인 관계를 지닌, 음성을 그대로 상징화할 만한 전혀 다른 표음체계를 만들어내지 않으면 안 된다. 이와 같은 기묘한 집착에 홀린 사람이 이자와 슈지伊澤修二이다.

이자와 슈지는 1851년 태어나 미국에 유학한 뒤 도쿄사범학교장, 문부성 편집국장, 도쿄음악학교장, 도쿄맹아학교장, 대만총독부 학무부장, 도쿄고등사범학교장을 역임하는 등 교육가로서 광범위한 분야에서 활약한 인물이었다. 여기서 다루고 싶은 것은 이자와 슈지의 수많은 저작 중 가장 중요하다고 여겨지는 『시화법視話法』(1901)이다. 이자와 슈지는 1900년에 생사의 경계를 헤맬 정도의 중병을 앓았지만, 기적적으로 회복했고 그 이후는 '라쿠세키샤樂石社'를 결성하여 '말더듬 교정운동'에 전력을 기울였다. 그런 의미로 『시화법』은 이자와의 생애의 전환기에 쓰인 저작이라고 할 수 있을 것이다.

이자와 슈지가 대만총독부에서 시행한 교육정책, 언어정책의 의미는 최근 야스다 도시아키, 오사 시즈에, 세키 고石剛, 고마고메 다케시駒込武, 오구마 에이지小熊英二의 연구[11]에서 자세히 논의되어 있다. 특히 오사는 이자와의 시화법에 대해, "이자와에게 시화법의 실천은 '내지內地'와 '새로 편입된 영토'를 연결하는 효과적이고 보편적인 방법으로 이해되고 있다"고 언급하면서 이자와의 '음성주의의 입장'에 의거한 교화 정책을 논하고 있다.[12]

하지만 내가 여기서 논하고 싶은 것은 대만이라는 식민지에서 이자와가 어떤 언어정책을 구상했는지, 그리고 그것들이 얼마나 실현되었는지 하는 점이 아니다. '시화법'으로 상징되는 이자와의 '음성중심주의 입장'이 언어 사상의 차원에서 '국어' 개념과 어떻게 결부되느냐는 것이다.

사실 이자와에게 '시화법'은 음성언어를 표기하기 위한 단순한 수단에 그친 것은 아니었다. 어떤 의미에서 '시화법'은 이자와의 다방면에 걸친 활동의 중심에 있는 언어 사상 바로 그것이자 그 중핵을 이루는 것이었다. 훗날 이자와 자신도 유학지인 미국에서 시화법을 배운 것이 "참으로 나의 일생에 크게 연관되는 일"[13]이라고 술회하고 있다.

그렇다면 '시화법Visible Speech'이란 과연 무엇인가. 그것은 전화기 발명자로 유명한 그레이엄 벨Alexander Graham Bell의 아버지 멜빌 벨Melville Bell이 온갖 언어의 음성을 모사하기 위하여 발명한 음성표기법이다. 그것은 알파벳 같은 문자와 달리 각각 소리를 낼 때 발음기관 위치와 운동을 문자 안에서 형상화하여 나타낸 기호였다. 즉 모음의 경우 개구도開口度나 혀의 위치, 자음의 경우 발음 부위를 상징적으로 나타냈다. 그런 점에서 음성과 필연적인 관계를 지니는 기호, 음성을 그대로 시각화한 기호였다고 말할 수 있다. 그리고 그레이엄 벨은 아버지가 발명한 '시화법'이 농아聾啞에게 발음을 가르치는 데 큰 힘이 될 것으로 생각하여 농아교육에 적극 활용하려고 했다. 그 활동 중에 우연히 만난 사람이 이자와 슈지였던 것이다.

따라서 '시화법'의 의미를 이해하기 위해서 당시 미국의 '농아교육' 상황과 거기에서 '수화법手話法'과 '구화법口話法'이 어떻게 대립하고 있었는지 일별해 보자.

미국 '농아聾啞교육'의 전개와 시화법의 발명

지금에야 '수화'는 겨우 시민권을 얻게 되었지만 '수화'가 음성언어로부터 독립된 하나의 '언어'라는 사실은 얼마 전까지만 해도 충분히 인식되어 있지 않았다. 그러나 현재의 언어학에서는 '수화'가 음성언어와 마찬가지로 이산離散적인 '음운 구조'와 체계적인 문법을 지닌 완전한 '언어'로 인정받고 있다. 다만, 이 경우 '수화'는 농아가 농아끼리 커뮤니케이션을 하기 위하여 자연스럽게 터득하는 것을 지칭하며 음성언어를 모방하여 인

공적으로 만든 것이 아니다. 말하자면 '수화'는 농아의 정체성을 형성하는, 농아에게는 둘도 없는 '모어'이다.[14)]

그러나 농아교육에서 '수화'는 오랫동안 사용이 금지되어 있었다. 『19세기 미국 농아교육방법사 연구十九世紀アメリカ聾教育方法史の研究』의 저자인 우에노 마스오上野益雄는 "수화는 오래전부터 농아자聾啞者의 생활과 함께 있어 농아자 간에 사용되었던 커뮤니케이션의 한 방법이었"음에도 불구하고 "우리 20세기의 시대, 아주 최근까지 수화는 금지된 내밀한 언어였다" 그리고 "실제로는 농아자 개개인의 생활에서 수화가 사용되고 있었으나 교육의 현장에서는 체면상 존재하지 않거나 존재하면 안 되는 것이었다"고 말하고 있다.[15)] 어찌하여 그렇게 된 것일까.

우에노에 따르면 19세기 전반 미국 농아교육 현장에서 수화는 흔히 사용하고 있었다. 그런데 19세기 중엽쯤부터 유럽 농아교육법의 영향이 미치게 됨에 따라, 어느새 수화는 불완전한 언어이며 농아를 사회에 통합시키기 위해서는 적합하지 않은 교육 수단이라는 인식이 퍼져갔다. 특히 1867년에 설립된 클라크 농아원은 "수화를 아예 배제하고 발음과 독순讀脣만을 이용한 지도를 지향했다."[16)] 이리하여 수화를 지지하는 '수화주의자(manualist)'와 구화口話를 지지하는 '구화주의자(oralist)'의 격심한 대립이 발생했지만 1880년에 밀라노에서 열린 제2회 농아교육국제회의에서 "교육 방법으로서 순구화법純口話法이 가장 좋은 것으로 채택"[17)]된 것에서도 알 수 있듯이 세기말에는 '구화주의자'가 압도적으로 승리했다.

『금지된 기호禁じられた記号』의 저자 베인톤Douglas C. Baynton에 따르면 수화의 존재를 인정하지 않는 구화주의자란 "농아의 공동체 문화를 파괴하려는 개혁자"[18)]와 다름없다. 그리고 베인톤은 농아교육의 장면에서 구화주의가 침투해 가는 상황을 다음과 같이 간명하게 그리고 있다.

1860년에는 오직 구화법으로만 교육을 받은 농아는 거의 없었다. 1860년대 후반 최초의 구화학교가 설립되어 1870, 80년대에는 대부분 농아학교가 구화교육 실험을 시작했다. 세기가 바뀔 무렵에는 미국 농아 학생의 40%가 수화를 사용하지 않는 교육을 받고, 절반 이상이 적어도 몇 가지 수업에서 그런 식의 교육을 받았다. 제1차 세계대전이 끝날 무렵에는 전혀 수화를 사용하지 않는 교육을 받은 아동의 수는 거의 80%에 이르렀다. 그리고 구화주의(oralism)는 1970년대까지 줄곧 정통을 유지해 왔다.[19]

수화냐 구화냐 하는 문제는 단지 농아교육 방법 문제에만 그치는 것이 아니라 19세기 후반의 시대정신, 사회 상황과 깊이 연관되어 있었다. 베인톤은 다음과 같이 말한다.

수화(sign language)를 둘러싼 논쟁은 그 시대의 중심적인 논쟁을 일으키고 표현한다. 거기에는 다음과 같은 근본적인 쟁점이 포함되어 있다. 무엇이 미국인을 비미국인과, 문명인을 '야만인' 과, 인간을 동물과, 남성을 여성과 구별할 것인가. 교육은 어떤 목적에 봉사해야 하는가. '자연(nature)' 이나 '정상(normality)' 이란 무엇을 뜻하며 서로 어떤 관계에 있는가.[20]

위에서 보는 것처럼 '귀가 먹었다는 것' 이란 무엇인가, '농아' 란 누구인가라는 물음은 특정한 사회 속에서 '우리/타자' 의 분할 선이 어떻게 그어지느냐는 물음과 서로 얽혀 있다.

구화주의자가 수화를 비판했던 것은 수화가 결함이 가득 찬 불완전한 언어라는 편견 때문이다. 수화는 '문명사회' 에는 적합하지 않은 원시적인 커뮤니케이션 수단에 불과하며 만약 농아를 사회에 통합시키려면 그들을 음성언어의 세계로 이끌어 오지 않으면 안 된다고 생각했던 것이다. 여기에는 몸짓언어에서 음성언어로의 진보라는 진화론적 사고방식이 큰 영향을 미쳤음은 두말할 나위도 없다.

이러한 구화주의의 주장은 때로는 '농아교육'이라는 한정된 장면을 넘어서는 일도 있었다. 19세기 후반, 영어 발음을 정확히 나타낼 수 있는 정서법을 만들려는 정서법 개혁운동이 널리 일어났는데, 그 목적의 하나는 '이민자의 미국화를 쉽게 만들'기 위한 것이었다. 구화주의자는 이 정서법 개혁을 지지했다. 왜냐하면, 음성 세계를 지니지 않은 농아들에게 음성언어와 동떨어진 정서법은 음성언어를 획득하는 데 장애가 되기 때문이다. 이리하여 한편으로는 이민자를 미국 사회에 통합하고, 다른 한편으로는 농아를 음성언어 세계에 통합한다는 두 가지 방향이 정서법 개혁 속에서 결부된 것이다. 그리고 다니엘 벨과 자신이 농아였던 아내 메이블 벨, 그리고 일부 구화주의자들은 "우리의 결함 있는 알파벳"을 대신하는 것으로서 시화법의 사용을 일반 사회에도 널리 알리려고까지 했다.[21)]

그레이엄 벨의 '시화법'은 이러한 구화주의자들의 반수화反手話 캠페인의 하나의 상징이었다.

'시화법'과 이자와 슈지

이자와 슈지와 시화법의 만남은 참으로 우연한 일이었다. 이자와 자신이 『시화법』 서언과 『자전自傳』에서 말하고 있는 내용을 간추리면 다음과 같다.

이자와 슈지는 18세쯤 영어를 배웠지만 한번 몸에 익은 변칙적인 발음이 좀처럼 고쳐지지가 않아 미국에 유학하고서도 미국인들에게 자신의 영어를 이해시킬 수가 없었다. 그러나 1876년('서언'에서는 78년으로 되어 있지만 76년의 잘못)에 매사추세츠주의 교육부 위원과 함께 필라델피아에서 열린 만국박람회를 방문했을 때 그 박람회장에서 "일종의 이상한 글자 모양을 기재한 괘도"를 보았다. 이자와가 이것이 무엇이냐고 물었더니 농아에게 영어를 가르치는 방법을 제시하는 것이며, 발명자는 알렉산더 그레이엄 벨이라는 사람이라는 대답이 돌아왔다. 이자와는 "벙어리라도 영어를 배울 수 있다면 우리가 비록 동양인이라고 해도 어째서 벙어리에도 미치지 못할까"[22]라고 마음을 다지고 바로 그레이엄 벨을 찾아가 시화법으로 영어의 음성을 학습하고 싶다는 뜻을 전하자 벨은 기꺼이 승낙했다. 그리고 몇 주일이 지나자 미국인에게 이해될 만한 정확한 영어 발음을 익힐 수 있었다고 한다. 더 나아가 이자와는 시화법을 일본어에도 응용하면서 벨에게 시화법의 원리를 터득한다(그리고 이러한 벨과 이자와의 교우 관계 때문에 벨이 발명한 전화에서 첫마디가 일본어였다고 한다).

이자와는 일본에 돌아오자마자 시화법을 이용하여 농아들에게 발음을 가르쳐 크게 성공한다. 한편, 이자와는 말더듬으로 고민하던 자신의 남동생 이자와 세이안井澤精庵에게도 이 방법으로 발음교정을 시도했다. 뒤에 세이안은 형 이자와 슈지가 "나를 악마의 손으로부터 구출해 주었"으며 "나의 말더듬이 동기가 되어 형이 말더듬 교정법을 발명했고, 그것이 나를 구했을 뿐만 아니라 같은 병을 앓는 천하의 무수한 사람들을 구한 것을 매우 기뻐한다"고 술회하고 있다.[23] 나아가 이자와는 "대만총독부에 근무할 당시, 저 새로 편입된 인민에게 국어를 전달하는 데도 이 방법에 따랐다"[24]고 말한다.

'시화법'은 매우 다양하게 전개된 이자와의 활동을 하나로 연결하는 원의 중심을 이루었다고 할 수 있다. 그러나 얼핏 보기에 과학적인 듯한 시화법에는 이자와의 '국어'에 대한 뜨거운 마음이 담겨 있었다. 『시화법』 서언에서 이자와는 이렇게 말한다.

내가 오랫동안 이 방법을 연구하고 이에 따라 우리나라 말을 표기하며 또한 영어와 그 외의 외국어도 이에 도움을 받아 배울 방법을 마련한 것은, 고토다마言靈가 넘쳐나는 우리나라 말의 혼을 이 무기 안에 담아, 우선 첫째로 우리나라 말소리의 사투리를 평탄하게 만들어 스스로 다른 나라 말 습득의 어려움도 이겨내게 하려는 작은 뜻에 불과하다.[25)]

그리고 마침 서양의 기술을 습득함으로써 "일청전쟁 및 금년의 북청사건*"에서 일본군이 세계로 명성을 떨쳤듯이 "이 귀중한 전수傳授로 인해 장래 세계 국어의 경쟁 속에서 우리나라 말이 신묘한 빛을 발할 때가 있을 것이다. 이는 내가 두 분 폐하**의 은혜에 다소 보답한 것으로 양해하시기를"이라는 말로 '서문'을 마친다.

그리고 이자와는 '서언'에서 시화법의 목적을 다음 아홉 가지로 정리한다.

첫째, 일정한 국어에 일정한 표준음을 확립한다.
둘째, 언어의 발음을 교정하고 그 버릇을 고친다.
셋째, 방언을 연구, 비교 및 보존하고 또한 널리 언어의 계통을 구명한다.
넷째, 외국어를 배우는 자에게 정확한 발음을 교습한다.
다섯째, 멀리 떨어진 식민지에 신속히 모국어를 광포廣布시킨다.
여섯째, 세계 만국에 공통된 방법으로 각종 음운을 모사하고 마침내 세계 보통어의 성립을 기대할 수 있게 한다.
일곱째, 온 세계의 어떤 국어라도 번역하지 않고도 각 나라에 전신電信이 통하게 한다.

---

* 의화단 사건을 가리킴.
** 천황과 황후를 가리킴.

여덟째, 농아에게 담화하는 법을 가르친다.

아홉째, 세계 각국의 문맹자가 불과 몇 주일간 교습으로 자국어를 읽고 또 쓸 수 있게 한다.

여기서 새로 추가된 것이 '국어' '표준음' 확립과 방언에 대한 발음 교정이라는 목적이었다. 훗날 이자와는 도호쿠東北지방 방언 화자의 발음을 교정하는 일에 적극 관여하는데 그때 역시 이 '시화법'이 중심적인 역할을 담당한다.

이 무렵은 마침 '국어'의 이념이 차츰 소학교 교육 현장에 침투하기 시작한 시기에 해당한다. 1900년 소학교령 개정으로 처음 소학교 교과명으로 '국어'가 출현하였고, 그 시행규칙에서 '국어의 모범'을 가르친다고 하는 목적이 명문화되었다. 나아가 1904년 제1차 국정교과서 『심상소학독본尋常小學讀本』에서 '도쿄 중류사회'의 말이 '국어의 표준'으로 간주하여 '발음 교정'과 '표준음 제정'이 교육의 목표로 정해졌다. 이들의 방침은 '국어=표준어'를 일상적인 음성 영역에서 실현하려는 목적으로 일관되어 있다. 시화법으로 '표준음'을 확립하려는 이자와의 의도는 교육정책의 이러한 방향성과 밀접하게 연관되어 있었던 것이다.

이자와는 1903년 3월, 말더듬 교정을 목적으로 한 '라쿠세키사樂石社'를 설립하고 나아가 그 안에 '언어연구부'를 설치했다. 그 임무는 다음과 같았다.

1. 시화법을 교습한다.
2. 올바른 일본어음을 교습한다.
3. 올바른 영어음을 교습한다.
4. 올바른 청국어음을 교습한다.

5. 올바른 대만어음을 교습한다.

6. 사투리 말투를 교정한다.

7. 말더듬을 교정한다.

8. 농아로 하여금 말하게 한다.[26)]

그리고 같은 해 11월, 이자와는 소학독본을 시화법으로 모사한 소책자를 스승인 그레이엄 벨에게 보냈는데 동봉한 편지(원문 영문)에 그 소책자의 목적을 다음과 같이 적고 있다.

> 첫째, 일본 전국에 걸쳐 국어교육의 통일을 도모할 것. 이는 우리나라에 각지 각양의 사투리가 있어 맨 북쪽 지방 인민의 언어는 맨 남쪽에 사는 인민에게는 거의 이해할 수 없을 정도이기 때문입니다.
>
> 둘째, 이 책자를 일본어의 표준음(적어도 도쿄의 학식 있는 사회의)으로 하고 이에 따라 각 지방의 사투리를 교정할 것.[27)]

그리고 세 번째 목적으로 "학식이 있는 사람들에게 시화법이 무엇인지를 알리며, 또한 그 음자音字가 로마자에 비하여 어떤 이익이 있는지를 일찍이 로마자를 채용하지 않았던 나라, 따라서 음자에 아무 편파심이 없는 나라의 지식인에게 알릴 것"을 내세운다. 이자와는 또 다음과 같이 말하고 있는데 이는 아마 1902년 관제공포官制公布된 국어조사위원회를 염두에 두고 있는 듯하다.

> 근래 우리 정부는 위원회를 조직하여 국어를 조사하고 그 진보를 도모하며 필요하면 개혁도 단행하려고 합니다. 현재 위원의 대다수는 일본 가나 혹은 더욱 어려운 한자 대신에 로마자를 채용하려고 하는 경향이 있습니다. 소생의 변

변찮은 견해로는 로마자가 가나 혹은 한자보다 쉬운 것은 의심할 바 없지만 시화음자만큼 쉽지는 않은 듯합니다. 소생은 철저하게 이를 주장하고 있습니다만 슬프게도 시화법의 진가를 아는 사람은 일본 전국에 소생 외에는 한 사람도 없어, 훗날 시기가 도래하기를 기다리며 이 문제를 해결할 수밖에 다른 도리가 없습니다.[28)]

요컨대 이자와는 그레이엄 벨이 시화법에 따라 미국 정서법을 개혁하려고 했던 것과 마찬가지로, 당시 문제였던 '국어국자문제'를 매듭지으려는 뜻이 있었던 것이다. 정말 진정으로 음성을 모사하는 문자야말로 우수한 문자라는 원리에서 본다면 가나 문자나 로마자보다 시화법이 더 뛰어나다고 할 수 있을 것이다. 그러나 이자와 자신이 개탄하고 있는 것처럼 시화법을 알고 있는 사람이 일본에서 이자와 자신뿐인 상태로는 "훗날 시기가 도래하기를 기다"릴 수밖에 없었다.

이자와는 1912년, 라쿠세키샤樂石社 사업을 확대하여 '난청자 교정부'를 신설하고, '말더듬 교정부'를 확장함과 동시에 '국어 정음부'와 '창가 정음부'를 증설했다. '국어 정음부'는 "일본 전국 곳곳에 걸쳐 있는 사투리 발음을 교정하여 일본 국민의 순정한 국어를 성립시키"려는 것을 목적으로 내세웠다. 또 '창가 정음부'는 "당시 창가의 발음이 불순한 것을 개탄하여 이것을 교정하려고 생각했다"고 한다.[29)] 이 마지막 술회는 이자와의 음악 교육 활동에서도 국어 '정음'의 확립이라는 목표를 하고 있었던 것을 암시하고 있다.

그리고 이러한 라쿠세키샤의 활동과 동시에 이자와는 『시화응용 도호쿠 발음 교정법視話應用東北發音矯正法』(1904), 『시화응용 국어 정음법視話應用國語正音法』(1910), 『지나어 정음 발미支那語正音發微』(1915), 『시화응용 지나어 정음법視話應用支那語正音法』(1917) 등의 저작을 잇달아 간행한다.

구화주의란 수화를 금지함으로써 농아를 음성언어의 세계로 '동화' 시키는 것을 목적으로 한다고 말할 수 있다. 이런 의미에서 구화주의는 하나의 '식민주의' 라고 말할 수 있을지도 모른다. 즉 농아라는 '타자' 를 미리 열등한 위치에 둔 다음, 타자의 자립성을 부정하여 '문명' 이라는 이름으로 자기에 동화시키려는 것이다. '시화법' 이 그러한 구화주의의 상징이라고 한다면 이자와 슈지가 그 '시화법' 으로 이루려고 했던 것은 '국어' 외부에 있는 다양한 타자를 하나로 묶어 '국어' 의 '정음' 속에 동화시키는 것이었다. 즉 농아, 말더듬이, 방언 화자, 식민지 이민족은 각각의 존재 방식이 아무리 다르다 하더라도 같이 '국어' 의 '정음' 외부에 있는 존재로서 '시화법' 으로 '정음' 의 제국에 동화시킬 수 있다. 이리하여 시화법으로 말더듬이가 정확한 발음을 배우듯 농아는 음성언어를, 방언 화자는 표준어를, 식민지 이민족은 '국어' 를 배우는 것이다.

이러한 견해에는 이자와가 사상적인 길잡이로 삼았던 진화론적 사고가 바탕에 깔려 있다.[30] 즉 문명의 달성이라는 단 하나의 척도 위에, 각각의 타자가 유일한 규준인 '정음' 으로부터의 거리에 따라 자리매김한 것이다.

이자와가 바란 것은 대일본제국이 구석구석까지 '정음' 이 울려 퍼지는 제국이 되는 것이었다. 그런 의미에서 이자와의 '국어' 사상이야말로 음성중심주의의 더할 나위 없는 표현일지도 모른다. 그리고 거기서 '시화법' 은 확실히 비할 데 없는 무기였던 것이다.

■ **주**

1) 中山昭彦, 「'글' 과 '목소리' 의 항쟁–메이지 30년대의 '국어' 와 '문학' "文" と "聲" の抗爭–明治三十年代の〈國語〉と〈文學〉」, 小森陽一・紅野謙介・高橋修 엮음, 『メディア・表象・イデオロギー–明治三十年代の文化研究』, 小澤書店, 1997, 256쪽.

2) 같은 책, 240쪽.

3) 長志珠繪, 『근대 일본과 언어 내셔널리즘近代日本と言語ナショナリズム』, 吉川弘文館, 1998, 106쪽.

4) 같은 책, 247쪽.

5) 安田敏朗, 『제국주의 일본의 언어 편제帝國日本の言語編制』, 世識書房, 1997, 44~45쪽.

6) 이연숙, 『국어라는 사상-근대 일본의 언어 인식「國語」という思想-近代日本の言語認識』, 岩波書店, 1996, 208쪽.

7) 上田万年, 新村出 엮음, 『국어학사國語學史』, 教育出版, 1984, 1쪽.

8) 같은 책, 2쪽.

9) 上田万年, 「국어에 대하여 일본국민이 취해야 할 3대 방침國語に就きて日本國民の執るべき三大方針」, 『국어를 위하여 제2國語のため第二』 수록.

10) 山田孝雄, 『국어학사요國語學史要』, 岩波書店, 1935, 3쪽.

11) 安田敏朗, 앞의 책. 長志珠繪, 앞의 책. 石剛, 『식민지와 일본어-대만, 만주국, 대륙 점령지에서의 언어정책植民地支配と日本語-臺灣, 滿洲國, 大陸占領地における言語政策』, 三元社, 1992. 駒込武, 『식민지 제국 일본의 문화통치植民地帝國日本の文化統治』, 岩波書店, 1996. 小熊英二, 『〈일본인〉의 경계-오키나와 · 아이누 · 대만 · 조선 식민지지배에서 복귀운동까지〈日本人〉の境界-沖縄 · アイヌ · 臺灣 · 朝鮮 植民地支配から復歸運動まで』, 新曜社, 1998.

12) 長志珠繪, 앞의 책, 208쪽.

13) 伊澤修二, 『라쿠세키 자전 · 교계 주유 전기樂石自傳 · 教界周遊前記』, 伊澤修二君還曆祝賀會, 1912, 35쪽.

14) 이런 견해를 주장한, 기무라 하루미木村晴美와 이치다 야스히로市田泰弘는 '농아란 일본수화라는 일본어와는 다른 언어를 쓰는 언어적 소수자이다' 라고 주장했지만(「농문화 선언ろう文化宣言」, 『現代思想臨時增刊 · ろう文化』, 青土社, 1996년 수록.) 이에 대해서는 많은 이론이 제기되었다. 그러나 '수화' 가 영어나 일본어 등의 음성언어와 대등한 독립적 언어라는 것은, 적어도 구미에서는 널리 인식되어 있다. 예를 들면, S. Alldina & V. Edwards(eds.), *Multilingualism in the British Isles*, Longman, 1991이라는 책에서는 스코틀랜드 게일어, 아일랜드어, 로마니어, 웨일스어라는 '소수 언어' 에 British Sign Language Community, 즉 '영국수화언어공동체' 도 포함시키고 있다.

15) 上野益男, 『19세기 미국 농아교육방법사 연구-1840~1860년대를 중심으로19世紀アメリカ聾教育方法史の研究-1840~1860年代を中心に』, 風間書房, 1991, 2쪽.

16) 같은 책, 11쪽.

17) 같은 책, 5쪽.

18) Douglas C. Baynton, *Fobiden Signs: American Culture and the Campaign against Sign Language*, Chicago U.P., 1996, p.4.

19) Ibid., pp.4~5.

20) Ibid., p.1.

21) Ibid., p.103.

22) 伊澤修二, 『시화법視話法』, 大日本圖書(株), 1901, 12쪽.

23) 故伊澤先生記念事業會編纂委員, 『라쿠세키 이자와 슈지 선생樂石伊澤修二先生』, 故伊澤先生記念事業會, 1919, 271~273쪽.

24) 『라쿠세키 자전 · 교계주유전기樂石自傳 · 教界周遊前記』, 38쪽.

25) 『시화법視話法』 序文, Ⅳ쪽. 여기서 흥미로운 것은 이자와가 일반적인 의미에서 'language' 에 해당하는 것으로 '국어' 를 사용하고 있는 데 비해 일본어를 가리킬 때는 '구니코토바國言葉' 라는 표현을 쓰고 있다는 점이다.

26) 『라쿠세키 이자와 슈지 선생樂石伊澤修二先生』, 244쪽.

27) 같은 책, 254쪽.

28) 같은 책, 254~255쪽.

29) 같은 책, 301쪽.

30) 이자와 최초의 저작은 생물학자 토마스 헉슬리Thomas Huxley의 *On the Origin of Species*를 초역抄譯한 『생종원시론生種原始論』(1879)이었다. 이자와는 "진화원리설을 우리나라에 수입한 것은 아마 이 『생종원시론』이 처음일 것이다"라고 말하고 있다. 『라쿠세키 이자와 슈지 선생樂石伊澤修二先生』, 323쪽.

제7장

국어학 · 언어학 · 국학

'국어학'과 '국학'의 거리

우에다 가즈토시上田万年, 하시모토 신키치橋本進吉, 도키에다 모토키時枝誠記로 이어지는 도쿄대학 문학부 국어학 강좌 주임교수의 면면을 보면 인품이나 학문에서 참으로 개성적인 이 세 사람이 같은 강좌를 서로 이어 담당했다는 사실에 일종 대조의 묘마저 느껴진다. 이 중에서 가장 학구적인 풍모를 지닌 사람이 하시모토 신키치인 것은 누구나 인정할 것이다. 사실 언어정책이나 언어교육에 대한 제언이 그 연구 중에서 상당한 비중을 차지하는 우에다 가즈토시나 도키에다 모토키와 달리 하시모토 신키치의 관심은 오로지 언어에 내재하는 법칙성의 발견이라는 '내적 언어학'의 영역에 있었다고 말할 수 있다.

메이지 이후 일본 '국어학'의 성격을 어떻게 파악할 것인지는 매우 어려운 문제이다. 전체적인 측면에서 보면 "국어를 위하여 국어학을 만들어 내고 그것에 이것을 봉사하게 하려고 하는" "그러한 정신의 학문이 메이지 시대 이후 일본의 정통 국어학이었다"[1]고 할 수는 있을 것이다. 그리고 '국어'라는 대상을 요청하는 이상 '국어학'은 필연적으로 이데올로기적 부하負荷를 질 수밖에 없다. 그것은 우에다 가즈토시나 야마다 요시오山田孝雄가 했던 일의 내용을 보면 금방 알 수 있다.

그렇다고 해서 야마다 요시오의 문법 이론이 모두 국수주의적 이데올로기에 물들어 있는 것은 아니다. 야마다 문법의 진가는 야마다 자신의 정치적 이데올로기와는 다른 곳에 있다고 하는 것이 더 정확할지도 모른다. 그렇지만 야마다가 자기 자신의 연구에 자기 해석을 할 때, 그것을 국수주의적인 사상 틀 안에 스스로 자리매김해 버린 것도 사실이다. 요컨대 구체적인 연구 성과와 그것에 의미를 부여하는 이데올로기적인 방향은 반드시 일치하는 것은 아니다. 연구에 대한 이데올로기적 부하가 큰 논자는 특히 그럴 것이다.

그에 비하여 하시모토 신키치의 경우는 연구에 대한 이데올로기적 부하가 상당히 적다. 하시모토 신키치는 연구에 임할 때 금욕적이라고도 할 만큼 치밀하게 실증주의적 자세로 일관했다. 이런 하시모토가 메이지 이후의 '국어학'을 어떻게 파악했었는지 살펴보는 것은 하나의 기준점이 될 수 있어 보인다.

하시모토는 『국어학개론國語學概論』의 첫머리에서 이렇게 말한다.

> 국어학은 국어 즉 일본어를 연구 대상으로 하는 학문이다. 국어 연구가 하나의 독립된 과학으로 성립된다는 것이 인정된 것은 메이지 이후의 일이지만, 국어 연구는 이미 왕조 시대부터 시작되었고 그 후에도 계속 연구됐으며 특히 에도 시대에 국학자들의 힘으로 뚜렷한 진보를 보인다. 종래에는 이것을 어학이라 불렀으나 그 목적은 주로 고전의 의미를 이해하고 또한 노래*를 읊고 글 짓는 것을 돕는 데 있었고 언어 연구는 이 목적을 이루기 위한 수단에 지나지 않았다.[2]

하시모토에 따르면 메이지 시대 이전의 국어 연구가 아무리 뛰어난 것이라 해도 그러한 학문은 "언어 그 자체가 궁극적 목적은 아니다" 그에 비해 메이지 시대 이후의 '국어학'은 "이러한 어학과는 성질이 다르며 국어 연구 자체를 목적으로 한다"고 말한다.

이 '언어 그 자체'라는 개념이야말로 메이지 시대 이전과 이후의 국어학을 가르는 분기점이다. 다만 '언어 그 자체'를 중시한다는 논점은 하시모토의 독자적인 것이 아니라 오히려 언어학의 과학성이 주장될 때 늘 사용되는 상투적인 어구이다. 예를 들어 이미 우에다 가즈토시는 종래 국학에서의 국어 연구와 달리 근대적 언어학의 이론과 방법에 따른 국어학만이 언어의 참모습인 '언어 그 자체'를 파악할 수 있다고 거듭 역설하고 있었다.

이것을 더 큰 틀로 파악한다면 언어 연구가 수단에 지나지 않았던 전통적 문헌학과, '언어 그 자체'를 대상으로 삼은 근대적 언어학이라는 구도는, 유럽에서 근대 언어학이 탄생하고 점차 학문으로서 자립해 나가는 과정에서 스스로 지위를 정당화하기 위해 내세웠던 주요한 논점이었다고 말할 수 있다.

유럽에서 문헌학과 언어학의 대립

『항쟁하는 언어학 *The Politics of Linguistics*』[3]에서 F. J. 뉴메이어Newmeyer가 말한 것처럼 언어 연구는 인문학적 연구, 사회학적 연구, '자율주의적' 연구라는 세 가지 방향이 있다. 여기서 문제가 되는 것은 언어 연구를 통하

---

* 우타歌, 여기서는 와카和歌를 가리킴. 와카는 일본 고유의 시가이며 특히 5·7·5·7·7의 음절로 된 정형시인 단가를 가리킨다.

여 문화나 문명을 이해하고자 하는 인문학적 연구와 '언어 그 자체'를 다른 사상事象에서 분리해 엄밀한 방법론으로 자율적인 연구 대상으로 삼는 '자율주의적' 연구의 대립이다. 간단하게 정리하면 '인문적' 문헌학과 '과학적' 언어학의 대립이라 할 수 있다. 그때, 언어학의 발전에는 문헌학으로부터의 이탈이 결정적인 요인이었다는 점이 학설사의 자명한 진리로 언급되고 있었다.

그러나 이러한 대립 구도를 그대로 받아들여서는 안 된다. 이 대립 구도가 어떤 의미가 있는지 검토하고 또 어떻게 수용되었는지 역사적 전망에서 파악하지 않으면 안 된다.

메이지 시대 이후의 국어학으로 화제를 되돌리면 아무래도 우에다 가즈토시 이후의 '국어학자'들은 에도 시대의 국학을 초극해야 할 문헌학으로 간주한 뒤, 유럽 언어학자들이 고전문헌학에 가했던 비판을 고스란히 에도 시대의 국학에 되풀이한다. 즉 그들의 국학 비판은 사실 유럽에서 언어학이 문헌학에 했던 비판을 반복한 데 지나지 않는다고 말할 수 있다.

유럽에서도 '언어학'이라는 학문 영역이 인지된 것은 그리 오래된 이야기가 아니다. 비교언어학의 창시자로 알려진 프란츠 보프나 야코프 그림은 스스로 '문헌학자'로 생각했으며, 그들의 배후에는 계몽주의적 합리주의에 반발하는 낭만주의적 사상운동이 있었다. 그러나 19세기가 진행됨에 따라 애초의 낭만주의적 의식은 점차 옅어졌고 자연과학적 방법론으로 언어학을 무장하려는 지향성이 생겨났다. 이리하여 비교언어학자들은 고전문헌학자들과 대립하게 되어 자신의 접근 방법만이 진정으로 '과학적'이라고 주장하게 된 것이다. '언어학(Sprachwissenschaft)'이라는 명칭 자체가 그러한 '과학성'을 과시하는 의미를 지니고 있었다.

과학적 언어학과 인문적 문헌학의 대립이 심해진 것은 19세기 마지막 사반세기 즉 청년문법학파*가 "음운법칙에 예외가 없다"라는 슬로건을 내세워 학계에 등장한 뒤의 일이다. 청년문법학파는 자신들의 방법론이 그 엄밀함에서 자연과학과 비견한다는 것을 강조하면서 그때까지 언어 연구에서 지배적이었던 고전문헌학의 지위를 뒤엎으려고 한다. 그리고 거기에는 대학의 '언어학' 강좌 설치나 부서 증설, 예산 배분 등의 대학 행정적인 요인도 있었던 듯하다. 요컨대 비교언어학은 결코 문헌학에 종속된 학문이 아니라 그것과는 독립된 높은 '과학성'을 자랑하는 학문이라는 것이 강조된 것이다.[4]

우에다 가즈토시가 유학 갔을 때 독일 언어학은 마침 청년문법학파가 학계를 이끌고 있었다. 그리하여 우에다 가즈토시는 '언어학 대 문헌학'이라는 구도를 그대로 일본에 가지고 돌아와 '근대적 국어학 대 전통적 국학'이라는 구도에 적용한다. 도쿄대학에서 이루어진 『언어학』 강의 노트를 보면 우에다는 청년문법학파가 '구파'의 언어학을 일소한 것처럼 일본에서도 근대적 언어학의 원리에 따른 국어학이 예전의 "일본 화학和學 유파Schule"를 일소해야만 한다는 의견을 갖고 있었음을 알 수 있다.[5]

이러한 '언어학 대 문헌학'의 구도를 하시모토는 우에다로부터 그대로 이어받는다. 하시모토는 다음과 같이 말한다.

> 우리나라에서 에도 시대에 일어난 국학은 고전 연구에 기초하여 외래 요소를 섞지 않는 순수한 일본 국민의 정신이나 생활을 밝히는 것을 목적으로 하고 있어, 그 방법 및 범위가 독일의 Philologie와 일치하는 부분이 많으므로 이것을 일본 문헌학으로 보는 사람도 있다. 그러나 국학에서는 고전 해석의 기초로 고어 연구를 중시하고 각 방면의 연구가 진행됨과 함께 고어 연구를 국학의 한

---

* 1870년을 전후하여 독일을 중심으로 일어난 비교언어학파. 이들은 음운 변화는 일정한 법칙에 따라 일어나며, 역사주의만이 언어적 현상을 과학적으로 밝혀내는 가장 적합한 방법이라고 주장했다.

부문으로 인정하게 되었다. 그렇지만 그 국어 연구는 칭찬할 만한 성과가 적은 데도 불구하고 그 이념은 실용적 어학의 범위를 벗어나지 못했으므로 오늘날의 국어학과는 성질을 달리한다. 그러므로 **오늘날의 국어학을 국학의 한 부문으로 보는 것은 마땅치 않다.**[6] (강조-인용자)

근대사회에서 어떤 학문이 자율적 지위를 차지하기 위해서는 그 학문이 제시하는 진리가 일반에게 인정받아야 할 뿐만 아니라 공인된 학설, 초학자가 읽어야 할 교과서나 참고문헌, 차세대의 연구자를 산출하기 위한 교육 체제 등이 정비되지 않으면 안 된다. 그리고 그 학문에 뜻을 둔 사람들에게 어떤 문헌이 필독서로 되느냐 하는 점은 특히 중요하다. 예를 들어 현재의 물리학자들은 뉴턴의 저작을 원전으로 읽지는 않는다. 교과서에 요약된 뉴턴의 학설만 읽어도 충분할 것이다. 그와 마찬가지로 메이지 시대 이후 국어학에서 필독서였던 것은 헤르만 파울의 『언어사원리言語史原理』였고 에도 시대 국학자의 저작이 아니었다. 필요한 것은 파울을 읽은 눈으로 국학자의 저작을 검토하는 것이었지 결코 그 반대가 아니었다.

사실 '상대특수가나표기법上代特殊假名遣'을 연구할 때 하시모토는 게이추契沖나 모토오리 노리나가本居宣長를 비롯한 국학자들의 학설을 정성 들여 살펴본 뒤 자신의 주장을 내세우고 있다. 하시모토는 특히 모토오리 노리나가의 제자인 이시즈카 다쓰마로石塚龍麿의 연구를 중시하며 자신의 '발견'은 이미 이시즈카 다쓰마로가 밝힌 바 있다고 강조한다. 그러나 이것은 하시모토가 국학자의 전통을 이어받는 입장으로 연구를 진행했다는 것을 의미하지는 않는다. 하시모토가 쓴 글을 잘 읽어 보면, 하시모토는 독자적인 조사와 분석으로 상대특수가나표기법의 현상을 발견한 것이며 그 발견이 있었기 때문에 국학자가 쓴 저작의 가치를 정확하게 인식할 수 있었다고 말하고 있다. 즉, 하시모토의 연구를 이끌었던 것은 어디까지나 근대 언어학의 방법론이었고, 국학자의 연구 결과가 일치하는 것은 하시모토 자신의 말을 빌리면 '성과로서'는 그랬어도 '이념으로서'는 그렇지 않았다. "오늘날의 국어학을 국학의 한 부문으로 보는 것은 마땅치 않다"는 하시모토로서는 어조가 강한 이 발언은 이러한 배경을 고려하여 이해해야 할 것이다.

도키에다 모토키의 언어학 비판

하시모토 신키치 사후에 편찬된 저작집의 하나인 『국어학개론』은 도키에다 모토키時枝誠記가 해설을 쓰고 있다. 이 해설은 뜻밖에도 하시모토와 도키에다의 견해 차이를 명확히 드러낸 문장으로 되어 있다. 먼저 도키에다는 메이지 이후 국어학의 성격을 다음과 같이 정의한다.

> 국어 연구가 진정으로 과학적 체계를 지향하고 독립된 하나의 학문 분과로 조직된 것은 메이지 시대 이후의 일이지만, 그 부분적 단편적 연구는 이전에 전혀 없었던 것이 아니며 어떤 부분에서는 상당히 빛나는 성적을 거두어 왔다. 그러나 메이지 시대 이후와 그 이전의 국어학 사이에는 현저한 성격 차이가 보인다. 메이지 시대 이전의 국어 연구는 주로 나라奈良·헤이안平安조의 고전 해석 혹은 와카和歌 문장 제작을 목적으로 한 연구였던 것에 비하여 메이지 시대 이후의 국어학은 당대 문명개화의 풍조로 인하여 자극받은 국어의 개혁 개량에 관한 여러 문제, 즉 국어의 장래 운명에 관한 여러 문제 해결이라는 중요한 사명을 띠고 태어났다. 그리고 그 연구의 문제, 영역, 방법에서 재래 국학자의 그것에서 탈피하고 서양언어학에 근거하여 새로운 과학으로서의 국어학을 건설하는 데 있었다. 이처럼 메이지 시대의 국어학은 과거의 국어 연구 전통을 파기하는 데에서 그 첫걸음을 내디뎠기 때문에 그 이후 국어학은 완전히 서양언어

학의 기초 위에 전개된 것이었다.[7]

메이지 이전과 이후에서 단절을 보는 점은 같아도 도키에다 견해의 핵심 부분은 하시모토의 견해와 크게 다르다. 도키에다는 "메이지 이후의 국어학"이 "국어의 개혁 개량에 관한 제 문제"의 해결이라는 실천적 임무를 맡고 있었던 것을 강조한다. 요컨대 하시모토는 메이지 이전의 국어학은 "실용적 목적"을 지니고 있었다고 하지만 도키에다는 "메이지 이후의 국어학" 역시 "국어 국자 문제의 해결"이라는 "실용적 목적"에 봉사하고 있었다고 단언한다. 이리하여 "메이지 이후 국어학"의 "과학성"은 역사적으로 상대화된다. 도키에다의 견해에서는 "메이지 이후 국어학"의 "과학성"은 그 학문의 이념에서 나온 것이 아니라, 우연히 그때 손에 든 도구가 "서양언어학"이라는 "과학적"이라고 불리는 방법이었기 때문일 뿐이다. 더구나 그 배경에 "당대 문명개화의 풍조"라는 유행 현상이 있었던 것을 지적하는 도키에다의 글에는 저절로 비판적인 자세가 나타나고 있다.

도키에다에 따르면 그 후 "계몽적이며 다채로운 우에다 국어학"에서 "학구적이며 실질적인 하시모토 국어학"으로 발전해 감에 따라 점차 국어학의 성격은 변모해 갔다. 우선 학문이 정교하고 치밀해짐에 따라 국어학자가 국어 문제의 해결이라는 실천에서 벗어나 "순수한 학문적 영역에 틀어박히려는 경향"이 나타나기 시작했다. 도키에다는 그것을 "창건 당초의 국어학에 부하된 국어 문제 해결이라는 사명을 벗어나 **서양언어학의 한 분과로서의 체계를 수립**하는 데 노력을 기울였다"[8](강조-인용자)고 평한다.

자신의 연구가 "서양언어학의 한 분과로서 체계를 수립하는" 것을 지향했다고 판정된 것을 알았더라면 하시모토는 분명히 이의를 제기했을 것이다. 물론 하시모토에게 그러한 의도는 없었다. 그러나 도키에다는 하시모토가 서양언어학의 방법론을 무리하게 일본어에 적용한 것처럼 말한다.

이리하여 도키에다 자신의 강렬한 해석 속에서 하시모토 학문의 모습은 상당히 왜곡되어 버린다.

게다가 도키에다는 "한번 서양언어학의 궤도에 올라탄 국어학은 그 이후 끊임없이 그 영향 아래에 학문 체계를 증보하고 개정하여 이를 정비하는 데에 노력해 왔다"고 말하며 특히 고바야시 히데오小林英夫가 번역한 소쉬르 학설의 큰 영향을 중시하고 있다. 그리고 도키에다는 "〔하시모토〕 박사의 언어학설 바탕에는 소쉬르 학설의 언어본질관이 다분하다"고 한다. 이미 『국어학원론』에서 소쉬르 이론을 철저하게 비판했다고 믿었던 도키에다로부터 "소쉬르 학설"과의 친근성을 지적받는다는 것은 하시모토 학설에 물음표가 붙여진 것이나 마찬가지다.

따라서 도키에다의 이 해설을 잘 읽어 보면 하시모토의 언어학설에 대해 위화감이 표명되어 있는 것은 부정할 수 없다. 그리고 그 주요한 핵심이 '국어학'과 '서양언어학'의 관계에 있다는 것은 여기까지 살펴본 바로 분명할 것이다.

도키에다는 "메이지 이후의 국어학"의 오류는 다음 두 가지에 있다고 보았다. 첫째로 우에다 가즈토시 이후의 국어학은 국어국자 문제라는 실천적 문제 해결을 위하여 요청된 학문이며, 그 내부에 확고한 학문적 이념을 지니고 있지 않다. 둘째로 국어학이 이념 대신에 터득한 서양에서 수입한 언어학 방법에는 학문으로서 치명적인 결함이 있다는 것이다. 즉 인도-유럽어족의 지식에서 얻은 이론을 보편적이라고 인식한다는 것이 착오이며, 더구나 언어가 인간의 바깥에 실체로서 존재한다고 간주하는 언어도구관에 기초하고 있다는 것이 착오라는 것이다. 이러한 착오가 있는 서양언어학을 일본이라는 서양과는 전혀 다른 환경에 뿌리내리게 했기 때문에 그 착오는 더욱더 커졌다고 도키에다는 생각했다. 이리하여 도키에다는 서양언어학과 대결할 수 있는 독자적인 '언어과정설'이라는 체계를 내세워 나간다.

그리고 그때 도키에다를 이끌어 준 것은 서양언어학이 아니라 에도 시대 국학자들의 연구였다. 도키에다는 국학자의 연구가 서양언어학보다 더 '과학적 정신'에 입각하고 있다고까지 말한다. '관찰적 입장'을 배제하여 철저히 '주체적 입장'에서 언어이론의 구축을 지향한 도키에다는 '국학'의 학설을 일본어 화자가 '주체적 입장'에 서서 일본어에 대하여 품은 언어 의식의 전개로 평가한다.

도키에다는 『국어학사』에서 이렇게 말한다.

> 예전 국어학이 이처럼 시종 국학에 의존하여 온 것에 대해서는, 메이지 이후 예전 국어학의 과학으로서의 독립성에 의심을 품게 하고, 예전 국어학은 실용어학이며 진정한 과학이 아닌 것 같은 느낌이 들게끔 했다. 그렇지만 그것은 부당한 비평이라고 해야 할 것이고 만약 '실제로서의 언어' 관이 정당한 것이라면 근세 국어학이 개척한 것은 오히려 과학적 연구라고 해야 할 것이며 **국어학이 국학에 의존했다는 것은 오히려 국어의 부자연스러운 실체화를 막는 데 효과가 있었다**고 말해야 한다."[9] (강조-인용자)

이 글을 읽으면 국학과 국어학의 관계, 언어학과 국어학의 관계에 대하여 도키에다의 견해는 하시모토와 정면으로 대립하고 있었다는 것을 알 수 있다. 그 바탕에는 도키에다가 서양언어학 전체에 품고 있었던 반감에 가까운 위화감이 가로놓여 있었다.

이러한 도키에다의 언어관 특히 서양언어학에 대한 인식이 옳았는지 아닌지는 지금으로서는 큰 문제가 있을 수 있다. 우에다 가즈토시나 하시모토 신키치가 '국학'을 과학적 국어학의 관점에서 부정해야 할 대상으로 설정하는 것만큼이나 무리한 자세로 도키에다 모토키도 억지로 서양언어학을 부정하고 있는 것처럼 보이기도 한다. 왜냐하면, 아무래도 그들이 부정하려고 했던 학문적 대상의 모습은 그들 자신이 만들어낸 것과 마찬가지이며, 그 속에 그들은 자신들이 긍정하려 했던 가치의 대립물을 모두 부어 넣어 버린 것 같은 느낌이 들기 때문이다. 그런 점에서 말하면 메이지 이후 국어학의 전개에 대한 하시모토 신키치와 도키에다 모토키의 견해는 내용에서는 대립하고 있지만, 양쪽 모두 독단적이며 역사적이라고는 할 수 없다.

한쪽에서는 '일본의 학문적 전통'이라고 칭찬을 받는 것이 다른 한쪽에서는 '전前 과학적인 것'이라고 부정된다. 확실히 평가 방향은 정반대이지만 어차피 대상이 되는 '전통적인 것'은 뒤에 만들어진 허구적 계보가 아닐까. 그것은 마치 긍정되거나 부정되기 위하여 호출되는 망령 같은 것이다(그리고 그중에서 가장 강력한 망령이 모토오리 노리나가本居宣長일 것이다).

아마 일본의 메이지 이후 언어사상사는 국학이나 '과학적 국어학'으로부터도 거리가 있는 지점에서 쓰일 수밖에 없을 것이다. 거기서는 언어학의 '과학성'도 국학의 '전통성'도 마찬가지로 상대화될 것임이 틀림없다. 특히 '망령'에 대하여 과잉 반응을 하는 것은 피해야 한다. '망령'을 부정하기 위해서 '망령'을 다시 한 번 불러들이면 그때는 정말로 '망령'이 되살아날 우려가 있기 때문이다.

■ 주

1) 龜井孝 외, 『일본어의 역사6-새로운 국어로의 도정日本語の歴史6-新しい國語への歩み』, 平凡社, 1965, 30~31쪽.

2) 橋本進吉, 『국어학개론國語學槪論』, 岩波書店, 1946, 2쪽.

3) F. J. 뉴메이어 지음, 馬場彰・仁科弘之 옮김, 『항쟁하는 언어학抗争する言語學』, 岩波書店, 1994.

4) 여기에 대해서는 이연숙, 『국어라는 사상-근대 일본의 언어 인식「國語」という思想-近代日本の言語認識』, 제4장 참조.

5) 上田万年, 『언어학言語學』, 教育出版, 1975, 80쪽.

6) 橋本進吉, 앞의 책, 8쪽.

7) 橋本進吉, 앞의 책, 「解說」, 365쪽.

8) 같은 책, 366쪽.

9) 時枝誠記, 『국어학사國語學史』, 岩波書店, 1940, 20~21쪽.

제8장

'국어'라는 말의 새로움

'국어'라는 새로운 말

야나기타 구니오柳田國男는 『국어의 장래國語の將來』에서 "국어라는 말은 그것 자체가 새로운 한자어이다. 이에 해당하는 말은 옛날 일본어에는 없는 것으로 생각한다"[1]고 말하고 있다. 특별히 전거典據가 제시되어 있지는 않기 때문에 이 증언을 어디까지 믿어야 할지 망설여지기도 하지만 야나기타가 언어에 대하여 예민한 감각을 지니고 있었던 인물인 만큼 귀중한 증언으로 받아들여도 되지 않을까 싶다.

야나기타가 "새로운 한자어"라고 할 때의 '새로움'은 메이지 시대에 새로운 의미가 부여된 한자어에서 느껴지는 독특한 감촉이었을 것이다. 즉 '국어'의 '새로움'은 메이지라는 시대의 '새로움'이기도 했던 것이다. 그리고 새로운 것이 모두 그렇듯 아직 생활의 실감으로는 완전하게 정착되지 않았다는 의식도 야나기타는 틀림없이 하고 있었다. 이렇게 추측하면서 당시의 여러 자료를 살펴보았더니 귀중한 증언을 찾아낼 수 있었다. 다

만, 그것은 우에다 가즈토시上田万年의 강연 「국어와 국가國語と國家と」는 아니다. 우에다의 '국어'는 "새로운 한자어"로서의 역할을 충분히 발휘하고 있으며 '새로움'을 획득하는 과정이 거기에 나타나 있는 것은 아니다. 이를테면 그것은 '수술 후'의 '국어'이다.

내가 만난 귀중한 증언은 메이지 시대의 국어학자인 세키네 마사나오關根正直가 1888년에 쓴 「국어의 본체 및 그 가치國語の本體竝ひに其價値」라는 논설이었다. 이 논설을 발견한 덕분에 단번에 시야가 트인 듯한 인상마저 받았을 정도였다. 이 논설이 왜 그만큼 중요한가 하면 '국어'라는 말에 대한 감촉이 선명하게 서술되어 있기 때문이다.

그 첫머리에서 세키네는 "근래 소·중학교에 국어라는 학과목이 있는 것은 나도 아는 바이지만, 이 국어란 어떤 것인지 그 본체에 이르러서는 세상에 널리 알려지지 않은 것 같다"고 말한다. "근래 소·중학교에"라고 말하는 것은 1886년 소학교령과 중학교령으로 인한 과목 신설을 가리킨다. 엄밀히 말하면 '국어'라는 과목이 등장한 것은 아니다. 현재의 '국어과'에 해당하는 것은 소학교령에서는 '독서', '작문', '습자'를, 중학교령에서는 '국어 및 한문'이었으며 소학교에도 중학교에도 '국어'라는 과목이 확정된 것은 아니었다. 다만 사범학교령으로 심상사범학교에서는 '국어'라는 교과가 '한문'과는 따로 제정되어 있었다. 참고로 소학교에서 '국어'라는 교과가 처음 등장하는 것은 1900년의 소학교령 개정 때이다.

아무튼, 첫머리에 "최근 소·중학교에 '국어'라는 학과목이 있다는 것은 모두들 아시겠지만"이라는 말이 나온다는 것은 아직 '국어'라는 말이 신선했기 때문일 것이다. 그러나 내가 주목한 것은 그다음 부분이다. 계속해서 세키네는 "국어란, 랭귀지라는 영어의 번역어인 것으로 이해된다"고 말하며, 그렇다면 "어語라고만 하면 단어를 의미하는 것으로 이해되기 때문"에 '국문'이라고 하는 것이 더 이해하기 쉬울 수도 있다고 말하고 있다. 그러고 보니 에도 시대 후기 양학자洋學者의 저작에 흔히 네덜란드어의 tale이나 영어의 language의 번역어로 '국어'가 등장하는 것은 사실이다. 이렇게 보면 이 시점(1888)에서는 '국어'라는 말에 번역어로서의 감촉이 남아 있었던 것이다.

그러나 번역어로 사용되었다는 사실과 번역어로 의식되었다는 것, 즉 언어 사용과 언어 의식은 다른 차원에 속한다. 역설적이게도 '국어'의 새로움이란 번역어로서의 새로움은 아니다. 오히려 그 반대로 '국어'가 language의 번역어인 것이 잊혀 가는 데에 '국어'의 새로움이 출현할 지반이 있다. 세키네의 논설이 나온 10년 후에는 '국어'가 "랭귀지라는 영어의 번역어"인 것은 전혀 의식되지 않게 되는 것이다. 이러한 단층斷層을 뛰어넘음으로써 근대 일본의 '국어' 이념은 확립되어 간다.

낱말인가 언어 전체인가?

이러한 단층은 이 외에도 존재했다. 세키네가 말하고 있는 것처럼 '국어'라는 것은 단어를 말하는 것인지 아니면 언어 전체를 말하는 것인지 모호했던 것이다. 사실 일본어의 '~어語'라는 낱말 구성語構成의 숙어는 의미상 일관되지 않은 데가 있다. '영어'는 영국의 언어이지만 '한어漢語'는 한자의 숙어 즉 한자어를 의미한다(물론 중국어로 '한어'는 '중국어'를 가리킨다). '외국어'는 foreign language이지만 '외래어'는 loan word인 것과 마찬가지다.

가메이 다카시龜井孝는 「'국어'란 어떠한 말인가「こくご」とはいかなることばなりや」라는 선구적인 논문 중 에도 시대의 양학자 가와모토 고민川本幸民의 글 속에서 '국어'의 용례를 찾아냈다. '국어'는 그 글 속에서 가나로 쓰인 부분과 자훈字訓으로 읽는 한자로 쓰인 부분을 가리키며 "'낱말' 차원으로

일본어를 파악하려는 태도"가 가와모토에게 있었다고 가메이 다카시는 논하고 있다. 그렇지만 '국어'를 언어 전체가 아니라 낱말 차원으로 파악하는 것은 가와모토의 독자성이라기보다 '~어'라는 일본어의 낱말 구성에 필연적으로 따라붙는 양의성에 기인한다. 예를 들어 마에지마 히소카前島密의 「한자 폐지의 건의漢子御廢止之議」를 잘 읽어 보면 '국어'라는 낱말에는 두 가지 용법이 있는 것을 알 수 있다. 하나는 어구의 수준으로 '한자'와 대립하는 일본어 요소를 가리키는 용법이며 다른 하나는 "영국 등이 라틴어 등을 그대로 받아들여 그 국어로 삼고"라고 하고 있는 데서 볼 수 있듯이 보통명사로서 언어 전체를 가리키는 용법이다. 물론 후자는 보통명사인 이상 일본어만으로 한정되지 않는다.

메이지 시대에는 '국어국문'이라는 표현이 자주 사용되었는데 이 경우의 '국어'가 낱말을 가리키는지 언어 전체를 가리키는지는 문맥에 따라 다르다. 시대를 조금 내려 와 1900년에 제국교육회가 문자 개량이나 언문일치의 실행을 요구하며 국회에 청원서를 제출한 적이 있다. 그 청원서는 「국자국어국문의 개량에 관한 청원서國字國語國文の改良に關する請願書」라는 제목으로 되어 있다. '국자국어국문'이라는 순서로 보면 여기서 말하는 '국어'는 언어 전체가 아니라 아무래도 낱말 차원에서 사용된 것으로 보인다.

그러나 낱말 차원으로서의 '국어'가 어떤 것인지 규명하려면 무엇보다 '국어가나표기법'과 '자음가나표기법'이라고 용어를 가려 쓰는 데에 주목해야 한다. 자음가나표기법은 한자어를 음독할 때 쓰는 가나 표기법이며 원래의 중국어 발음을 가나문자로 변별하려고 한 것이지만 이와 달리 국어가나표기법은 일본 고유어和語에 적용되는 가나 표기법이다. 예를 들어 메이지 41년(1908) 임시가나표기법조사위원회가 설립되었을 때, 위원회의 목적은 "국어 및 자음의 가나 표기법에 관한 사항을 조사"하는 데에 있다고 되어 있다. 여기서 말하는 '국어'란 어디까지나 낱말 차원으로 파악하고 있는 것이며 경우에 따라 '일본 고유어'로도 바꿔 말할 수 있는 낱말 요소를 가리키고 있다.

그렇다면 자음어 즉 음독 한자어는 '국어'에 포섭되지 않는 것일까. '국어'란 일본 고래의 토착어를 말하는 것일까. 세키네 마사나오는 앞에서 든 「국어의 본체 및 그 가치」에서 그 점을 언급하며 "자음의 낱말을 국어가 아니라고 하는 것은 잘못된 일"이라고 말한다. 세키네에 따르면 한자어는 국어에 포함하지 않는다고 하는 학자도 있지만, 수백 년래의 전통으로 한자어는 국어에 동화되어 있기 때문에 국어에 동화된 한자어를 억지로 제거할 필요는 없다. 즉, 자음으로 읽히는 한자어는 국어가나표기법이 적용되지 않지만 그래도 한자어는 '국어'의 일부이다. 즉 자음어는 낱말 차원에서는 '국어'가 아니지만, 전체로서의 '국어'에 소속되어 있다는 것이다.

물론 '국어' 개념에서 토착성의 요소가 완전히 사라지는 것은 아니다. '국어'의 정체성을 어떻게 파악하느냐에 따라 '외부'의 요소는 동화될 수도 있고 배제될 수도 있다. 이 중 어떤 경향을 취하느냐에 따라 '국어'는 다른 양상을 보이게 된다.

보통명사인가 고유명사인가?

'국어'를 둘러싼 또 다른 단층은 그것이 보통명사인가 고유명사인가 하는 문제와 연관된다. 이미 말한 것처럼 '국어'라는 말의 한 용법은 그것이 language의 번역어인 데서 비롯된다. 그 용법에 따르면 국어는 세계의 모든 '~어'에 해당하는 보통명사이며 일본어만을 가리키는 것이 아니다. 이 같은 용례는 무수히 있다. 예를 들어 오쓰키 후미히코大槻文彦의 『광일본문전별기廣日本文典別記』(1897)에서는 '국어'가 영어의 language에 대응하는 보통명사임이 명기되어 있다. 따라서 고유의 국가를 가지지 않는 "아메리카 토착민의 말語" 까지도 '국어' 로 다루어지고 있다.

그러나 이처럼 '국어'를 모든 '~어' 에 적용하는 것과는 정반대의 벡터가 존재한다. 그것은 '국어' 의 고유명사적 용법, 즉 '국어'라고 하면 '일본어'를 가리킨다고 하는 용법이다. 이 고유명사적 의미를 획득하느냐 아니냐 하는 점이 '국어' 개념 전개에서 중요한 의미가 있음은 두말할 나위도 없다. 학교에서 '국어'를 가르친다고 하면 아무도 일본어 외의 다른 언어를 떠올리지 않을 것이며 '국어사전'은 바로 일본어 사전을 가리킨다. 그렇다고 보통명사적 용법과 고유명사적 용법이 곧바로 준별된다고 할 수 있는 것은 아니다. 예를 들어 다음과 같은 오쓰키 후미히코의 발언은 어떤가. "한 나라의 국어는 바깥으로는 한 민족이라는 것을 증명하고 안으로는 동포일체同胞一體 공적인 감각을 공고하게 결집하는 것이므로, 즉 국어의 통일은 독립의 기초이자 독립의 표식이다."[2)]

오쓰키의 이 글에 나오는 '국어'를 보통명사로서, 말하자면 일반적으로 모든 '~어' 에 해당하는 것으로 읽는 것은 결코 불가능하지 않다. 그러나 오쓰키는 이 문장 바로 앞에서 일본에서는 "국체도 국어도 모두 남의 침범을 받은 적이 없" 다고 하면서 '국어'와 '국체' 의 연관성을 드러내고 있다. 그러한 문맥에 놓이면 위의 글은 곧바로 일본의 '국어' 에 대하여 서술하고 있다는 의미가 된다. 이렇게 '국어'라는 말의 의미는 문맥에 따라 보통명사적 용법과 고유명사적 용법 사이를 왔다 갔다 하는 신축성을 획득하는 것이다.

우에다 가즈토시의 강연 「국어와 국가國語と國家と」에서도 사정은 마찬가지다. 우에다의 강연에서는 '국어와 국가' 의 연관성은 현존하는 모든 국어와 국가에 해당하는 것으로 먼저 제시되어 있는데, 논의가 진행됨에 따라 일본의 '국어' 와 '국가' 에 대한 논의로 귀결되어 간다. 예를 들어 "언어는 이것을 인민에게는 마치 그 혈액이 육체상의 동포를 가리키듯이 정신상의

동포를 가리키는 것이며 이것을 일본 국어에 비겨 보면 일본어는 일본인의 정신적 혈액이라고 말할 수 있을 것이다"라는 유명한 문구를 보자. 이 문구조차 "일본 국어"라고 표현되어 있는 점을 감안하면 '국어'는 보통명사이며 거기에 '일본'이라는 한정형용사가 부속되어 있다고 볼 수도 있다. 그러나 "진정한 사랑에는 선택의 자유는 없다. 마치 황실의 존경스러운 사랑과 같다. 이 사랑 있은 후에 비로소 국어에 대하여 말할 수 있고 그 보호에 관해서도 의논할 수 있다"라고 할 때의 '국어'는 고유명사로 볼 수밖에 없다. 왜냐하면 국어가 '황실'과 함께 사용되고 있기 때문이다.[3)]

이러한 의미의 신축성 때문에 '국어'라는 말은 어떨 때는 '~어'를 가리키는 보통명사적인 의미가 되고 어떨 때는 내셔널리즘을 체현하는 고유명사로 사용되는 몹시 편의적인 용법이 가능해진다. '국어' 용법의 이와 같은 불안정함은 '국어'라는 말이 띠는 언어 내셔널리즘의 요소를 은폐하는 역할을 하는 경우마저 있다. 왜냐하면, 내셔널리즘의 혐의를 받을 위험이 생기면 금방 보통명사적 용법으로 도망칠 수 있기 때문이다.

내부의 시점과 외부의 시점

그러나 고유명사로서의 '국어'는 완전히 '일본어'와 등가로 사용되는 것은 아니다. 그러면 '국어'와 '일본어'는 과연 어떤 차이가 있는 것일까.

일찍이 '국어학회'라고 불리던 학회는 2004년 1월부터 '일본어학회'로 개칭했다. 이 문제를 둘러싸고 신문이나 인터넷 등에서 활발한 논의가 오갔는데, '국어'와 '일본어'가 완전히 동의어였다면 그만큼의 논의가 일어나지 않았을 것이며 무엇보다 개칭할 필요도 없었을 것이다. 그러나 이 개칭은 어디까지나 일본어로 부를 때의 명칭에만 관계있는 것이지, 이 학회의 영어명인 The Society for Japanese Linguistics가 변경되지 않았다는 것은 매우 흥미롭다. 즉 '국어학회'든 '일본어학회'든 학회의 영어명에는 영향이 없었다는 것이다.

도대체 왜 그럴까. '국어'와 '일본어'의 차이는 그 낱말이 의미하는 지시대상에 있는 것이 아니라 그 낱말을 사용하는 주체의 위치 차이에 근거하고 있다. 예를 들어 누가 '일본어학교'에 다니는지를 생각해 보면 된다. 그것은 일본어를 제2언어로 학습하는, 일본어를 모어로 하지 않는 사람들이다. 그와 대조적으로 일본의 학교에서 가르치는 '국어'는 일본어를 모어로 습득한 사람들을 대상으로 한다. 요컨대 '국어'라는 말을 사용하는 것은 일본어 모어 화자밖에 허용되지 않는다. '외국인'을 상대로 말할 때는 반드시 '일본어를 잘하시네요'라고 하지 '국어를 잘하시네요'라고 하지 않는다.

'국어'라는 명칭이 붙은 대표적인 조직으로 국어심의회가 있었다. 다만, 국어심의회는 행정개혁으로 인한 성청省廳* 통합의 여파로 2001년 폐지되어 현재는 문화청 문화심의회 국어분과회로 바뀐 상태이다. 국어심의회의 마지막을 장식한 제22기 총회에서 '국어'와 '일본어'를 구분해서 쓰는 것이 논의된 바 있다. 그 자리에서 당시 문화청 국어과 과장은 이렇게 설명했다.

> 법령상 '국어' 또는 '일본어'를 사용할 수가 있는데 '국어'라는 것은 일본 국민에 대하여 모어로서의 언어라는 의미로 사용되는 때가 많다. '일본어'라고 사용할 경우에는 세계의 여러 언어 중의 하나라는 객관적인 의미로서의 언어라는 것으로 사용될 경우가 많은 것이 실태이다.

---

* 일본 중앙 관청의 총칭. 한국의 부처에 해당함.

그러자 이에 대답하듯이 어떤 위원은 다음과 같이 말했다.

> 말할 것도 없이 '국어' 를 통하여, '국어교육' 을 통하여 일본인의 마음을 기른다는 의미가 있다고 생각한다. …… 거기서 일본인의 마음, 사람을 배려하는 마음을 기른다는 것은 전국의 국어 교사가 소학교에서부터 당연한 일로 지속하고 있다고 생각한다. 그것을 빼앗아 버리고 세계의 한 언어라고 말해도 되느냐 하는 문제가 결국 '국어' 냐 '일본어' 냐의 문제라고 생각한다.

말하자면 '일본어'는 '세계의 한 언어'일 뿐이지만 '국어'라면 그것을 모어로 하는 사람만이 이해할 수 있는 미묘한 무엇인가가 담겨 있다는 것이다. 물론 어떤 언어의 모어 화자에게 그 모어의 가치를 대신할 수 있는 것은 없을 것이다. 하지만 이 모어와 모어 화자의 관계는 모든 언어에 해당하는 것이지 특별히 일본어만이 가지는 독특한 종류의 것은 아니다. 그러나 '국어'라고 표현했을 때 다른 수많은 언어의 모습이 시야에서 사라져 버린다. 이것이 가장 큰 문제이다.

'국어'가 '일본 국민의 모어'라는 생각은 '일본 국민 속에는 일본어를 모어로 하지 않는 사람은 없다'는 것이 암묵적으로 상정되어 있다. 즉 '국어'라는 말은 '일본', '일본인', '일본어'를 하나의 통일체로 결합하게 한다. 이 통일을 저해하는 요소는 동화되거나 배제될 수밖에 없다. 그리고 이 통일체를 지탱하고 있는 것은 말을 초월한 감정의 공동체이다. '국어'를 정의할 때 '일본인의 마음'이라는 주문呪文 같은 표현이 이끌어져 나오는 데에는 그와 같은 배경이 있다.

국어와 조국

이처럼 '국어'에는 날말이냐 언어 전체냐, 보통명사냐 고유명사냐, 내부의 시점이냐 외부의 시점이냐 하는 등의 여러 단층이 새겨져 있었다. 그러나 '일본'이라는 감정의 공동체와 일체화함으로써 '국어'라는 말은 수많은 갖가지 단층을 뛰어넘을 수 있었다. 그리고 아무런 모순도 없는 것처럼 '국가'나 '조국'과 합체하는 것이다.

우에다 가즈토시의 저서 『국어를 위하여國語のため』의 속표지에 쓰여 있는 "국어는 제국의 황실을 수호하는 울타리이다. 국어는 국민의 혈액이다"라는 정식定式은 이렇게 생겨났다. 물론 이후 일본이 식민지를 잇달아 획득하고 일본어가 모어가 아닌 사람들을 '일본 신민'으로 삼지 않을 수 없게 되었을 때, 우에다의 구상은 그대로 유지될 수 없었다. 그렇다고 해도 '국어와 국가'의 결합을 주장하는 우에다의 언어관은 근대 일본을 관통하는 하나의 날실이었다.

그것은 지금도 마찬가지다. 예를 들어 후지와라 마사히코藤原正彦의 『조국이란 국어祖國とは國語』는 좋든 싫든 우에다 가즈토시의 영향을 인정하지 않을 수 없다. 그 논의를 읽으면서 의문이 드는 것은 언어와 인지認知 혹은 언어와 문화의 관계에 관한 이야기가 어느새 '국어'와 일본인이라는 화제로 옮겨 버리는 점이다. 본래 단층이 있을 수밖에 없는 장소를 '국어'라는 주문呪文으로 단번에 뛰어넘어 버리는 것처럼 느껴진다. 즉 보통명사인 '언어'에서 고유명사인 '국어'로 부지불식간에 전환되어 독자를 끌고 가 버리는 것이다. 그러나 이것이야말로 '국어'라는 담론에서 발견할 수 있는 전형적인 특징임은 이미 본 바와 같다. 이렇게 보면 "조국이 국어인 것은, 국어 안에 조국을 조국으로 만드는 문화, 전통, 정서 등의 대부분이 포함되어 있기 때문이다"라는 후지와라의 말에서, 우에다 가즈토시에서 끊임

없이 이어지는 담론이 반향하고 있는 것은 이상한 일이 아니다.

■ 주

1) 柳田國男, 「국어의 성장이라는 것國語の成長といふこと」, 『국어의 장래國語の將來』 수록, 『柳田國男全集』, 제10권, 筑摩書房, 1998, 52쪽.
2) 大槻文彦, 『광일본문전 · 동 별기廣日本文典 · 同別記』, 勉誠社, 1980.
3) 上田万年, 「국어와 국가國語と國家と」(1894), 『明治文學全集44, 落合直文 · 上田万年 · 芳賀矢一 · 藤岡作太郎集』, 筑摩書房, 1968, 111쪽.

제9장

'일본어'와 '국어'의 틈새

일본어의 두 얼굴

일본어는 내부와 외부를 향한 두 개의 다른 얼굴을 가지고 있다. 내부로는 '국어', 외부로는 '일본어'라는 얼굴이다. 그 다름은 '국어교육'과 '일본어교육', '국어학'과 '일본어학'이라는 용어 사용법의 차이로 나타나 있다. 그렇지만 사실 이 '국어/일본어'라는 이분법은 매우 위태로운 균형 위에 성립되어 있다.

이미 10년 이상 이전의 일이다. 오사카부 내에 있는 소학교에는 재일 한국조선인을 포함하여 중국, 베트남 등에서 온 외국인 학생이 늘어났다. 이들 외국 국적 아이들에게 일본어는 '국어'가 아니다. 그래서 몇 년 전부터 그 소학교에서는 '국어'라는 교과명을 '일본어'로 변경했다. 그런데 이것을 시 교육위원회에 신고하지 않았다는 사실이 알려져 교육위원회는 곧 교과명을 '국어'로 되돌리도록 지시했다고 한다.[1)]

이것을 보아도 '국어'냐 '일본어'냐 하는 점은, 단순히 언어의 명칭을 어떻게 할 것이냐 하는 문제가 아니라 매우 현실적이고도 이념적인 문제이다.

여기서 참으로 흥미로운 것은 이 사건을 전하는 기자의 코멘트이다. 그 기자는 교육위원회의 대응을 전면적으로 찬성하며 '국어'를 '일본어'로 변경한 소학교의 조치는 "90% 이상의 일본인 아동을 도외시한 경솔한 배려'라고 말할 수밖에 없다"고 한다. 그리고 '국어'와 '일본어'는 전혀 의미가 다르다고 하면서 이렇게 말한다.

> '국어'는 일본인 아동 · 학생이 자신들이 태어나고 자란 나라의 언어라는 의미만이 아니라 감정의 기미에 따른 섬세한 말의 쓰임새나 모국어에 담겨 있는 문화나 전통을 배우는 수업이다. 이것이 '일본어'라는 교과명이라면 '영어', '독일어', '중국어' 등의 외국어 수업과 다름이 없어 도대체 어느 나라의 수업인지 알 수 없게 된다.

이러한 신문 기사를 보면 시간이 반세기 이상 이전으로 되돌려진 것 같은 착각에 빠진다. 왜냐하면 '국어'냐 '일본어'냐 하는 문제는 결코 최근에 비로소 일어난 것이 아니라 1930년대 후반부터 1940년대에 걸쳐 많이 논의되었던 것이고 더구나 당시의 논의는 오늘날의 그것과 쏙 빼닮았기 때문이다.

식민지의 '국어' · 제국의 '일본어'

1941년부터 1942년에 걸쳐 아사히신문사가 간행한 『국어문화강좌國語文化講座』 전6권은 제2차 세계대전 이전의 언어 문제에 관한 논의를 총결산한 느낌이 있는 논문집이다. 그 중 제6권은 『국어진출편國語進出篇』이라는 제목 아래 해외에서 이루어진 국어교육 · 일본어교육의 현황을 자세히 보고하고 있다.

거기에 게재된 논문의 제목을 보면 '국어교육'과 '일본어교육'으로 대상이 나눠어 있음을 알 수 있다. 즉 '외지', '대만', '조선', '남양군도', '유학생', '제2세'(해외의 일본인 이민자 2세)에 대해서는 '국어교육'이라 하고 있고, '관동주', '동아공영권', '만주국', '몽강蒙疆'*, '중화민국'에 대해서는 '일본어교육'이라 하고 있다. 대략 말하면 대일본제국의 영토 내 지역에서 이루어진 것이 '국어교육'이며 외국에서 시행된 것이 '일본어교육'이라는 것이다. 이렇게 보면 '국어/일본어'를 나누는 분할선은 정치적 영토 여부에 있다.

그렇지만 '국어/일본어'를 나누는 선에는 '모어/비모어'라는 또 하나의 관점이 있다. 여기서 문제가 되는 것이 대만, 조선 등 식민지의 '국어교육'이다. 왜냐하면, 식민지 이민족에게 일본어는 결코 모어가 아니기 때문이다.

이것은 충분히 의식되고 있었다. 예를 들어 「조선에서의 국어교육朝鮮における國語教育」의 필자 모리타 고로森田梧郎는 다음과 같이 말한다.

> 내지인에 대한 국어교육은 말 그대로 국어를 교육하는 것이지만 조선인은 이와 취지가 다르다. 국어는 조선인의 상용어가 아니라 일종의 외국어적인 색채를 띠고 있다. 그래도 그것은 어디까지나 국어교육이며 그 목적은 '일상수지日常須知'의 국어를 습득시키고 그 사리분별력과 발표력'을 기르는 것뿐만 아니라 '국민적 사고 감동을 통하여 국민정신'을 함양하는 데 있다. 그리고 이 국민

---

* 지금의 중화민국 내몽골 자치주에 있던 나라. 내몽골 독립 운동가인 데므치그돈로브에 의해 1936년 설립된다. 그러나 데므치그돈로브는 일본에 협력하던 인물로 몽강국은 만주국처럼 사실상의 일본 식민지였다. 1945년 8월 몽골군과 소련군에 의해 멸망된다.

정신은 조선인에게 새로 고취시켜야만 하는 신정신이다."[2)]

또「일본어독본日本語讀本」의 필자 가가미 도라오各務虎雄은 이렇게 말한다.

국어독본이 우리 국민을 대상으로 하는 교과서인 데 비해 일본어독본은 외국인을 대상으로 하는 교과서이다. 즉 우리 국어를 학습하려고 하는 외국인을 위하여 편찬되는 교과서이다. 대만, 조선, 관동주, 남양 등에서 새로 편입된 백성들에게 국어를 가르치기 위한 학습서는 실질적으로는 일본어독본과 같은 성질이 있지만, 그들 새로 편입된 백성들은 민족적으로는 색채가 달라도 똑같이 우리 황국의 국민이다. 그 국민들에게 우리 국어를 학습시키기 위한 교과서이므로 형식적으로는 국어독본의 일종이지 일본어독본은 아니다. 일본어독본은 어디까지나 외국인을 대상으로 하는 교과서이다."[3)]

이렇게 하여 '외지에서의 일본어독본적인 국어독본'[4)]이라는 형용 모순적인 표현도 나온다.

아무래도 논자들은 '일본/외국'의 분할선과 '모어/비모어'의 분할선 사이에서 '외지'를 어떻게 자리매김하면 좋을지 갈피를 잡지 못하다가 '일본/외국'을 억지로 관철하려 했던 것으로 보인다. 아무리 강변해도 여기에 논리적인 갈등이 있었던 것은 분명하다.

이 점에서 문부성 도서국 국어과 과장 오오카 야스조大岡保三의 견해는 흥미롭다. 참고로 이 '국어과'는 1939년 6월에 열린 제1회 국어대책협의회의 결의 사항에 부응하는 형태로, 1940년 11월에 설치된 부서이다. 과장에 취임한 오오카 야스조는 문부성 도서감수관이라는 입장에서 1938년 9월부터 일본어 교육을 위하여 화베이華北 점령지로 파견되고 제1회 국어대책협의회에는 '화베이 대표'로 참석한 경력이 있다.[5)]

오오카는 「외지의 국어교육外地の國語教育」이라는 논문에서 이렇게 말한다.

우리 일본인에게 스스로 말하고 쓰는 말을 국어라고 부르든 일본어라고 부르든 그 실질에서 어떤 차이도 있을 리 없다. 그렇지만 국어라고 부를 때는 거기에 타국어에 대한 자국어의 의식이 강하게 작용하고, 일본어라고 부를 때에는 여러 외국어와 병렬시키는 심정이 짙게 감도는 것을 부정할 수는 없다. 즉 우리 일본인에게는 국어인 것이 외국인에게는 일본어라는 지극히 자명한 구별이, 우리 자신이 이 양극의 명칭을 동일한 실태에 대하여 구별해 쓰는 마음가짐에 세심하게 반영되는 것이다. 국어를 일본어라고 바꿔 말할 때 무엇인가 종래의 호칭으로는 만족할 수 없는 새로운 기세가 느껴진다. 자국어라는 의식에 얽혀 있는 막연한 판단이나 좁은 감정에서 벗어나, 자신을 한 번 넓은 바깥 세계로 밀어낸 다음 다시 그 모습을 주시하려는 태도가 그것일 것이다. 그러나 국어 대 일본어라는 관계는 최근의 일본어 대륙 진출을 계기로 더 명료하게 다시 생각해야 하게 되었다. 이 사실로 인하여 일본어는 한층 더 객관적이고 과학적인 검토를 받아 하나의 외국어로 다루어지게 되고, 국어는 단순한 어학이라기보다도 그 깊은 곳에 가로놓인 국민정신이라고도 할 만한 것에 관심이 더욱 두루 미치게 된 것이다. 바꿔 말하면 국어는 일본어라고 불림으로써 과학적이고 형식적인 측면을 강하게 부각시키는 기회를 획득했고, 또한 일본어는 국어라고 불릴 때 정신적이고 내용적인 방향으로 깊게 파고들 기운을 만난 것으로 여겨진다. 이것이 일본어와 국어가, 특히 교육의 입장에서 다루어질 때 섣불리 혼용이 허용되지 않고 신중한 선택이 요구되는 까닭이다.[6]

약간 흥분한 듯한 점을 제외하면 오오카의 이 발언은 현대에서도 거의 그대로 통용될 수 있을 것으로 보인다. 이것은 '국어/일본어'의 분할선이 제2차 세계대전 이전과 이후를 넘어 변함없이 유지되고 있다는 것을 의미한다. 그러나 주목하지 않으면 안 되는 것은, 한 번 '외지'로 눈을 돌렸을 때 이 분할선의 불안정함이 드러난다는 사실이다. 오오카는 계속해서 이렇게 말하고 있다.

> 그렇다면 외지의 국어교육은 어떠한 의의를 지니는 것일까. 그것은 말할 것도 없이 외지에 거주하는 내지인의 국어교육을 가리키는 것이 아니라 외지에 토착하며 일본어를 모어로 하지 않는 자, 일본어를 상용하지 않는 자에 대한 우리 국어교육을 가리키는 것이다. 그러므로 여기에 사용하는 국어라는 말의 의미는 경솔하게 간과해서는 안 된다. …… 즉 외지의 국어교육은 외국어로서의 일본어 교육을 그 기술적, 방법적 부분에 활용하면서 어디까지나 국어교육 본래의 사명인 국민정신의 함양을 이상으로 하여 시행되어야만 한다. 요컨대 그것은 국어를 상용하지 않는 자에 대하여 일본어 교육이 아니라 국어교육을 시행하는 것이라는 점에 모든 문제가 배태되며 거기에 난점도 생기고 고뇌도 생기게 된다.[7]

오오카의 이 발언에서 일본어를 모어로 하지 않는 이민족에게 '국어교육'을 시행하는 것에 내포되는 역설을, "모든 문제", "난점", "고뇌" 등의 말을 통하여 느낄 수 있다. 적어도 그만큼 현대의 '국어' 용법을 둘러싼 느긋한 논의보다는 문제의 본질에 접근하고 있다고 말할 수도 있을 것이다.

'국어/일본어'의 이분법

여기서 도키에다 모토키時枝誠記가 떠오른다. 『국어학원론國語學原論』(1941)에서 도키에다는 '국가의 표준어 혹은 공용어'를 의미하는 '국어'는 '협의의 용법'이며 "국어학, 국어학사 등에서 사용하는 국어라는 명칭은 일본어와 동의어로 사용하고 있다고 보아야 할 것"이라고 한다. 그리고 "엄밀하게는 협의의 국어 명칭만을 보존하고, 일본어 전반을 말할 때 국어라는 명칭을 사용하지 않고 그저 일본어라고 하여 국어학, 국어학사 대신에 일본어학, 일본어학사라고 부르는 것이 적당하겠지만, 지금은 편의상 종래의 관습에 따라 국어학, 국어학사라는 명칭을 사용하기로 한다"고 말하고 있다.[8)]

여기서 도키에다는 야마다 요시오山田孝雄가 '국어=국가의 표준어'라고 파악하는 것을 반대하여 '국어=일본어'를 국가의 틀에서 해방시키려 한다. 즉 "나는 종래 거듭 시행되어 온, 국어가 일본 국가의 언어 혹은 일본 민족의 언어라고 하는 정의를 배척하고, 국어 즉 일본어는 일본어적 성격을 지닌 언어라고 한 것이다."[9)]

그렇지만 야스다 도시아키安田敏朗가 자세히 밝히고 있는 것처럼 도키에다는 식민지 조선에서 시행된 현실의 언어정책과 직면했을 때, 우에다 가즈토시上田万年의 '국어=모어'라는 입장을 뛰어넘으려고 하면서도 결국 식민지에서 '국어의 우월'과 '국어의 모어화'를 주장하게 된다. 야스다는 "도키에다 자신은 사실 '국어'와 '일본어'를 엄밀히 구별해 내지 못"했으며, "'국가적 입장에서 보는 국어의 우월'로는 우에다의 언어관에 대한 어떠한 해답도 되지 않았고 단지 식민지의 현상을 다른 말로 표현한 것에 불과"하다고 신랄하게 평가한다.[10)]

나는 야스다의 이런 평가에 전혀 이론이 없다. 다만 『국어학원론』에서 학문적으로는 '국어학'보다 '일본어학'이 타당하고 '국어학'이라는 명칭은 '편의적'인 것에 불과하다고 했을 때의 도키에다의 의도를 다른 각도에서 검토할 수도 있을 것이다. 아마 제2차 세계대전 이전, 국어학자 측에서 '국어', '국어학'을 '일본어', '일본어학'으로 개칭해야 한다고 주장한 것은 이때뿐이었을 것이다. 그러나 그렇다고 해서 당장 도키에다가 정치적 이데올로기 투성이인 '국어'를 거부하고 언어 내재적인 관점에서 '일본어'라는 용어를 선택하려고 했다고 결론짓는 것은 성급하다.

도키에다의 주장을 잘 읽어보자. 도키에다가 "국어 즉 일본어"를 "일본어적 성격을 지닌 언어"라고 정의한 것은 "이 성격은 민족이나 국가와 동반하는 것이 아니라 사회생활의 신축에 따라 민족이나 국가도 초월해 가는 것"[11]이기 때문이다. 실제로 도키에다가 이렇게 말했을 당시, 일본어는 '제국의 공통어' 나아가 '동아공영권어'를 향하여 "민족이나 국가도 초월해 가는" 언어였다. 일본어가 진정한 의미에서 '제국적'인 것이 되기 위해서는 일본어가 "민족이나 국가도 초월"할 필요가 있었다. 도키에다의 말은 그러한 현실을 학문적으로 추인한 것이다. 『전체주의의 기원』에서 H. 아렌트가 말하는 것처럼 제국주의는 국민국가의 원리를 부정하는 측면이 있으며 무한 팽창을 지향하여 정치권력이 국가=민족의 틀을 뛰어넘으려 한다. 한순간이기는 해도 도키에다가 '국어'보다 '일본어'를 선택하려고 한 배경에는 이처럼 아시아를 향한 '일본어 진출'이라는 현실이 있었던 것을 잊어서는 안 된다.

그래서 제2차 세계대전 후 도키에다가 '국어학'이 '편의적인 명칭'이라고는 한마디도 입에 올리지 않는다는 점을 오히려 문제 삼아야 한다. 즉 제2차 세계대전 후 도키에다는 일찍이 한순간 다가갔던 '제국적'인 담론에서 '국민적'인 곳으로 되돌아간 것이 아닐까. 그리고 이 전회의 중심에 식민지 조선에서의 언어정책 실패가 있었던 것으로 보인다.

이는 도키에다에게만 한정된 문제가 아니다. 즉 제2차 세계대전 후에 이르러서야 일본의 언어 의식이 '국민화'된 것이며, 이렇게 하여 제2차 세계대전 이전 제국주의의 기억은 흐릿해지고 식민지='제국의 〈외지〉'라는 기억은 국민의 내부로도 외부로도 수습 불가능한 이물질로 배제되는 것이다.

이렇게 보면 '국어'와 '일본어'를 엄하게 구별했다고 해서 곧바로 언어에서 정치적 이데올로기를 걷어낼 수 있는 것은 아니다. 고야스 노부쿠니子安宣邦의 말처럼 '국어'도 '일본어'도 "일본 근현대 역사 과정에서 정치적 언어로 구성된 개념"[12]이기 때문이다. 객관적 실체로서 '일본어'가 존재하고 정치적 이데올로기로서 '국어'가 존재한다는 것은 아니다. 그것이 아니라 '국어'와 '일본어'를 나누는 분할선이 애당초 어디에 존재하는지를 되묻지 않으면 안 된다.

앞 장에서 언급한 국어심의회의 논의에는 '국어'가 "일본 국민의 모어인 언어"라는 것이 자명하게 전제되어 있다. 그러나 현실을 조금만 살펴본다면 이러한 '국어=일본 국민의 모어'라는 등식이 이미 분명하게 파탄을 맞았다고 할 수 있다. '일본 국민'의 모어가 '국어=일본어'라는 것은 과연 자명한 전제인가. 일본어를 모어로 하는 사람은 자동으로 '일본 국민'이 되는가. 일본어를 모어로 하는 외국인의 존재나, 일본어를 '국어'로 강제당한 비일본인의 존재를 생각하면 이 등식이 뜻대로 통용되지 않는다는 것은 명백하다. 이 파탄을 '국어/일본어'라는 이분법으로 구별하여 쓰면서 은폐한다면, 또다시 근대 일본의 언어 의식의 비밀은 해명되지 않은 채 그대로 온존될 것이다.

■ 주

1) 『産經新聞』, 1997.12.28, 조간.
2) 朝日新聞社 편, 『국어문화강좌 제6권-국어진출편國語文化講座 第6卷-國語進出篇』, 朝日新聞社, 1942, 63쪽.
3) 같은 책, 199쪽.
4) 같은 책, 201쪽.
5) 駒込武, 『식민지 제국 일본의 문화통합植民地帝國日本の文化統合』, 岩波書店, 1996, 300쪽

및 303쪽.

6) 朝日新聞社 편, 앞의 책, 35~37쪽.

7) 같은 책, 37~38쪽.

8) 같은 책, 143쪽.

9) 같은 책, 143쪽.

10) 安田敏朗, 『식민지 속의 '국어학'-도키에다 모토키와 경성제국대학을 중심으로植民地のなかの「國語學」-時枝誠記と京城帝國大學をめぐって』, 三元社, 1997, 125쪽.

11) 時枝誠記, 『국어학원론-언어과정설의 성립과 그 전개國語學原論-言語過程說の成立とその展開』, 岩波書店, 1948, 143쪽.

12) 子安宣邦, 『근대지의 고고학-국가와 전쟁과 지식인近代知のアルケオロジー-國家と戰爭と知識人』, 岩波書店, 1996, 114쪽.

제10장

'일본어'에 대한 절망

'질곡'으로서의 '국문학'

야나기타 구니오柳田國男의 문장을 '명문'이라고 칭송하는 사람이 많다. 그러나 고백하자면 나는 장시간 야나기타의 문장을 읽으려면 상당한 각오가 필요하다. 지적 흥분이 일어나기 전에 졸음이 밀려오기 때문이다. 예리한 감성과 치밀한 고증이 어우러진 그 문장에 감탄하는 때도 물론 있지만, 저작을 처음부터 끝까지 읽어내기에는 강인한 인내력이 필요하다.

도대체 이것은 왜일까? 그것은 야나기타의 문장은 이미 친숙하고 구체적인 독자를 미리 상정하고 있는 '가타리모노語り物'*처럼 느껴지기 때문이지 싶다. 그의 문체는 동료들의 허물없는 친밀함과 국외자의 출입을 거부하는 완강함이 동시에 감돌고 있다. 어쩌면 야나기타의 문장은 가타리

* 조루리淨瑠璃, 로쿄쿠浪曲 등 악곡의 가락에 맞추어 이야기하는 일본의 전통 예능.

구치語り口*의 교묘함으로 듣는 이를 황홀하게 만드는 일종의 '명인의 기예'인지도 모른다.

그러나 이러한 독자적인 문체에 도달하기까지 야나기타는 많은 고심과 시행착오를 거듭해야 했던 것으로 보인다. 『후수사기後狩詞記』(1909), 『석신문답石神問答』(1910), 『도노 이야기遠野物語』(1910)라는 일본 민속학의 출발점이 된 세 편을 살펴보면, 구성이나 문체의 측면에서 모두 야나기타가 이리저리 애쓰고 궁리한 흔적을 찾아볼 수 있다. 이들 저작은 논문으로서가 아니라 각 관습과 비전秘傳의 기록, 소로문候文**으로 된 서간체, 설화를 듣고 쓴 기록 등의 형식으로 쓰여 있다. 이것은 각 저작을 하나의 완결된 '작품'으로 마무리하려 했던 구성상의 의도가 작용했기 때문일 것이다.

그 중에서도 『산도민담집山島民譚集』(1914) 문체의 기발함은 발군이다. 그 저작은 한결같이 가타카나가 섞인 한문훈독체로 이루어져 있다. 시험삼아 첫머리의 한 문장을 인용하면 "溫泉ハ我邦ノ名物ニシテ兼ネテ又多クノ傳說ノ源ナリ(온천은 우리나라의 명물이자 또한 많은 전설의 연원이기도 하다)"라는 식이다. 야나기타는 이 책에서 시도한 문체적 모색에 대해 재판 서문(1943)에서 다음과 같이 회고하고 있다.

> 산도민담집을 진본이라고 부르는 것은 저자로서도 이의는 없다. 그것은 지금부터 30년도 더 지난 옛날에 겨우 500부를 인쇄하여 지우동호知友同好에게만 나누었기 때문이라는 것 이상으로 이 문장이 또한 매우 색다르기 때문이다. 이런 문장은 당시 세상에는 물론 통하지 않았을뿐더러 메이지 이전에도 본보기가 있었던 것은 결코 아니다. 과장되게 이름을 붙인다면 고민하는 시대, 즉 혼

* 조루리, 로쿄쿠, 라쿠고落語 등 전통 예능에서 이야기할 때의 어조나 태도.
** 문장 끝 부분에 候/そうろう라는 보조동사를 붙이는 문어체의 글.

히 말하는 아문체雅文體*가 점점 쓸 수 없는 상태가 되고, 지금 볼 수 있는 '데아루문である文' 은 아직 과감하게 쓸 수 없는 일종의 과도기에 어떻게든 실컷 써 보고 싶다는 염원이 마침 이와 비슷한 여러 형태로 나타나 있었기 때문에, 말하자면 그 실패했던 수많은 시도의 한 예이다. 물론 아무도 이 문체를 채택하여 사용한 사람은 없을 뿐 아니라 필자 자신도 이를 마지막으로 그만두어 버렸지만, 오늘날 생각하면 남의 일이 아닌 만큼 역사적인 흥미가 나 자신에게는 특히 깊다.[1)]

야나기타는 중요한 부분에 화제가 근접하면 늘 입을 다물어 버리는 경향이 있다. 이 재판 서문에서도 『산도민담집』의 문체를 어떻게 고안했는지는 결국 모호한 태도로 얼버무리고 있다. 미나미카타 구마구스南方熊楠 문장의 영향이라든가 공무원 생활에서 온 '관료적 버릇' 등을 들고 있지만, 그런 이유만으로 하나의 작품 전체를 그렇게 색다른 문체로 쓴 것을 설명하기에는 충분하지 않아 보인다.

그러나 이 재판 서문을 읽어보면 몇 가지 의문이 생긴다. 야나기타에 따르면 당시는 "데아루문"이 "아직 과감하게는 쓸 수 없는" 과도기였다고 하지만, 『도노 이야기』와 『산도민담집』 사이에 발표한 논문은 대체로 '데아루문' 혹은 그것에 가까운 문체로 쓰여 있다. 『시대와 농정時代ト農政』(1910)이 '데스체です體', '데아리마스체であります體'로 쓰인 것은 아마 농정학에 관한 강연 기록을 모았기 때문일 것이다. 그러나 민속학의 순수한 논문에서도 야나기타는 구어체를 채택하고 있다. 예를 들어 『향토연구鄕土研究』에 발표된 「무녀에 관한 고찰巫女考」(1913~1914), 「게보즈에 관한 고

---

* 헤이안平安 시대의 가나 문학을 본받은 고문체. 쓰보우치 쇼요坪內逍遙는 『소설신수小說神髓』(1885~1886)에서 일상에서 사용하는 말로 쓰인 문체를 속문체俗文體라고 하여 이와 구별했다.

찰毛坊主考」(1914~1915)* 같은 중요한 논문들은 한문훈독체적인 요소를 상당히 지니면서도 '데아루체'의 구어문으로 쓰여 있다.

재미있는 일화가 하나 있다. 『산도민담집』이 간행된 1914년, 오리쿠치 시노부折口信夫는 야나기타가 편집했던 잡지 『향토연구』에, 그리고 나중에 『고대연구古代研究』에 수록되는 「히게코 이야기髯籠の話」**라는 논문을 투고했다. 그리고 그 논문은 '소로문候文'으로 쓰여 있었다. 그러나 다음 해 잡지에 게재될 때에는 야나기타가 전문을 '데아루체'의 구어문으로 수정했다. 야나기타는 "오리쿠치 씨의 원고는 우미한 서간체의 문장이었지만 잡지의 어조를 유지하기 위하여 본의 아니게 수정했다"[2)]고 설명한다.

야나기타는 오리쿠치의 '소로문'을 "과감하게는 쓸 수 없는" '데아루문'으로 수정하는 한편 같은 해 출판한 『산도민담집』에서는 한자와 가타가나가 섞인 문어문을 사용했던 것이다. 문체를 보는 야나기타의 이러한 태도를 어떻게 생각해야 할까. 더욱이 야나기타 자신도 그 몇 년 전에는 『석신문답』을 서간체의 '소로문'으로 썼던 것이다.

실제로 당시는 야나기타의 말대로 구어체가 충분히 자립하지 못하고 있었을지도 모른다. 그렇지만 문체상으로 더욱 실험적이었던 것은 「무녀에 관한 고찰」이나 「게보즈에 관한 고찰」의 생경한 구어체가 아니라 『도노 이야기』나 『산도민담집』의 문체였을 것이다.

『도노 이야기』에 수록된 이야기는 도노 출신인 문학청년 사사키 기젠佐々木喜善에게 들은 것인데, 거기에는 야나기타 특유의 문체 조탁이 있었던 것은 잘 알려져 있다. 실제로 사사키 자신이 쓴 이야기의 원고를 읽고 야나기타는 이렇게 불만을 터뜨린다.

---

* '게보즈毛坊主'. 머리카락을 기르고 아내를 둔 반속반승인 승려.
** '히게코髯籠'. 대나무나 철사로 짜서 남은 끄트머리가 수염처럼 길게 늘어진 바구니.

이것은 최근에 꾸며낸 이야기이기에 그것을 소설처럼 쓴 것은 몹시 불쾌했습니다. …… 그 지역의 일반 사람들이 결코 사용하지 않을 것 같은 말을 피해야 하는데도 '무엇무엇이다何何である'라는 식의 연설투가 섞여 있어 신경이 쓰이고 참을 수 없어 그것을 일일이 정정하여, 되도록 마을 사람들의 입에서 나온 말에 가깝게 해두었습니다.[3)]

그러나 이 야나기타의 말을 그대로 곧이 받아들이는 것은 불가능하다. 『도노 이야기』의 문체가 "마을 사람들의 입에서 나온 말에" 가깝다고는 도저히 생각할 수 없기 때문이다.

그렇지만 야나기타의 문체가 어떻게 형성되어 왔는지 하는 문제는 야나기타학 전문가에게 검토를 미룬다. 내가 여기서 확인해 두고 싶은 것은 야나기타가 구어체인 '데아루문'을 만족스러워하지 않는다는 점이다. 이 시기의 야나기타가 잡지 논문에는 구어체를 사용하고 저작에서는 여러 형식의 문어체를 사용했던 것은 그만한 이유가 있었기 때문이 아닐까. 그리고 이러한 불만은 야나기타가 자신의 문체를 발견하고 나서도 계속 남아 있었던 듯하다.

1933년 7월에 행한 강연 「국어사론國語史論」에서 야나기타는 다음과 같이 말하고 있다.

사실 나처럼 문장 수업을 하는 사람에게 일본어는 실제로 불만족스러운 말이다. 머릿속에서는 세밀하게 구분되어 있는데도 표현할 만한 말이 없다. 붓을 들고 쓰려고 하면 막연해지고 그 방법을 모를 때가 잦다. 일단 잘 쓰려고 생각하기만 하면 고민할 수밖에 없고 어떻게 해도 훌륭하게 쓸 수 없다. 연설은 어떤 종지부에서도 '데아루である'라고 말한다. 이렇게 읽어서 재미없는 문장밖에 쓸 수 없는 국어는 개량하는 것이 당연할 것이다. 문장은 어느 나라에도 특

유한 성질이 있다. 그러나 나는 신문기자와 함께 생활하고 있어서 경험이 있는데, 일본어는 불완전하기 때문에 글을 쓸 수 없다 등의 말을 하는 사람은 하나도 없다. 모두들 마음속으로는 답답해도 말로 드러내지 않는다. 정말로 난감해하고 있다. 문사 · 변사 등도 모두 같은 마음일 것이다. 그래서 개량해야만 하는 것을 개량하지 못하고 있다.[4)]

"어떻게든 마음껏 써 보고 싶다는 염원"을 지속적으로 가지고 있으면서 일본어는 그 내용을 담을 만한 문체가 존재하지 않는다는 것이다. 그 원인의 하나는 과거의 전통을 터무니없이 존중하는 풍조에 있다. 야나기타는 이렇게 말한다.

오늘날 우리가 이처럼 구어체 문장을 쓸 수 있게 될 정도까지 문장을 가지게 된 것은 일본 국어학 역사상 상당히 화려한 성과였다. 혹은 국어학의 입장에서 말하면 약간 거리가 멀 수도 있겠지만, 지식인이 사용하는 국어는 분쇼도文章道* 의 영향을 받아 구어로도 문어로도 늘 고대의 냄새를 풍기고 있다. 이 영향이 이른바 연줄처럼 높이 날려고 하는 국어를 붙들고 있었던 것이다.[5)]

즉 만요슈萬葉集나 겐지모노가타리源氏物語에서 문장 규범을 찾는 사람들이 '국어' 발전을 방해하고 있다는 것이다. 실제로 야나기타는 겐지모노가타리를 중학교에서 가르치는 것에 반대한다. 그 까닭은 "아무리 생각해보아도 중세 궁정 여자의 문장이 오늘날의 교육에 적합한지 알 수 없"기 때문이다. 그래서 야나기타는 "쉽게 말하자면 일본의 국문학은 우리의 질곡이다."[6)]라고 단호하게 선고한다.

---

* 고대 일본의 관료 육성 기관인 대학료大學寮에서 중국의 시문과 역사를 가르친 학과.

"이렇게 읽어서 재미없는 문장밖에 쓸 수 없는 국어는 개량하는 것이 당연"하다는 말은 누적되어 온 야나기타의 '국어'에 대한 불만이 폭발한 것처럼 보인다. 그토록 방대한 저작을 남긴 야나기타가 일본어의 문체에 대하여 이 정도까지 불만을 품고 있었다는 것이 나에게는 놀라운 일이다. "일본의 국문학"이 "높이 날려고 하는 국어를 붙들고 있었던" "질곡"이라고 단언한 저작가가 야나기타 외에 또 있을까.

그러나 "이렇게 읽어서 재미없는 문장밖에 쓸 수 없는 국어"라면 '개량'하는 것보다는 '폐지'해 버리는 것이 더 손쉬운 것이 아닐까. 실제로 그렇게 생각한 사람도 있었다. 시가 나오야志賀直哉와 기타 잇키北一輝이다.

시가 나오야와 기타 잇키의 '일본어 폐지론'

1946년 시가 나오야가 잡지 『개조改造』에 발표한 「국어문제國語問題」라는 글을 읽은 당시의 독자들은 놀랄 수밖에 없었을 것이다. 왜냐하면, 근대문학을 대표하는 소설가이자 '명문가'의 한 사람으로 꼽히는 시가 나오야가 전혀 주저하지 않고 일본어 폐지를 주장했기 때문이다.

시가는 이렇게 생각했다. 일본에서 군국주의가 맹위를 떨친 것은 문화가 뒤떨어졌기 때문이다. 문화가 뒤떨어진 원인은 일본어에 있다. 궁극적으로 말하면 전쟁의 진정한 원인은 일본어에 있다고까지 말할 수 있다. 시가는 이렇게 말한다.

> 우리는 어릴 때부터 지금의 국어에 익숙해져서 그렇게 느끼지 않지만, 일본의 국어만큼 불완전하고 불편한 것은 없다고 생각한다. 그 결과 문화의 진전이 얼마나 저해되고 있었는지 생각하면 이는 반드시 이 기회에 해결해야만 하는 큰 문제이다. 이것을 해결하지 않고는 장래의 일본이 진정한 문화국이 될 수 있

는 희망은 없다고 해도 과장이 아니다.[7]

여기서 시가는 "60년 전 모리 아리노리森有禮가 생각한 것을 지금이야말로 실현" 해야 한다고 주장한다. 그것은 일본어를 다른 언어, "세계에서 가장 좋은 언어, 가장 아름다운 언어" 와 바꾸는 것이다. 그 첫 번째 후보는 프랑스어이다. 왜냐하면 "프랑스는 문화가 앞선 나라이며 소설을 읽어 보면 무언가 일본인과 통하는 점이 있는 것으로 생각" 되기 때문이다.

이 말만 추려내면 시가의 주장이 몹시 경솔하게 생각될지도 모른다. 그 이유나 입론도 단순하기 짝이 없기 때문이다. 그렇지만 일정한 문맥을 설정한다면 시가의 주장 속에 내포된 중요한 국면을 조명해 볼 수 있지 않을까 생각한다. 여기서 비교하고 싶은 것은 미국 교육사절단 보고서이다.

시가 나오야의 「국어문제」는 잡지 『개조』 1946년 4월호에 발표되었다. 미국 교육사절단 보고서는 1946년 3월 31일에 맥아더에게 제출하였고, 번역본이 나온 것은 그 이후이기 때문에 「국어문제」를 쓸 때 시가는 사절단 보고서를 보지 못했을 것이다. 그러나 이 두 가지 문서는 같은 시대적 배경을 지니고 있다.

미국 교육사절단 보고서에서는 '국어 개혁' 을 민주화 정책의 중요한 기둥으로 내세우고 있다. 그리고 "국어 개혁 문제는 분명히 근본적이고도 긴급하다" 라는 이유로 "일본 문어文語의 근본적 개혁" 을 제언하고 있다. 왜냐하면 "글자로 쓰인 형태의 일본어는 학습상의 무서운 장애" 이기 때문이다. 여기서 문제가 되는 것은 한자 학습이다. 유용한 지식 습득에 쓰여야 할 학습시간이 "문자를 외우기 위한 고투로 낭비된다" 는 것이다. 여기서 보고서는 "언젠가 한자는 일반적인 문어로는 전폐하고 음표音標문자 시스템을 채택하는 것이 마땅하다고 생각한다" 는 결론을 내린다.[8]

GHQ는 이 보고서를 "민주주의적 전통에서 아주 이상적인 문서" 라고 칭찬했지만 동시에 "국어 개혁에 관한 권고"는 너무 성급하다고 일정한 유보를 달았다. 한자 전폐와 로마자 채택이라는 방침이 지나치게 과격하다고 생각했기 때문일 것이다.[9)]

그렇지만 이러한 '국어 개혁'의 방침을 단순히 점령군의 강요로 보는 것은 잘못이다. 보고서의 방침은 이보다 45년 전인 1901년 국어조사위원회가 이미 결의 사항으로 제정한 방침과 거의 같기 때문이다. 그 결의 사항의 제1항은 "문자는 음운문자를 채택할 것"으로 되어 있고, 그것은 장래에 '한자의 전폐'를 전제로 하고 있었다. 즉 미국 교육사절단 보고서에 보이는 '국어 개혁'의 방향성은 메이지 이후 '국어 개혁파'의 주장과 다를 바 없는 것이다.

주목해야 하는 것은 시가 나오야가 종전의 '국어 개혁' 시도를 지극히 '불철저한 개혁', '어중간한 개혁'이라고 생각했다는 점이다. 시가 나오야는 로마자 운동이나 가나문자 운동이 전혀 성공하지 못한 것은 일본어에 '치명적인 결함'이 있기 때문이라고 말한다.

메이지 이후 일본에서는 소위 '국어국자문제'가 큰 논쟁의 표적이 되어 왔다. 개혁파는 표음식 가나표기법, 한자 폐지, 언문일치 등을 일관되게 주장해 왔지만, 그때마다 '국어의 전통'을 신봉하는 보수파의 반격으로 '국어 개혁'의 싹은 제거되어 버렸다. 요란한 논쟁 끝에는 결국 아무것도 남아 있지 않았다. 이러한 근대 일본어 역사에 시가는 애가 탔던 것이다. "지금의 국어를 완전한 것으로 다시 만들 수 있다면 그보다 더 좋은 일은 없겠지만, 그것이 불가능하다면 과거에 집착하지 말고 현재 우리의 감정을 버려서 일이백 년 후의 후손들을 위하여 대범한 일을 할 때라고 생각한다"고 언급한 배경에는 시가의 이러한 조바심이 있었다.

시가의 이 글 중에서 주목해야 하는 것은 단순히 천박하게 프랑스어를 숭배하는 것이 아니라 일본어에 대한 절망감이며, '철저한' 개혁을 바라는 단호한 결의라는 점이다.

그렇다고 해도 "일본의 국어가 얼마나 불완전하고 불편한지 여기서 구체적으로 예증한다는 것은 너무 번거로워서 하지 않겠지만, 40년에 가까운 나의 문필 생활에서 이것을 줄곧 통감해 왔다"는 시가의 말은 놀랍다. 대소설가이며 명문가로 인정받고 있는 시가 나오야가 작가 생활을 하는 동안 줄곧 일본어에 시달려 왔다는 것이기 때문이다.

시가의 이와 같은 발언을 어떻게 받아들여야 할까. 시가는 두 번 다시 이 화제를 거론하지 않았다. 시가의 '일본어 폐지론'은 메이지 초기와 마찬가지로 '개혁'이 모든 목표였던 시대의 일과성의 징후에 지나지 않는 것인지도 모른다. 제2차 세계대전 후의 일본 사회가 점차 '일본인인 것에 대한' 자신감을 회복함에 따라 시가의 주장은 터무니없는 것으로 일축되어 버린다.

그렇지만 시가가 표명한 일본어에 대한 절망은 패전 직후라는 분위기 속에서 야기된 시가 혼자만의 정신적 방황이라고 보아 넘길 수 없는 측면이 있다. 제2차 세계대전 이전에 이미, 시가와는 입장도 기질도 전혀 다른 사람이 시가와 마찬가지로 일본어에 절망하고 시가보다 더 대담하고 더 치밀한 계획을 세워 '일본어 폐지'를 도모했기 때문이다. 그가 바로 기타 잇키北一輝이다.

기타 잇키는 『국가개조안원리대강國家改造案原理大綱』의 「국민교육의 권리國民教育ノ權利」라는 절에서 "영어를 폐하고 국제어(에스페란토) 과목을 설치하여 제2국어로 한다"는 항목을 마련했다. 기타에 따르면 일본은 영국의 식민지가 아니므로 영어를 배울 필요는 전혀 없다. 그렇다면 왜 일본어만을 사용하지 않고 굳이 '국제어'를 '제2국어'의 지위에 둔 것일까. 여기서 기타가 꾀한 계획은 놀라웠다. 기타는 다음과 같이 말한다.

실로 다른 구미 여러 나라에서는 볼 수 없는 국자개량, 한자폐지, 언문일치, 로마자 채택 등의 논의가 분출하는 데서 볼 수 있듯이 모든 국민이 크게 고민하는 것은 일본의 언어문자가 지극히 열악하기 때문이다. 가장 급진적으로 로마자 채택을 결행한다면 어느 정도 문자의 불편함은 면할 수 있겠지만, 언어의 조직 자체가 사상을 배열하고 표현하는 데 모두 심리적 법칙에 위반될 것이라는 점은 영어를 번역하고 한문을 읽을 때 일본문이 전도되어 배열되는 것으로 발견할 수 있다. 국어문제는 문자 혹은 단어만의 문제가 아니므로 언어 조직의 근저로부터 혁명이 되어야만 한다. …… 가장 불편한 국어에 괴로워하는 일본은 그 고통에서 벗어나기 위하여 우선 제2국어를 병용한다면 자연도태의 원칙에 의해 50년 후에는 모든 국민이 스스로 국제어를 제1국어로 사용하게 될 것이며, 오늘날의 일본어는 특수한 연구자에게 범어나 라틴어처럼 취급받을 것이다.[10)]

기타는 "지극히 열악한" 일본어, "가장 불편한 국어"에 절망하고 있다. 메이지 이후 국어 문제를 둘러싼 "논의 분출"은 어떤 해결책도 이끌어내지 못했다. 그래서 기타는 "언어 조직의 근저부터 혁명"을 꾀했던 것이다.

"범어나 라틴어 같은 취급"이라고 하면 듣기에는 그럴듯하지만, 이는 바로 일본어를 "특수한 연구자"를 위한 "사어死語"로 몰고 가는 것을 의미한다. 기타 잇키는 진화론적인 자연도태 법칙으로 '일본어'를 절멸시키려고 했던 것이다.

기타의 일본어에 대한 절망은 철저하다. 기타는 일본이 아시아대륙에서 호주에 이르는 광대한 지역을 지배 아래 두었다고 해도 주민에게 일본어를 강제할 수는 없다고 말한다. 기타는 그 이유를 이렇게 말한다(기타의 언어관에 따르면 조선어만은 일본어와 같은 수준의 "열악한" 언어가 될 것이다).

이에 대하여 조선에 일본어를 강제하듯이 우리 스스로 불편함에 괴로워하는 국어를 비교적 양호한 국어가 있는 서양인에게 강제할 수 없다. 인도인 지나인의 국어 또한 결코 일본어보다 열악하다고는 말할 수 없다.

그렇다면 도대체 어떠한 언어가 광대한 일본제국의 영토를 통일할 것인가. 그것은 일본어가 아니라 에스페란토어였다.

열악한 사람이 멸망하고 우수한 사람이 생존하는 자연도태의 법칙은 일본어와 국제어의 존망을 결정하듯이, 백 년이 지나지 않아 일본 영토 내의 구주歐州 각국어와 지나, 인도, 조선어는 국제어 때문에 망할 것이다. 언어의 통일 없이 대영토를 보유하는 것은 그저 와해될 수밖에 없는 하루아침의 꿈槿花一朝夢에 지나지 않는다.[11)]

즉, "열악한" 일본어뿐만 아니라 모든 언어는 '우승열패'의 진화론적 법칙에 비추어 볼 때 절멸 외의 다른 길은 없다고 한다.

이것을 기타의 과대망상으로 보아 넘길 수도 있을 것이다. 그러나 시가 나오야와 기타 잇키가 마음껏 표현해 버린 '일본어에 대한 절망'은 어쩌면 근대 일본의 '국어 이데올로기'의 반전상反轉像일지도 모른다. 일본의 '국어 이데올로기'는 이 그늘에 숨은 언어 의식을 끊임없이 부정하고 금지함으로써 가까스로 존속할 수 있었던 것이다.

■ 주

1) 柳田國男, 『정본 야나기타 구니오집定本柳田國男集』, 제27권, 筑摩書房, 1968, 45쪽.
2) 池田彌三郎, 「'히게코 이야기' 성립 비고「ひげこの話」成立秘考」, 『春秋』, 1965, 11.
3) 柳田國男, 앞의 책, 별권, 485~486쪽.
4) 柳田國男, 같은 책, 제29권, 162쪽.
5) 같은 책, 169쪽.
6) 같은 책, 168쪽.
7) 『시가 나오야 수필집志賀直哉隨筆集』, 岩波文庫, 1995, 163쪽.
8) 村井實 옮김 · 해설, 『미국 교육사절단 보고서アメリカ教育使節團報告書』, 講談社學術文庫, 1979, 53~59쪽.
9) 같은 책, 村井實 해설, 151쪽.
10) 北一輝, 『기타 잇키 저작집北一輝著作集』, 제2권, みすず書房, 252~253쪽.
11) 같은 책, 253쪽.

제11장

'국어'와 언어적 공공성

'국어'와 '일본어'

지금까지 살펴본 것처럼 근대 일본의 언어 의식을 관통하고 있는 것은 '국어'와 '일본어'의 이중성이다. 그 이중성이 지극히 복잡한 것은 객관적 실재로서의 '일본어' 위에 '국어' 이데올로기가 덧씌워진 것이 아니라, '일본어'의 동일성을 자명한 것으로 하기 위하여 '국어' 이데올로기가 구축되었기 때문이다. '국어'와 '일본어'를 구분해 쓰는 것이 단순히 단어를 구별하는 이상의 의미가 있는 것은 이러한 이중성 때문이다.

'국어'와 '일본어'를 구분하여 쓰는 예로, '국어학' '국어교육'은 '일본인용'이고, '일본어학' '일본어교육'은 '외국인용'이라는 것이 세간의 상식이다. 이것만 보면 '국어/일본어'의 구별은 '내부/외부'의 구별에 상응하는 것처럼 보인다. 그러나 '국어/일본어'의 구별은 그것만이 아니다. 가장 중요한 것은 '국어'가 '전 세계 수많은 말 중의 하나'라고 파악하기를 거부하는 개념이라는 점이다.

이것을 나는 『국어라는 사상-근대 일본의 언어 인식』[1]에서 몇 번 강조했다. 그때 특히 염두에 두었던 것은 야마다 요시오山田孝雄의 국체론적 '국어' 개념이었다. 그러나 이 정의는 지금도 유효한 듯하다. 왜냐하면, 제8장과 제9장에서 확인한 것처럼 지금도 계속 '국어의 사상'은 면면히 이어지고 있음을 발견할 수 있기 때문이다.

그렇다면 예컨대 시다 노부요시志田延義가 『대동아 언어건설의 기본大東亞言語建設の基本』(1943)에서 다음과 같이 한 말은 필요한 변경을 가하면 지금도 충분히 통용될지 모른다.

> 국어는 국체를 수호하고 국민을 양생 육성하며 국체에 의하여 유지된다. '국어'는 '우리나라 말わがくにのことば'을 이르는 것이지 국제적으로 생각할 수 있는 병렬적인 의미에서 일본어를 일컫는 것은 아니다. '우리나라わがくに'라는 의식은, 번역어 같은 어감을 지닌 채 일부에서 사용하고 있는 '우리들의 나라われわれの國'라는 의식과는 다르다. '말'이라는 것도 과학·언어학적 언어로서 생각할 수 있었던 것은 아니다.[2]

'국어=일본 국민의 모어'라는 등식은 여전히 의심하지 않고 있다. 마치 '일본인'이라면 모두가 '국어=일본어'를 모어로 하는 것이 자명한 사실인 것처럼 생각하고 있는 듯하다. 이러한 사고방식은 일본어를 모어로 하는 정주 외국인이나 학교교육에서 일본어를 '국어'로 강요받는 외국인의 존재를 은폐해 버린다. '국어'라는 개념 자체가 일본에서 '다언어주의'를 불가능하게 만들고 있는 것이다.

'국어'와 '모어'

'국어=일본 국민의 모어'라는 등식에는 이상한 점이 하나 더 있다. '모어'와 '국어'가 쉽게 등치等置되어 버린다는 점이다.

'모어'를 정의하기는 어렵다. 다언어사회에서는 '어머니'의 말이 아이의 '모어'가 되지 않는 예도 있을 것이며, 어릴 때 습득한 언어가 반드시 어른이 되어 가장 자주 사용하는 언어가 되지 않을 수도 있다. 그래서 사회언어학자 중에는 '모어(mother tongue)'보다도 '제1언어(first language)'라는 표현을 선호하는 사람도 있다.

그뿐 아니라 '모어'라는 표현을 피하려는 경향이 있는 것은 거기에 감정적인 가치판단이 수반되어 있기 때문이다. 여기서 적어도 두 개의 차원을 구별해야 한다. 하나는 현실의 화자가 '모어'에 대하여 가지는 감정적인 애착이고, 다른 하나는 언어 현실에서 유리된 이데올로기 차원에서 '모어'의 표상이 만들어진다는 점이다.

전자의 경우, 즉 화자가 '모어'에 대하여 감정적 애착을 둘 때 반드시 '모어'라는 말을 사용하여 그 감정을 표명하는 것은 아니다. '자신의 말', '우리의 말' 등의 표현이 있으면 그것으로 충분하다. 그와 달리 후자의 경우, '모어'는 슬로건이 되어 고정적인 담론 속에서 이데올로기적인 가치판단이 이루어진다. '모어'가 경계심을 불러일으키는 것은 이러한 경우이다. 그렇지만 그렇다고 해서 화자가 특정한 언어에 애착을 두고 그 언어를 자신의 정체성 근거로 삼는 현실 자체가 부정되는 것은 아니며, '모어'에 감정적 가치판단이 이루어지는 것이 현실적으로 있다는 점도 변하지 않는다. 오히려 언어를 감정 영역과는 상관없는 합리적인 도구인 것처럼 파악하는 것이 훨씬 더 큰 문제이다. 거기에는 감정을 이성보다도 뒤진 것으로 인식하는 근대적 합리성에 지배된 학문의 왜곡된 모습이 포함되어 있다.

물론 화자의 감정적 애착 대상으로서의 '모어'와 이데올로기로서의 '모어'가 완전히 분리된 것은 아니다. 이 두 개의 차원은 끊임없이 서로 교착交錯한다. 그 이유의 하나로 근대의 '국어' 이념은 화자의 '모어'에 대한 애착을 '국어'에 대한 애착으로 바꾸려고 해왔던 점을 들 수 있다. 특히 '국어'의 토착성 · 자연성이 강조될 때, '국어'는 '모어'로부터 끊임없이 에너지를 보급받아야만 한다. 공교육이 담당해야 했던 가장 큰 역할은 아마도 언어 감정의 대상을 '모어'에서 '국어'로 바꾸는 데에 있었던 것으로 생각한다.

근대 일본의 '국어' 이데올로기에서 '모어'를 '국어'로 바꾸려고 했던 사람이 바로 우에다 가즈토시上田万年이다. 우에다는 「국어와 국가」의 유명한 한 구절에서 "일본어는 일본인의 정신적 혈액"이며, "일본의 국체는 이 정신적 혈액으로 주로 유지"된다고 한 뒤 다음과 같이 말한다.

> 그 언어는 단지 국체의 표식이 될 뿐만 아니라, 동시에 일종의 교육자이며 소위 인자한 어머니이기도 하다. 우리가 태어나자마자 이 어머니는 우리를 무릎 위에 올려놓고 정성스레 국민적 사고력과 국민적 감동력을 우리에게 가르쳐 준다. …… 독일에서는 이를 뭐터슈프라헤Muttersprāche, 혹은 슈프라헤뭐터Sprāchemutter라고 한다. 전자는 어머니의 말, 후자는 말의 어머니라는 뜻이다. 절묘하게 잘 만든 말이라고 할 수 있다.[3)]

여기서 우에다가 '모어'가 아니라 "Muttersprāche"라는 독일어를 사용하고 있는 것에 주의해야 한다. 이는 우에다의 '모어' 이데올로기가 독일에서 직수입된 것을 드러낸다. 어쨌든 우에다는 온갖 수단을 동원하여 '모어' 이데올로기를 '국어'에 주입하려고 한다. 우에다가 최대한 이용한 것은 '어머니'와 '고향'의 정감적인 이미지였다.

우에다는 "정성스레 국민적 사고력과 국민적 감동력을 우리에게 가르"치는 "인자한 어머니"에 이어 '고향'의 이미지를 환기시킨다. 이를 위해 우에다는 "그러므로 언어에는 우리가 마음속에서 하루도 잊을 수 없는 생활상의 기억, 특히 인생의 신화 세계라고도 할 수 있는 어릴 적의 기억이 결부되어 있는 것을 알아야 한다."고 말한다. 그리고 우에다는 '고향'의 풍경을 총동원시켜 심정에 호소한다. "자상한 목소리로 자장가를 불러 주신" "어머님", "우리의 엄격한 아버님", "봄의 화창한 들판에서 모두 함께 자운영 등을 따고 다니던" 추억을 '국어' 속에 편입시키려고 하는 것이다.

이렇게 해서 '부모'와 '고향'을 매개로 하여 '모어'와 '국어'가 완전히 뒤섞이면 다음과 같은 담론이 만들어진다.

> 그것은 어쨌든 자신의 언어에 그 선악을 논한다는 것은 마치 자기 부모를 선악으로 평가하고 자신의 고향을 선악으로 말하는 것과 마찬가지다. 이치로 말한다면 어쩌면 그럴 수밖에 없을 수도 있다. 그러나 이와 같은 것은 참된 사랑이 아니다. 참된 사랑은 선택의 자유가 없다. 이는 마치 황실에 대한 존애尊愛같은 것이다. 이 사랑이 있은 뒤에야 비로소 국어를 이야기해야 하고 그 보호에 대해서도 계획을 세워야 한다.[4]

나리타 류이치成田龍一는 『'고향'이라는 이야기「故郷」という物語』에서, 근대 일본의 국민 형성 과정에서 '고향' 이미지가 어떻게 기능했는지 분석하고 있다. '고향'이란 있는 그대로의 실재가 아니라 어떤 특정한 시점과 특정한 이야기 형식을 취함으로써 비로소 출현하는 표상이다. 그러한 의미로 '고향'은 베네딕트 앤더슨이 말하는 '상상의 공동체'이지만 중요한 것은 "'고향'의 역할보다 먼저 네이션의 역할이 존재"[5]한다는 것이다. 즉 의식 속에서 많은 '고향'들이 겹쳐져 '국민'이 만들어지는 것처럼 상상이 되

는데, '고향'에 대하여 이야기하기 위해서는 이미 '국민'이라는 존재가 전제되어 있어야 한다. 그럼으로써 '국민'이 정치제도 이전의 '자연'의 영역에 존재하는 것 같은 허구가 성립된다.

나리타는 '고향'을 이야기함으로써 '국민' 이미지를 만드는 담론의 특징은 다음 세 가지 점에 있다고 한다. 첫째, '애향심'과 '애국심'이 "심급성審級性으로 이야기된다"는 점이다. 이렇게 해서 '집-고향-국가'라는 계열이 각각의 차원에서 독자성을 유지하면서 같은 논리로 이어져 있는 것으로 성립된다. 둘째, '고향'과 국가라는 차원이 다른 대상을 연결하기 위하여 비유법이 사용된다는 점이다. 특히 부분으로 전체를 표현하는 비유인 '제유synecdoche'가 위력을 발휘한다. 셋째, "국가와 '고향'이 공공성과 연결되어 이야기된다"는 점이다. 이렇게 해서 사람들의 자발적인 행위조차도 "공공성을 매개로 '고향'·국가로 회수되는"[6] 회로가 만들어진다.

근대 일본은 다양한 방법으로 '국어'가 '인위'가 아니라 '자연'의 영역에 놓여 있음을 증명하려 했다. 그것은 '국어'가 결코 법적 규정의 대상이 될 수 없다는 점과 연관된다. 마치 대일본제국에서는 자명하게 '일본어=국어'가 유일하고 합법적인 언어인 것처럼, 일본 내에서는 물론 식민지 지배에서도 언어법이라고 할 만한 것을 전혀 제정한 적이 없다. 호시나 고이치保科孝一가 일본어를 '만주국'의 '국가어'로 법적으로 규정하자고 제안했을 때, 안도 마사쓰구安藤正次가 말한 것은 그 전형적인 반응이다. 안도는 일본어를 '국가어'로 제정한다는 것은 "한편으로는 국어를 강화하는 것처럼 보이지만 다른 한편으로는 국어의 세력 범위를 한정시킬 것 같은 우려가 있다"고 하며 호시나의 제안에 반대한다.[7] 아무리 '국가어'로서 지배적인 지위가 부여된다 하더라도 법적으로 규정하는 것은 '국어'의 전능성을 제한시키는 것으로 생각한 것이다.

이처럼 근대 일본의 '국어' 사상은 언어가 정치적·법적 문제로 드러나는 것을 막기 위한 장치였다고 말할 수 있다. '어머니'나 '고향'과 마찬가지로 '국어'도 인위의 저편에서 처음도 끝도 없는 '자연' 세계에 속한다는 인식이 요구되었던 것이다.

'국어'와 글로벌리제이션

나리타 류이치에 따르면 '고향'이 한창 이야기되었던 시기는 1890년대, 1930년대 전반, 1960년대 후반에서 1970년대 전반까지 세 시기였다. 이 시기들은 모두 '국민국가가 어떤 매듭을 짓는 시기'였고, 각각 "국민국가의 성립기, 전태기轉態期, 그리고 변용기에 해당한다."[8] 그렇다면 그 이후에는 어떻게 되었을까. 아무래도 지금은 '고향'이나 '어머니'의 정감이 어린 이미지를 이용하여 '국어'의 자연성을 칭송하는 것은 이미 불가능한 것이 아닐까. 농본주의적인 자연성을 구가할 수 있게 하는 현실적인 기반 자체가 해체되어 버렸기 때문이다.

그 대신 나타난 것이 1980년대의 '국제화'이며, 1990년대의 '글로벌리제이션'이라고 생각할 수 있다. 말하자면 '고향/국민'의 양극성은 '국민/글로벌리제이션'의 양극성으로 바뀌고 있다. 그때 '내셔널/글로벌'이라는 이항 대립이 '국어' 사상을 내면에서 뒷받침할 가능성이 생겨난다. '영어 제국주의'의 위협에 대응하여 '아름다운 일본어를 지켜라'라는 구호가 설득력이 있게 되는 것은 그 하나의 예라고 말할 수 있다. 그리고 '글로벌리제이션=영어'가 인위적인 데 반해 '국어=일본어'가 왠지 자연적인 것처럼 받아들여진다. 비틀어서 말하면 이미 '고향'의 에너지가 고갈되어 버린 시대에 글로벌리제이션의 출현은 내셔널리즘을 재구축하는 좋은 계기였다고 할 수 있다.

그러나 상대가 '글로벌리제이션'인 이상 '일본어=국어'가 '세계의 수

많은 말ことば 중의 하나'라는 인식을 완전히 지울 수는 없다. 그렇게 되면 '일본어=국어'의 내셔널한 가치를 현재의 입장에서 의식적·의도적으로 '내세우는' 길을 점차로 열어갈 것이 틀림없어 보인다.

2000년 1월, 「21세기 일본의 구상」이라는 간담회에서 마지막으로 보고한 '영어 제2공용어화'를 둘러싼 논쟁도 이러한 문맥에서 다시 파악해야 한다. 그러나 이를 논하기 전에 비교를 위하여 미국의 '영어 공용어화'론을 대조시켜 보자.

미국에서는 1968년 제정된 '이중언어법二言語法'에 따라 소수민족이나 이민자가 제1언어로 교육을 받을 권리가 인정되어 있었다. 그러나 1980년대 이후 히스패닉계 이민자가 인구의 많은 부분을 차지하게 된 캘리포니아주를 비롯한 20개 이상 주에서 영어를 공용어로서 규정하는 법률이 잇달아 제정되었다. 이 문제는 영어 공용어화를 추진하는 '잉글리시 온리'파와 이중언어교육을 지지하는 '잉글리시 플러스'파의 논쟁으로 알려졌다.[9]

1996년 대통령 선거에서는 영어 공용어화 문제가 쟁점의 하나였다. 공화당 후보인 뷰캐넌은 영어를 미합중국의 '접착제'로 하기 위하여 영어 공용어화를 지지했다. 반면 민주당 후보인 클린턴은 연방 차원에서는 영어를 공용어로 하지 않는 것을 공약으로 했다.[10] 여기에는 물론 히스패닉계를 겨냥한 선거 전략이라는 목적도 있었을 것이다.

실제로 영어를 공용어로 정한 주가 상당히 늘어나고 있는데도 불구하고 연방 차원에서는 영어를 공용어로 하는 데는 아직 많은 저항이 있는 듯하다. 예를 들어 애리조나주에서 1988년 제정한 영어공용어법은 모든 공립학교와 주 정부기관에서 영어를 유일한 언어로 하고 이를 위반하는 사람에게 벌금을 부과한다는 엄격한 내용을 담고 있었기 때문에 주민으로부터 제소당했다. 이에 대해 1998년 4월 애리조나주 최고재판소는 애리조나주의 영어공용어법이 위헌이라 판결했고, 1999년 1월 미국 연방 최고재판

소는 그 판결을 지지하는 판단을 내렸다.[11)]

결국, 영어의 대종가인 미국에서는 적어도 연방 차원에서는 영어가 지금도 여전히 '공용어'가 아니다(이를 프랑스와 대비시켜 보면 흥미롭다. 미국이 연방제이고 프랑스가 엄격한 중앙집권제라는 점, 또한 미국이 '에스니시티'의 존재를 공적으로 인정하고 있는데 반해 프랑스는 공화국 차원에서 민족성의 원리를 전혀 인정하지 않는다는 것이 '공용어'에 대한 태도 차이로 나타난 것이다).

그런데 일본에서는 이러한 공용어에 관한 논쟁을 생략한 채 아무런 망설임도 없이 '영어 제2공용어화'가 제안되었다는 데 우선 놀라지 않을 수 없다. 영어를 '제2공용어'로 한다고 제안한다면, 우선 '제1공용어'를 제정해야 한다. 그렇지만 현재 일본에는 '공용어'를 규정한 법률은 존재하지 않는다.

지금도 여전히 자연적인 '국어' 사상이 뿌리 깊게 남아 있는 현재 일본 사회에서는 '일본국의 공용어는 일본어이다'라는 조문에 위화감을 느낄 사람들이 많을 것이다. 그러나 제1공용어가 정해지지도 않았는데 제2공용어를 어떻게 제정할 것인가 하는 논의가 일어나는 것은 누가 보아도 이상하다. 그래서 영어 제2공용어화를 둘러싼 논의에서 내가 가장 두려워하는 것은 영어 제2공용어 제정 여부는 차치하고, 제1공용어로 '국어=일본어'를 법적으로 제정할 필요가 있다는 강력한 논의가 출현하는 것이다. 그렇게 되면 '영어=글로벌리제이션'과 '일본어=내셔널리제이션'이 두 방향에서 일본 사회를 압박함으로써 그 이외의 언어에 대한 언어적 관용을 키우는 길이 막혀 봉쇄되어 버릴 우려가 있다. 실제로 논단에 등장한 '영어 제2공용어화'의 찬성파든 반대파든 언어를 '국력'의 원천으로만 생각하고 있는 것은 마찬가지다. 영어를 공용어로 하는 것이 '국력'의 증대로 연결되리라는 논의가 일어나고 있는 것을 보면 이제는 '국어' 사상이 '글로벌리제이션'으로부터 영양원을 얻고 있는 것을 알 수 있다.

일본이 다언어사회인 것을 인정했다 해도 마치 '히노마루日の丸'와 '기미가요君が代'가 법적으로 '국기'와 '국가'로 제정된 것처럼, 일본어 이외의 언어를 공적 영역에서 사용하지 못하게 하는 방파제로서 '공용어=국어'를 규정하려는 움직임이 가까운 장래에 일어나지 않는다는 보장은 없다. 실제로 '영어 제2공용어화'의 제안자 중의 하나인 후나바시 요이치船橋洋一는 다음과 같이 말한다.

> 다언어주의에 근거한 언어정책은 일본어를 지키기 위해서라도 요청될지 모른다. 일본이 앞으로 이민 국가가 되어 수백만 단위의 외국인이 정주하게 되면 정식으로 일본어를 공용어로 자리매김할 필요가 생길지도 모른다. 일본은 언어에 대하여 지금처럼 무방비로 있어서는 안 된다.[12)]

'무방비'라는 표현이 무엇인가의 '공격'을 예상한 표현이라면 여기에는 무의식중에 현대 일본의 '잡거에 대한 공포'[13)]가 나타나 있다고 할 수 있다.

공용어와 언어적 공공성

'국어'와 '공용어'는 확실히 전혀 다른 범주에 속한다. '국어'는 국민 통합의 상징인 데 비해 공용어는 국가의 공적 기관이나 공교육에서 사용하는 것이 인정된 언어이다. 그러므로 국가에 따라서는 국어와 공용어가 다른 경우도 드물지 않다.

공용어를 정한다는 것은 그 사회가 다언어 상황임을 공적으로 인정하는 것이기도 하다. 특정한 언어만을 공적 영역에서 사용할 수 있다고 법률로 정해야 하는 것은, 거기에 복수의 언어가 존재하며 서로 길항하는 현실을 의식하고 있기 때문이다. 공용어의 규정과 다언어 상황의 인정은 동전의 양면이다(프랑스 헌법의 "공화국의 언어는 프랑스어이다"라는 조문은 이 점에서 지극히 애매하다. 아마 프랑스에서는 공적 영역에서 사용되는 언어가 프랑스어 이외에 없다는 것이 자명한 전제인 듯싶다).

그럼에도 역시 특정한 언어에 공용어의 지위를 부여하는 것은 다른 언어를 배제하는 것과 연관된다. 말하자면 공용어는 다언어 상황 속에서 언어의 지위를 조정할 필요성 때문에 생겨나는 동시에 한편으로는 지배 언어의 지위를 법적으로 추인하여 그 외의 언어를 공공 영역에서 배제하는 역할을 수행한다. 따라서 민주주의적인 언어정책의 관점에서 보면, '국어'와 '공용어'를 분리해야 할 뿐만 아니라 '공용어'의 지배적 지위를 가능한 한 제한할 필요가 있다.

이 점에 대해서 법학의 관점에서 언어정책을 검토한 이시야마 후미히코石山文彦의 논문 「언어정책과 국가의 중립성言語政策と國家の中立性」[14]이 훌륭한 참고 자료가 된다. 이시야마는 '국가'와 '사회'를 명확히 분리하는 자유주의liberalism 입장을 철저하게 한다면, 공적 기능을 담당하는 '공용어'는 필요해도 사회 전체를 통합하는 '국어'는 애초부터 필요하지 않다고 한다. 이시야마는 이렇게 결론 내린다.

> 언어정책에서도 국가의 중립성 원리는 적용할 수 있다. 언어정책에서 중립성 원리에 따른 경우에도 단수 또는 복수의 공용어는 필요하지만, 그 목적은 관청어官廳語의 통일이라는 편의적인 것이다. 특정한 언어를 공용어로 규정해도 그 언어로의 동화정책을 취하지 않고, 여러 언어의 자유경쟁을 공평한 조건 아래 보장하면 국가는 중립성 원리를 유지하고 있다고 생각할 수 있다. …… 그러므로 '국어' 에 따른 사회 통일을 우선시하여 이를 방해하지 않는 한에서 소수

언어의 장場도 인정한다는 시혜적 관용정책은 중립성 원리를 충족한 것이라고 말할 수 없다.[15]

이처럼 이시야마는 국가 차원에서 공용어를 규정하는 한편, 사회 차원에서는 모어 교육을 비롯한 다언어주의를 적극 추진해야 한다고 주장한다. 이 관점에서 보면 "단수 혹은 복수의 '국어'를 보호 · 육성하는 것을 국가 임무의 하나로 보는 사고"는 제외된다. 왜냐하면 "언어의 동화가 없어도 국민의 통합은 가능하다고 생각"하기 때문이다.[16]

그러나 여기서 의문인 것은 공용어가 "관청어의 통일이라는 편의적인 것"으로 완전히 받아들일 수 있는가 하는 점과, '사회'의 언어 상황을 '자유경쟁'이라는 관점에서 파악할 수 있는가 하는 점이다. 사실 이 두 문제는 연결되어 있다. 다시 말하면 국가의 '공용어'와 사회의 '공공성'은 어떻게 연관되느냐 하는 문제이다.

낸시 프레이저Nancy Fraser에 따르면 '공공적'이라는 개념에는 "(1) 국가에 관한, (2) 누구나 접근 가능한, (3) 누구나 연관이 있는, (4) 공통선共通善 또는 공통의 이해관계와 연관 있다"는 네 가지 의미가 있다고 한다.[17] 이 중 '공용어=관청어'가 감당할 수 있는 것은 (1) (2)와 (3)의 일부이다. 그러나 현실적으로 '공용어'의 통용 범위는 (3) 나아가 (4)의 영역까지 미친다. 요컨대 모든 국가가 국가와 사회를 엄밀히 분리하는 자유주의적 원리에 따르고 있지 않은 이상, 국가는 '공용어'를 '공식적인 공공권公共圈'을 만드는 유일한 언어로 강화하려 할 것이다.

프레이저는 그러한 '공식적인 공공권'은 끊임없이 비판받아야 한다고 말한다. 왜냐하면, 그것이 "모두를 포괄하는 단일한 '우리'라는 시점의 테두리 내에서만 대화를 나누는 것으로 협의協議를 한정시켜, 자신과 집단의 이해관계에 관한 주장을 문제 삼지 않기"[18] 때문이다. 그리고 프레이저는

'공식적인 공공성'의 지배에 대해, 그것을 끊임없이 감시하는 "하위의 대항적인 공공성"을 만들어낼 필요가 있다고 말한다. 이를 언어 차원에 응용한다면 공용어가 '공식적인 공공성'을 독점하여 사회를 획일적으로 규정하는 일이 없도록 공용어 이외의 언어로 '대항적인 공공성'을 만들어낼 필요가 있다고 말할 수 있다.

'언어권言語權' 문제는 사실 이 점과 연관되어 있다. 소수 언어의 '언어권'이 보증되어야 하는 것은 그 화자 집단의 '사적'인 생활을 지원하기 위한 것만은 아니다. 사회 활동이 특정한 언어로 독점되지 않도록 '대항적인 공공성'을 언어 고유의 차원에서 만들 필요가 있기 때문이다. 그렇다면 다언어주의란 복수의 언어적 공공성을 인정하는 것이어야만 한다.

언어는 결코 가치 중립적인 매체가 아니다. 이 점에서 낸시 프레이저가 인용하는 페미니즘 이론가 맨스브리지J. Mansbridge의 지적은 매우 중요하다.

> 사람들이 토론할 때 사용하는 언어조차 대부분 사물에 대한 하나의 관점만 골라내고 그 외의 것은 버린다. 종속 집단은 자신의 생각을 표현할 적절한 소리나 표현을 찾아낼 수 없을 때도 있다. 찾아낼 수 있는 때에도 아무도 귀를 기울여 주지 않는 것을 느낀다. 〔그들/그녀들은〕 침묵을 강요당하고 원하는 바를 불만을 품은 채 그 상태를 유지하면서, 자신은 '아니요'라고 말하는데도 '예'라고 말한 것처럼 들리도록 만들어진다.[19]

이렇게 해서 소수파는 다수파의 언어에 의해 침묵이나 자기소외를 강요당하는 것이다. 나아가 이 점에서 세일라 벤하비브Seyla Benhabib의 다음과 같은 지적에도 귀를 기울일 필요가 있다.

> 대화를 주고받을 때 제약이 가해지는 공공의 장에서 대화 모델은 도덕적이

고 정치적인 인식론을 전제한다는 점에서 중립적인 것이 아니다. 반대로 이것이 어떤 배제된 집단에 얽힌 것들을 묵살해 버리는 것처럼, 공적인 것과 사적인 것의 암묵적 분리를 정당화한다.[20]

벤하비브는 "근대 세계에서 펼쳐지는 모든 억압과의 투쟁이 일찍이 사적이고 비공공적이고 비정치적인 문제로 간주되었던 것을 공공의 관심사로, 정의의 문제로, 토의에 의한 정당화가 있어야 하는 권력의 장으로 재정의하는 데서부터 시작된다"[21]고 말한다. 소수자가 자신의 '언어권言語權'을 주장하는 것은 '이중언어 사용'이나 '언어 바꾸기'라는 예전에는 '사적'이고 '비정치적'이라고 생각되었던 문제를 공공성의 밝은 세계로 끌어내기 때문이다. 확실히 언어의 문제는 '공공성' 자체를 기반으로 "토의의 정당화가 있어야 하는 권력의 장으로 재정의" 될 필요가 있다. 그리고 중요한 것은 거기에 어떠한 언어든 원천적으로 배제되지 않는 '열린 장'을 만드는 것이다.

최근 '공공성'에 대한 논의가 활발하게 일어나고 있다. 그리고 공공성이란 '자유로운 개인에 의한 합리적인 토의'(하버마스)라든가 '대화적 정의'(이노우에 다쓰오井上達夫)에 의해 성립한다는 주장을 흔히 접할 수 있다. 그러나 그러한 논의에 들어가기 전에 나는 매우 소박한 관점에서 그 '토의'나 '대화'는 도대체 어떤 언어로 이루어지는가 하는 의문이 먼저 든다. 특정한 언어만이 공공권을 지배하게 되면 언어의 기능 영역이 한정될 뿐만 아니라 그 언어와 결부된 특정한 문화, 담론의 구조, 세계관 등이 강요되기 때문이다.[22]

글로벌리제이션과 내셔널리즘 사이에서

'일본어=국어'라는 체제를 자명한 것으로 받아들이는 일본 사회에서도 다언어주의와 소수자의 언어권 문제는 절박한 필요성을 띠기 시작했다. 그중에는 이른바 '외국인 노동자' 자녀에 대한 '모어 교육' 문제가 있다.

현재 브라질에서 온, 포르투갈어를 모어로 하는 이민자 수가 이미 재일 한국·조선인보다 많은 현縣도 몇 군데 있다. 일반적으로 말해 이민 1세들이 본국의 언어를 유지하는 것과 달리, 유소년기에 다른 나라로 갔거나, 혹은 거기서 태어난 2세들은 그 나라에서 사용하는 언어를 모어로 익히는 경우가 많다. 그렇게 되면 한 가족 안에서 세대에 따라 언어의 단절이 생긴다. 그것은 가족 붕괴의 한 원인이 될 뿐만 아니라 자녀의 인격 형성에 극심한 악영향을 미친다. 이미 일본 사회의 '외국인 노동자' 커뮤니티에서는 그와 같은 문제가 일어나고 있다.

스쿠트나브-캉가스Tove Skutnabb-Kangas는 가족 내에서의 언어 계승을 보장하지 않는 상황은 '언어 말살'로 볼 수 있다고 말한다.[23] 이러한 관점에서 일본 사회에서는 지금도 확실히 '언어 말살'이 일어나고 있다고 말할 수 있다.

중요한 것은 일본 사회에 '외국인 노동자'를 받아들이기 위해 일본어를 가르치는 것뿐만이 아니라, 일본어 이외의 언어를 모어로 하는 어린이들의 '언어권'을 지키는 일이다. 즉 외국인 노동자 자녀들에 대한 모어 교육은 일본어 교육의 보완적 역할로 보아서도 안 되며 장래 귀국을 위한 준비라고 생각해서도 안 된다. 일본 사회에서 일본어가 아닌 언어가 가능한 한 넓은 범위에서 사용되는 것을 지향해야만 한다. 장기 체류가 늘어남에 따라 일본어를 모어로 하는 외국인 노동자는 해마다 늘어날 것이다. 그때 일본어가 모어인 외국인의 존재를 사회의 일원으로 받아들여야 함과 동시에, 일본 사회에서 일본어가 아닌 언어를 사용하면서 살아갈 수 있는 언어 환경을 만들어내는 데 노력을 기울여야 한다. 이것은 물론 소위 '외국인 노동자' 뿐만 아니라 온갖 정주 외국인과 선주민의 권리로 인정해야 한다.

영어가 제2공용어가 되든 말든 영어의 통용 범위는 더욱더 확대될 것이다. 그리고 그것과 경쟁하듯 '국어=일본어'의 가치가 더욱더 칭송될 것이다. 그러나 그때 거기서 배제된 많은 언어가 있다는 것을 끊임없이 밝혀내야 한다. '일본어=국어'와 '영어=글로벌리제이션'과의 대립으로 은폐된 많은 말들이 일본 사회에서 사용되고 있다는 것을 잠시라도 잊어서는 안 된다. 그리고 그러한 목소리를 빼앗긴 말이 대항적 공공권을 만들어 가는 것이 '글로벌/내셔널'이라는 양극 구조를 무너뜨리는 하나의 계기가 될 것이다.

■ 주

1) 이연숙, 『국어라는 사상-근대 일본의 언어 인식「國語」という思想-近代日本の言語認識』, 岩波書店, 1996.
2) 志田延義, 『대동아 언어건설의 기본大東亞言語建設の基本』, 畝傍書房, 1943, 147쪽.
3) 上田万年, 「국어와 국가國語と國家と」(1894), 『明治文學全集44, 落合直文・上田万年・芳賀矢一・藤岡作太郎集』, 筑摩書房, 1968, 111쪽.
4) 같은 책, 111쪽.
5) 成田龍一, 『'고향' 이라는 이야기「故郷」という物語』, 吉川弘文館, 1998, 92쪽.
6) 같은 책, 96~100쪽.
7) 이연숙, 앞의 책, 276~277쪽.
8) 成田龍一, 앞의 책, 23쪽.
9) J. Crawford 지음, 本名信行 옮김, 『이민 사회 미국의 언어 사정移民社會アメリカの言語事情』, ジャパン・タイムズ, 1994.
10) 『朝日新聞』, 1996, 3.13, 조간.
11) 『朝日新聞』, 1999, 1.13, 조간.
12) 船橋洋一, 「영어공용어론의 사상英語公用語論の思想」, 『月刊言語』, 2000, 8, 大修館書店,

26쪽.

13) 이연숙, 「잡거에 대한 공포雜居への恐怖」, 河合隼雄・養老孟司 엮음, 『現代日本文化論 7, 體驗としての異文化』, 岩波書店, 1997, 69~98쪽.

14) 石山文彦, 「언어정책과 국가의 중립성言語政策と國家の中立性」, 井上達夫・嶋津格・松浦好治 엮음, 『法の臨界〈III〉, 法實踐への提言』, 東京大學出版會, 1999, 97~117쪽.

15) 같은 책, 114~115쪽.

16) 같은 책, 115쪽.

17) Nancy Fraser, 「공공권 재고-기존의 민주주의 비판을 위해서公共圈の再考-旣存の民主主義の批判のために」, 캘훈C. Calhoun 엮음, 山本啓・新田滋 옮김, 『ハーバマスと公共圈』, 未來社, 1999, 146쪽.

18) 같은 책, 148쪽.

19) 같은 책, 152~153쪽.

20) S. benhabib, 「공공 공간의 모델-한나 아렌트, 자유주의의 전통, 위르겐 하버마스公共空間のモデル-ハンナ・アレント, 自由主義の傳統, ユルゲン・ハーバマス」, 같은 책, 83쪽.

21) 같은 책, 86쪽.

22) Michele Therrien, 「이누이트와 근대화의 선택-조어법이라는 무기イヌイットと近代化の選擇-造語法という武器」, 三浦信孝・糟谷啓介 엮음, 『言語帝國主義とは何か』, 藤原書店, 2000, 238~247쪽.

23) Tove Skutnabb-Kangas, 「언어권의 현재-언어말살에 저항하여言語權の現在-言語抹殺に抗して」, 같은 책, 293~314쪽.

제12장

수화언어와 언어정책

소수자minority 언어로서의 수화

언어로서의 수화를 논하려면 다음 두 가지 사실을 전제할 필요가 있다. 하나는 '농아聾啞'의 수화는 독립된 언어'라는 것이고, 다른 하나는 '일본에는 일본수화를 모어로 하는 언어 집단이 존재'한다는 것이다. 농아의 수화를 조금이라도 알고 있는 사람이라면 이 두 가지 사실은 당연할 수도 있다. 그러나 여기서 이것을 강조해야 하는 이유는, 이 두 가지 사실이 아직껏 사회적으로 상식이 아니며, 나아가 이 두 가지 명제의 중요한 의미가 충분히 부각되어 있지 않아 보이기 때문이다.

'언어言語'라는 용어는 언어학에서는 매우 중요한 의미를 지닌다. 일본어의 일상적 용법에서 '언어'라는 용어 자체를 접하기는 그리 흔하지 않다. 일반인에게는 오히려 '말ことば'이라는 용어가 훨씬 더 친숙하다. 그러나 언어학에서 '언어'와 '말'은 의미가 전혀 다르다. '말'이라는 용어는 인간 언어활동의 모든 측면을 포괄하고 있다. 내가 입 밖으로 낸 구체적 발

화도, 거기서 사용된 단어도 '말'이고 인간이 영위하는 언어활동 일반도 '말'이다. 그렇지만 '언어'는 그런 의미가 아니다. '언어'란 현실적인 발화를 가능하게 하는 일정한 요소와 규칙 체계를 가리키는 것이다.

어떤 기호 체계가 커뮤니케이션 도구로 사용된다고 해서 그것을 독립된 '언어'로 볼 수는 없다. 예를 들어 모스 부호, 수기手旗 신호, 도로 표지 등은 커뮤니케이션에 충분하게 도움이 되고 있지만, 그것들은 결코 독립된 '언어'가 아니다. 젊은 세대들이 사용하는 젊은이의 '말'이나 특정한 직업에 종사하는 사람들이 사용하는 은어는 '말'인 것은 확실하지만, 이것 역시 '언어'로 독립된 것은 아니다. 모스 부호나 교통 표지는 일본어로 해독됨으로써 비로소 의미가 있으며, 젊은이 '말'은 일본어라는 전체 중 일부에 지나지 않는다. 그것들은 일본어라는 '언어'의 토대에 의해 지탱되고 성립되어 있다. 요컨대 '언어'란 그 자신 이외의 어떤 것에도 의존하지 않고 성립되는 기호 체계이다. 이 점을 분명히 하기 위하여 다른 기호 체계들이 서로 어떠한 관계를 맺고 있는지 생각해 보자.

대략 말해 다른 기호 체계들은 치환과 번역이라는 두 가지의 상이한 관계로 이루어져 있다. 소쉬르가 밝혔듯이 기호는 그 표시表示면과 내용內容면이라는 두 측면을 지니고 있다. 음성언어를 예로 들면 표시면은 음성이며 내용면은 의미이다. 여기서 내용면을 그대로 두고 표시면만 다른 매체로 치환함으로써 이차적 기호 체계라고 할 만한 것을 만들 수 있다. 예를 들어 모스 부호에서는 음성에 의한 일본어의 표시면이 일정한 부호의 배열로 변환된다. 모스 부호를 해독하려면 부호 하나하나의 단위를 그것에 대응되는 일본어의 음성 단위로 규칙적으로 치환하면 된다. 그러나 모스 부호에 의한 발화의 내용면, 즉 의미는 어디까지나 일본어의 내용면 그대로이다. 이러한 기호 체계는 기초가 되는 언어에 의존한 이차적 기호 체계로 볼 수 있을 것이다.

그와는 달리 다른 '언어'들 사이에는 번역의 관계가 성립된다. 번역은 결코 기호로 치환되지 않는다. 왜냐하면, 서로 다른 언어들은 기호의 표시면과 내용면에서 각자 다른 구성원리가 작용하고 있기 때문에 다른 언어를 구성하는 기호 사이에는 일대일의 대응이 성립하지 않기 때문이다. 예를 들어 막 영어를 공부하기 시작한 중학생은 "This is a pencil"이라는 영어 문장을 접했을 때, 'This=これは', 'is=です', 'a pencil=鉛筆' 이라고 바꿔 놓은 다음, 그 어순을 다시 배열시켜 "これは鉛筆です."라는 일본어의 문장을 만들지도 모른다. 그러나 이것은 사실 번역이 아니라 기호의 표시면을 영어에서 일본어로 치환시켜 놓은 것에 지나지 않는다. 물론 이와 같은 단순한 문장이라면 이러한 방법으로도 성립할 수 있을 것이다. 그러나 진정한 의미에서 '번역'을 문제 삼으려면 개별 기호 요소를 치환하는 것이 아니라, 영어의 "This is a pencil"이라는 문장 전체가 지시하는 현실의 사태를 일본어로 나타냈을 때 어떠한 표현이 될지 생각해야만 할 것이다. 외국어를 학습하는 것은 이러한 번역의 과정을 터득하는 것이다.

여기서 일본수화와 일본어대응수화를 생각해 보자. 지금까지 서술한 바로 알 수 있듯이 일본수화가 독립된 언어인 데 비하여 일본어대응수화는 일본어를 기초로 한 이차적 기호 체계이다. 일본수화는 기호의 표시면(손짓手指 동작과 비손짓非手指 동작)은 물론이고, 기호의 내용면에서도 일본어와 반드시 일대일로 대응하지 않는 요소로 이루어져 있다. 이와 달리 일본어대응수화는 음성 일본어의 표시면이 음성에서 동작으로 치환되어 있을 뿐, 그 내용면은 일본어 그대로이다.

일본어대응수화는 일본수화와 달리 독립된 '언어'가 아니라 일본어에 포섭되어 있다. 일본어대응수화의 '문법'은 일본어에 기초하고 있다. 따라서 일본어대응수화의 발화를 이해하려면 그것을 일본어의 체계로 되돌리는 작업을 거쳐야만 한다. 일본어를 습득하고 난 뒤에 청력을 잃은 사람들에게는 일본어대응수화가 적절한 커뮤니케이션 수단이 될 수 있다. 그것은 발화하고 이해하기 위한 언어능력 자체가 일본어 문법에 따라 형성되고 익혀졌기 때문이다. 그래서 모어인 일본어와 일본어대응수화는 쉽게 치환할 수 있다.

그와 달리 일본수화를 모어로 하는 화자는 그렇게 치환하지 않는다. 다른 어떠한 기호 체계도 매개하지 않고 일본수화의 발화를 직접 이해하고 의미를 파악할 수 있다. 그렇기 때문에 그 기호 체계는 '언어言語'인 것이다. 그리고 중요한 것은 일본수화는 농아가 자연스럽게 터득한 '동작-시각'이라는 지각양식modality에 기능적으로 가장 잘 합치하는 언어라는 점이다. 농아들이 일본어대응수화를 이해하기 어려운 것은 그것에 일본어 음성 지각양식의 영향이 남아 있어, '동작-시각'의 지각양식에 완전히 적합하지는 않기 때문이다. 농아교육에서 이것은 매우 중요한 의미를 지닌다. 농아 어린이에게 일본어대응수화는 모어의 기능을 충분히 갖추지 못한다. 음성 일본어를 거치지 않고는 충분히 이해할 수 없는 일본어대응수화는 농아 어린이가 말하고 싶은 것을 충분히 표현할 수 있는 기호 체계가 아니다. 일본어대응수화를 이용한 교육은 농아 어린이의 언어 발달 자체에 부정적인 영향을 줄 수도 있다.

이렇게 보면 농아 어린이에 대한 언어교육에서, 자연 언어로서의 일본수화가 첫 번째 기반이 되어야만 한다는 결론은 이론적으로 보아 지극히 정당한 주장이다. 농아 어린이에게 가혹한 발성 훈련이나 독순讀脣 훈련을 시켜도 음성 일본어는 결코 모어가 될 수는 없다. 농아 어린이에게는 '동작-시각'이라는 지각양식에 기초한 일본수화가 가장 '자연스럽게' 습득할 수 있는 언어이다. 더구나 그 언어는 다른 어떠한 언어에도 의존하지 않는 자립적인 체계를 지니고 있다. 구화주의口話主義적 교육뿐만 아니라 일본어대응수화에 기초한 교육은 농아 어린이가 가장 '자연스럽게' 습득

할 수 있는 수화를 획득할 기회마저 빼앗아 버린다. 그뿐만 아니라 수화에 대한 부정적인 가치평가까지 심어 줄 수 있다. 그것은 농아 어린이의 정체성 형성에 파괴적인 영향을 미칠 위험성이 있다. 이에 관해서는 이미 고지마 이사무小嶋勇가 감수한 『농아교육과 언어권리-농아 어린이의 인권 구제 신청의 전모ろう教育と言語権-ろう児の人權救濟申立の全容』[1]에 수록된 여러 논고나 일본변호사연합회에 대한 인권 구제 신청서 등에서 역설하고 있기 때문에 여러 말 할 필요가 없을 것이다.

물론 일본 사회에서 살아가고 있는 이상 서기書記 일본어의 습득이 매우 중요하다는 것은 말할 필요도 없다. 그러나 그 문제는 제1언어로서 일본수화를, 제2언어로서의 서기 일본어를 가르치는 이중언어 교육으로 대처할 수 있을 것이다. 물론 이중언어 교육이 마법의 주문처럼 온갖 문제를 단숨에 해결해 주는 것은 아니다. 현실적으로 본다면 교사 양성, 교과서 작성, 교수법 개발 등 해결해야 할 문제가 산적해 있다. 그러나 이러한 것들은 꾸준한 노력으로 하나씩 실천적으로 해결해 가면 되지 이중언어 교육 자체의 방향성이 잘못되었다는 것을 의미하지는 않는다.

일본수화와 서기 일본어의 이중언어 교육이라는 이념이 좀처럼 받아들여지지 않는 것은 단순히 교육학적인 배려보다는 일본 사회 자체에 뿌리박힌 어떤 가치관과 사회 통념에 크게 기인하고 있는 것이 아닐까. 농아의 수화가 독립된 언어이며 그것을 모어로 하는 화자 집단이 있다는 전제를 받아들인다면 수화 화자는 소수자minority 언어 집단을 구성한다는 결론에 쉽게 도달할 수 있을 것이다. 그렇지만 현재까지 일본에서는 소수자에 대한 다언어 · 다문화 교육 이념이 받아들여지고 있지 않다는 점에 근본적인 문제가 있다. 농아 문제는 다른 소수자 집단에도 마찬가지로 해당하는 부분이 많다. "일본 사회에 사는 '일본인'은 일본어를 모어로 해야만 한다."는 생각을 고치지 않는 한 농아교육 문제도 근본적으로는 해결되지 않을

지도 모른다.

일본수화를 모어로 하는 언어공동체가 존재하고 있음에도 불구하고 그것을 무시하고 음성 일본어 혹은 일본어대응수화의 습득을 첫째 목표로 삼는 교육을 시행하는 것은 무엇을 의미하는 것일까(다만, 수화 언어공동체는 여타의 소수 언어와는 다른 측면이 있다. 이 점은 후술한다). 그것은 다수자majority와는 상이한 언어와 문화를 지니는 소수자에 대해 다수자에로의 동화를 촉진시키는 것과 연결된다. 그것은 결국 소수자 고유의 정체성을 부정하는 것이다. 일본수화는 그 배경에 독자적인 역사와 문화를 지니고 있고 그것은 다른 언어와 아무것도 다를 바 없다. 다만, 거기에 대하여 쓰인 자료가 다른 언어에 비해 부족할 뿐이다. 일본수화가 농아에게 일본어를 학습시킬 때 방해가 된다는 생각은 교육학적인 것이 아니라 오히려 이데올로기적인 것이다.

"다수자로의 동화나 통합이 왜 좋지 않은 것이냐"고 묻는 사람이 있을지도 모른다. 그러나 그 사람은 진심으로 소수자의 처지에서 여러 가지 일들을 생각하는 것일까. "다수자로의 동화 혹은 통합"은 소수자의 처지에서 보면 무엇인가 소중한 것을 빼앗기는 것이고, 다수자에 속하는 사람들은 그것을 잘 생각해야 한다. 그렇지만 소수자가 기성의 질서에 이의를 제기하고 사회에 자신의 요구를 제출할 때, 다수자 측에서는 "자기 집단의 일밖에 생각하지 않는 편향된 견해"라든가 "정치적이고 이데올로기적인 주장"이라는 딱지를 곧잘 붙인다. 그러나 다수자에게는 '자연스러운' 환경이 소수자에게는 '굴욕적'이고 '억압적'인 장치라는 사실을, 다수자 처지에서는 도무지 보려 하지 않는다. 따라서 소수자가 자신의 정체성을 주장할 때는 이 역학관계의 불균형을 가시화할 수밖에 없다. 이것은 농아의 수화뿐만 아니라 모든 소수자의 언어와 문화도 마찬가지다.

물론 현재는 농아의 수화가 독자적인 구조를 지닌 독립된 언어라는 인식이 언어학계에서 상식처럼 되어 있다. 그 선구자인 미국의 스토키William C. Stokoe, Jr.는 구조주의 언어학의 방법을 미국수화에 적용하여, 미국수화가 음성언어와 같은 음운적 · 형태적 · 통사적 구조를 지니고 있다는 것을 밝혀냈다. 그러나 소수자 언어의 입장에서는 그것을 고유의 연구 대상으로 삼는 일 자체가 말할 필요도 없이 사회적 의미를 띠게 된다. 스토키조차 『수화언어의 구조*Sign Language Structure*』라는 연구 성과를 발표했을 때, 놀랍게도 농아교육의 중심지인 갤로뎃대학교Gallaudet University로부터 의심을 받았다고 한다. 스토키는 다음과 같이 술회하고 있다.

> 내가 1960년에 『수화언어의 구조』와 『구조의 계산』을 간행했을 때, 갤로뎃대학교의 교수진 모두가 특별한 모임에서 나의 수화언어 연구를 비난했다. 그들은 내가 연구자금을 남용했다고 몰아붙였다. 그들은 내가 영어를 가르치기 위하여 연구비를 지급받은 것이지, 수화언어를 연구하기 위해서가 아니라고 했다. 그들은 수화언어에 주의를 기울이는 것은 학생들에 대한 본래의 교육을 방해하는 것에 지나지 않는다고 주장했던 것이다.[2)]

요컨대 미국수화를 독립된 언어로 언어학의 연구 대상으로 삼는 일 자체가 수화를 영어의 종속적인 지위에 놓는 '상식적' 견해에 저촉된 것이다. 소수자 언어에 대해서는, 그것을 학문적으로 연구하는 행위 자체가 사회적 의미가 있는 것으로 흔히 연결된다. 실제로 스토키에서 시작된 미국수화에 관한 언어학적 연구는 미국수화를 공식적으로 인정시키는 데 큰 역할을 담당했다. 그리고 현재는 미국수화가 다른 언어와 완전히 똑같은 자격으로 언어의 구조적 측면만이 아니라 사회언어학, 어용론, 문체론의 영역에 대해서도 연구가 진행되고 있다.

미국수화의 대표적인 연구자인 실 루카스Ceil Lucas가 편집한 『수화언어의 사회언어학*The Sociolinguistics of Sign Languages*』은 제목 그대로 사회언어학의 관점에서 수화언어를 연구한 논문을 모은 책이다. 이 책에서는 '다언어 사용', '이중언어 사용bilingualism과 언어접촉', '사회언어학적 변이성', '담론 분석', '언어계획과 언어정책', '언어 태도' 등과 같이 여타의 모든 언어와 전혀 다를 바 없는 화제를 문제 삼고 있다. 예를 들어 사라 번즈S. Burns, 패트릭 매튜스P. Matthews, 이블린 놀란-콘로이E. Nolan-Conroy 등은 수화언어에 대한 언어 태도를 논하면서 미국수화의 상황과 아프리칸-아메리칸 영어의 상황에 많은 평행관계parallelism가 있다고 지적하고 있다. 여기에서는 다음과 같이 말하고 있다.

> 아프리칸-아메리칸 영어를 사용하는 것이, 부정적 낙인이 찍혀온 것과 마찬가지로 자연언어로서의 수화는 '들을 수 있는 사람聽者'*이었던 교육학자들로부터 전통적으로 '제한 코드'로 취급되었으며, 적절한 교육 매체로 간주하지 않았다. '들을 수 있는 사람聽者'의 지배적인 사회에 동화되어 그 규범, 가치, 전통을 받아들이는 '특수한' 농아 학생으로 육성하기 위하여 교육 시스템은 조직되어 왔다. 구화법은 자연언어로서의 수화로 받는 어떠한 자극도 청취능력에 방해된다고 주장하면서 음성을 기본으로 한 환경에 몰입시키는 것을 강조했던 것이다.[3)]

---

* 우리말의 어감상 청자 혹은 청인은 매우 어색해서 원문의 聽者를 이렇게 번역했다. 이를 '정상인'으로 번역하면 농아는 자연스럽게 비정상인으로 분류되어 위계화되거나 배제의 대상이 될 위험이 있다. 또 수화를 연구하는 분야에서는 '건청인健聽人'이라는 용어가 일반적으로 쓰이고 있는 것 같은데, 이 용어 역시 '건강하다/건강하지 않다'로 대립할 소지가 다분하다. 따라서 여기서는 '들을 수 있는 사람聽者'—여기의 ' '는 번역자가 붙였다—으로 번역하여 그 위험을 최소화하려 했다. 그러므로 '들을 수 있는 사람聽者'은 어떤 가치를 부여하여 위계화하거나 배제의 대상으로 삼으려는 개념이 아님을 밝혀 둔다.

이러한 관점에서 본다면 농아에게 구화나 인공적 수화를 가르치는 것은 소수자에 대한 동화주의적 교육을 시행하는 것을 의미한다. 앞의 책에서 언어정책을 논한 티모시 레이건Timothy Reagan은 미국의 농아교육에서 Seeing Essential English (SEE-I), Signing Exact English (SEE-II), Linguistics of Visual English (LOVE) 등의 인공적 수화 코드가 잇달아 고안된 점에 대해 이렇게 말하고 있다.

> 여러 수화 코드manual sign codes를 고안한 노력 속에는 '귀머거리인 것'과 '농아'에 대한 이데올로기적 · 정치적 입장이 숨겨져 온 것으로 생각된다. 그 중심에 있는 것은 '귀머거리인 것'의 사회문화적 패러다임을 암묵적으로 거절하는 것이었다. 수화 코드의 옹호자들은 '농아'를 고유의 문화적 · 언어적 커뮤니티로 파악하기보다는 '귀머거리인 것'을 의학적 혹은 병리학적으로 보는 입장을 채택했다(단, 공평하게 말하면 노골적으로 그렇게 입에 올린 사람은 적었지만 농아에게 사회문화적 패러다임을 받아들이라고 요구한 사람은 있었다). 그 결과 농아교육에 종사하는 사람들이 농아 어린이의 영어 획득이 실용적으로 적절할 뿐만 아니라 이데올로기적으로 정당하다고 보는 상황이 나타났다. 왜냐하면 영어를 배우는 농아 어린이는 제2언어를 습득하는 것이 아니라 자신의 언어를 획득하는 것이며, 자신의 문화에 접근하는 수단을 익히는 것으로 간주되었기 때문이다. 이러한 견해에 본질적으로 문제가 있는 것은 그것이 농아문화 커뮤니티의 언어만이 아니라 그 커뮤니티의 존재와 지위에서 합법성을 박탈하기 때문이라고 말할 수 있을 것이다.[4]

그리고 레이건은 이러한 교육은 "식민지적 억압의 전형적인 패턴"이라고 단언한다. 그 의미는 지배 집단이 피억압 집단에게 '좋은 일'을 해 주고 있다는 명목으로 언어적 · 문화적 지배를 유지하는 도구로 언어정책을 이용하고 있다는 것이다.

그러나 레이건은 자기집단의 언어와 문화를 외부로부터 지키려고 하는 '농아 공동체'의 중심 성원과 자신의 아이가 가정과 사회 일반의 언어에 능통하기를 바라는 '들을 수 있는 사람聽者'인 부모 사이에 긴장 관계가 생길 수 있다는 점도 인정하고 있다. 그래서 레이건은 두 입장 모두 이해할 수 있기 때문에 농아 어린이 교육에서는 미국수화와 영어 두 가지가 다 역할을 담당해야만 한다고 말한다. 이 점에서 보아도 수화와 서기書記 언어의 이중언어 교육은 바람직한 선택지가 될 것이다.

물론 언어정책을 정비하는 것만으로 모든 문제가 해결되는 것은 아니다. 그 정책을 어떻게 실행하느냐에 따라 여러 문제가 생길 수 있다. 그러나 그 점에 대해서는 다른 소수언어운동이 참조할 만한 많은 예를 제공해 줄 것으로 생각한다. 하나의 예로 교원 문제를 들어 보자. 소수 언어가 공식적으로 인정되었다고 해도 막상 그것을 학교에서 가르치려면 그 언어를 구사할 능력이 있는 교원을 찾기 어려운 경우는 충분히 있을 수 있다. 위기에 처한 소수 언어 중에는 교원뿐만 아니라 젊은 세대에서도 충분한 언어능력을 갖춘 화자를 찾을 수 없는 경우마저 있다. 하와이어가 그랬다. 학생과 하와이어로 소통하면서 수업을 진행할 수 있는 교사를 모집하는 것이 어려웠을 뿐만 아니라 하와이어를 모어로서 유창하게 구사할 수 있는 사람은 고령자뿐이었다. 그래서 하와이어 부흥을 지향하는 사람들은 우선 주 당국에 청원하여 하와이어를 가르치는 사람의 교원 자격 면제를 인정하게 하였을 뿐 아니라, 부모를 위한 성인과정 수업도 개설하여 가정에서 하와이어 사용도 촉진시켰다고 한다.[5)]

소수 언어를 다음 세대로 확실하게 전승하는 데는 학교교육이 사활적인 역할을 담당하는 경우가 많다. 그때는 교과목의 하나로 가르치는 것만이 아니라 교수 언어로 사용하는 것이 소수 언어의 유지와 발전에 매우 중요한 의미를 지닌다. 그렇지만 그 언어를 사용하여 수업을 진행할 수 있는 능력을 갖춘 교원을 당장 양성하기가 어려운 경우에는 교원 자격이 없는 사람도―정식 교원은 아니더라도―교단에 설 수 있게 배려를 해야 할 것이다. 농아학교의 수화에도 이러한 배려가 이루어져야 하지 않을까.

소수자 언어에 대한 언어정책을 정비하기 위해서는 그 언어의 학술적 연구를 촉진하는 것이 필요하다는 것은 두말할 나위도 없다. 그러나 그때 중요한 것은 연구자가 소수자의 입장을 무시하지 않는 것이다. 과테말라에서 마야어의 부흥운동에 참여한 마야인 그룹이 마야어를 연구하는 외국의 언어학자에게 다음과 같이 요구한 적이 있다고 한다. 그것은 "마야어를 작게 분할하는 일에 도움을 주지 말 것", "마야어를 연구할 때 화자를 무시하지 말 것", "언어학 지식을 자신들만의 독점물로 하지 말 것"이라는 요구였다. 그 이후 그 그룹은 마야인 중에서 마야어 전문 연구자를 육성하는 노력을 하기 시작했다고 한다.[6] 이것은 대단히 시사적인 사건이다. 억압된 소수자의 입장에서는 외부자의 학술적 연구조차 경우에 따라 문화적 박탈 행위로 비치는 일이 흔히 있다. 학술적인 연구에서도 그렇다면 언어정책에 관해서는 더욱더 소수자 자신의 입장이 반영되어야 한다. 이것은 농아의 수화 문제를 생각할 때도 항상 염두에 두어야만 한다. 왜냐하면, 농아의 수화에 대하여 가장 잘 알고 있는―즉 추상적인 지식으로서가 아니라 살아 있는 경험을 가진―사람은 '들을 수 있는 사람聽者'이 아니라 그 수화를 사용하는 농아 자신이기 때문이다.

수화 언어정책―EU의 예

농아의 수화가 독립된 언어이며 그 수화를 모어로 하는 소수자 집단이 존재한다는 것은 농아의 수화도 다른 소수자 언어와 같은 자격으로 언어

정책의 대상이 된다는 것을 의미한다. 언어정책이라는 이름 아래 국가에서 억압적인 정책을 시행하는 경우도 물론 있지만, 다언어주의나 소수자의 권리가 인정되는 정치체제에서는 소수자 언어를 보호하고 육성하는 정책이 시행되는 경우도 있다. 또한 후술하겠지만, 자신의 정체성을 지키려고 하는 집단 스스로 자기 언어의 권리와 지위를 높이려는 운동도 언어정책으로 시행할 수가 있다. 말하자면 언어정책의 주체는 국가뿐만 아니라 소수자 자신일 경우도 있다.

여기서는 EU의 언어정책 중 농아의 수화가 어떤 위치에 있는지를 개관하고자 한다. 다행히 2005년 4월 유럽평의회에서 『유럽에서의 수화언어의 지위』[7]라는 보고서를 간행하였기 때문에 아래에서 그 내용을 소개하고자 한다.

수화언어를 유럽 차원에서 처음으로 문제 삼은 것은 유럽의회였다. 1988년에 나온 「농아의 수화언어에 대한 유럽의회 결의」에서 EU 가맹국에 대하여 농아가 사용하는 수화언어를 공식적으로 인정할 것과 수화언어 사용에 대한 장해를 제거할 것을 천명했다. 그러나 이 결의가 나온 후에도 수화언어를 둘러싼 상황이 바람직한 진보가 이루어지지 않았기 때문에 10년 후인 1998년에 다시 「수화언어에 관한 결의」가 유럽의회에서 제정되었다. 이 두 가지 결의는 수화언어의 공식적인 인정을 천명했다는 점에서 획기적이다. 그 구체적인 시책 중에는 수화 통역자를 전문직으로 인정하여 그 양성 훈련과 고용 프로그램 작성을 수행한다는 중요한 제언도 포함되어 있다. 다만, 전체적으로 볼 때 EU의 여러 기관에서의 수화언어 사용, 정보 서비스의 접근 보장, 농아를 위한 미디어 개발 등 복지 서비스의 측면이 주된 것이며, 수화언어에 대한 언어정책이라는 측면은 잘 보이지 않는다.

이 두 가지 결의 사이에 1992년에 유럽평의회가 제정한 「지역 언어 및 소수 언어에 관한 유럽 헌장(지역어 · 소수언어헌장)」이 있다. 이 헌장은 유럽을 다언어 · 다문화 공간으로 파악하여 국가의 공용어 이외의 지역 언어 혹은 소수 언어를 유럽의 귀중한 문화유산으로 보호 · 육성하는 데 힘쓴다는 획기적인 내용이 들어 있다. 이 헌장에 따르면 가맹국이 헌장을 비준할 경우, 각국의 내부에서 사용되는 지역 언어와 소수 언어 리스트를 작성하여 그 언어들을 보호하고 육성해야 하는 의무를 지게 된다. 다만, 이 헌장에 담긴 모든 조문을 채택할 필요는 없고, 각국의 사정에 따라 조문을 취사선택할 수 있다는 조건이 덧붙여져 있다. 또 프랑스는 현재 헌장에 서명은 했지만, 의회에서 비준하지는 않았다.

이 헌장은 소수 언어의 존재에 빛을 비추었다는 점에서 획기적이었지만 그 내용에 문제가 없는 것은 아니다. 국내에서 사용되고 있는 모든 언어가 이 헌장의 대상이 되는 것이 아니기 때문이다. 모든 법적 문서와 마찬가지로 이 헌장에도 「지역 언어 및 소수 언어」라는 용어에 일정한 정의가 내려져 있다.

그 정의에 따르면 「지역 언어 및 소수 언어」란 국가의 공용어와는 다른 언어이며, "어떤 국가의 영토 내에서 그 국가의 다른 주민보다 수적으로 적은 집단을 형성하는 일정한 국민에 의하여 전통적으로 사용되어 온 언어"이다. 단, 공용어의 방언이나 이민자의 언어는 여기에는 포함되지 않는다. 그리고 하위 구분으로 '영토적 언어'와 '비영토적 언어'가 있다. 전자는 특정한 지리적 영역 안에서 사용되는 언어이며 후자는 특정한 지리적 영역과 연관성을 지니지 않는 언어라고 한다. 그리고 이 헌장은 전자인 '영토적 언어'만을 대상으로 하게끔 정해져 있다.

그렇다면 이 '지역 언어 및 소수 언어'에 수화언어가 포함될까. 헌장 본문에서는 수화언어에 대하여 언급되어 있지 않다. 아마 이 헌장을 작성했을 때에는 수화언어를 염두에 두지 않았던 것이 아닐까 생각된다.

헌장이 작성되고 8년이 지난 2000년 6월, 독일 플렌스부르크에서 소수자 문제 유럽 센터가 「유럽의 소수 언어를 위한 정책 조치 평가」에 대한 국제회의를 개최했다. 이 회의에서 소수 언어를 위한 언어정책의 핵심으로 '실효성', '비용 효과', '민주주의'라는 세 가지 원칙이 정해지고, 「지역언어 및 소수 언어를 위한 정책 조치에 관한 권고」가 작성되었다. 헌장과 크게 다른 것은 이 권고에서 수화언어에 관한 문제가 명확하게 언급되었다는 점이다. 여기서는 "수화언어도 마땅히 인정되어야 한다"고 하면서 수화언어와 그 사용자의 권리를 보호하기 위한 법적 수단을 갖출 필요성을 호소했다.

아마도 플렌스부르크의 이 권고를 계기로 이후 소수 언어를 대상으로 한 언어정책에 관한 결의나 권고는 수화언어를 거의 반드시 언급하게 된다. 2001년 1월, 유럽평의회 의원회의는 소수자의 권리에 관한 권고를 채택했다. 거기에는 유럽에서 사용하고 있는 여러 수화언어에 대하여 지역어·소수언어헌장에 의한 것과 같은 보호가 이루어져야 한다고 명기되어 있다. 이어서 2월에 유럽평의회 각료위원회는 이 권고의 심사에 즈음하여 장애자경정통합위원회障碍者更正統合委員會(CD-P-RR)로부터 의견을 청취하기로 했다. 그 결과 장애자경정통합위원회는 수화언어가 헌장에서 말하는 '비영토적 언어'에 해당한다는 점, 수화언어 사용자는 문화적·언어적 소수자라는 점, 각각의 수화언어는 특정한 문화적 정체성을 지닌다는 점을 들어, 유럽평의회는 수화언어와 그 사용자의 권리를 보호하기 위한 법적 수단을 갖출 것, 그리고 수화언어를 사회 일반에서 사용하는 것에 대한 개인적 권리를 촉진할 것을 제언했다. 더 나아가 몇몇 위원들은 지역어·소수언어헌장에 수화언어에 관한 추가 조항을 마련하자는 의견을 표명했다. 다른 한편으로 지역어·소수언어헌장 전문가위원회는 수화언어가 이 헌장의 대상에서 제외되었다고 해도 그것이 수화언어가 적절한 보호를 받을 수 없다는 것을 의미하지는 않는다며, 수화언어의 촉진과 보호를 목적으로 하는 특별한 조치를 취하는 것을 환영한다는 뜻을 표명했다. 이러한 경과를 거쳐 2002년 6월, 유럽평의회 각료위원회는 이 두 위원회의 의견을 전면적으로 받아들인 의원회의에 대한 회답서를 채택했다.

나아가 2003년 4월, 유럽평의회 의원회의는 「유럽평의회 참가국의 수화언어 보호에 관한 권고」를 채택했다. 그 권고에서 수화언어를 유럽의 언어적 · 문화적 유산의 하나로 인식하여 수화언어가 농아에게는 커뮤니케이션의 완전하고 자연스러운 수단이라는 것을 인정했다. 또한 수화언어 사용자의 권리를 보호하기 위해서는 수화언어를 공식적으로 인정하고 전문가 및 농아 커뮤니티 대표자의 협력 아래 예비적 연구를 추진할 것, 그리고 지역어 · 소수언어헌장에 수화언어에 관한 추가 조항을 작성할 것을 유럽평의회에 제언하기에 이른다.

이와 같은 경과를 보면 수화언어에 관한 논의는 처음에는 교육이나 정보 접근 지원이라는 복지 정책의 방향으로 나아가다가, 점차 농아 소수자의 언어적 · 문화적 아이덴티티를 보호하는 방향으로 나아가고 있음을 알 수 있다. 이러한 방향으로 크게 추진될 수 있었던 것은 농아유럽연합(European Union of the Deaf, 이하 EUD라 한다)때문이다. EUD는 일찍부터 지역어 · 소수언어헌장에 수화언어에 관한 부수 조항을 추가하도록 유럽평의회에 요구해 왔다. 이것이 실현되었을 때 수화언어가 소수 언어로서의 자격을 가진다는 것, 그리고 농아가 언어적 · 문화적 소수자인 것이 명확히 헌장에 기재되기에 이른다.

그러나 이러한 수화언어에 대한 언어정책은 이제 막 시작되었기 때문에 그 대응은 나라마다 상당한 차이가 있는 것도 사실이다. EU 가맹국 중에서 헌법으로 수화언어를 언급하고 있는 나라는 핀란드와 포르투갈이다. 핀란드는 소수 언어 · 소수민족에 대해 민주적이고 관용적인 정책을 펴는 나라로 알려졌는데, 수화언어에 대해서도 마찬가지라고 할 수 있다. 1995년의 핀란드 헌법에서는 수화언어에 관하여 언급했고, 1999년의 개정헌법에서는 언어와 장애 때문에 차별하는 것을 금지하는 조항이 추가되었으며, 수화언어 사용자가 수화 통역 혹은 다른 번역 서비스를 받을 권리가 인정되었다. 거기에다 다른 EU 가맹국과 견주어 보아도 핀란드는 수화언어 또는 농아에 관련된 법령을 가장 많이 제정하고 있다. 대표적인 것으로 행정수속법(1982), 범죄수사법(1987), 장애자지원법(1987), 핀란드 언어연구원에 관한 법률(1996), 기초교육법(1987), 고등학교법(1998), 국적법(2003), 언어법(2003) 등을 들 수 있다. 기초교육법과 고등학교법에서는 핀란드수화를 학교에서 사용하는 교수 언어로서 채택하는 것이 인정되어 있다. 학생은 어떤 언어로 수업을 받을지 선택할 수 있다. 학생이 핀란드수화를 선택한다면 그것을 모어로 배울 수 있는 것이다. 고등학교, 직업학교, 대학에서는 법률에 따라 수화통역 서비스를 제공받을 수 있게 되어 있다. 또한 2001년 가을부터는 핀란드 수화교육에 교원 자격 부여가 실시되었다.

한편 포르투갈 헌법은 포르투갈수화를 문화적 표현으로도, 교육과 기회균등에 접근하는 수단으로도 공식적으로 인정하고 있다.

그러나 헌법에 기재되어 있지 않아도 법률로 수화언어를 공식적으로 인정하는 나라도 있다. 벨기에는 2003년 7월부터 프랑스어권 벨기에수화를 농아의 언어로 인정하여, 같은 해 10월에는 '수화언어인지령'을 프랑스어권 벨기에 의회에서 만장일치로 채택하였다. 체코에서는 1998년 '수화언어법령'에서 수화언어가 다른 언어와 동등하다는 것을 선언하였다. 덴마크에서는 1991년의 교육령 이후, 덴마크수화가 공식적으로 인정되어 농아교육에서 제1교수언어로 승인되었다.

특기할 만한 것은 스웨덴의 경우이다. 1981년 스웨덴 의회는 세계 최초로 스웨덴수화를 공적으로 인정했다. 그리고 농아가 스웨덴수화와 스웨덴어의 이중언어 사용자인 것이 바람직하다고 하여 스웨덴수화를 스웨덴 농아의 모어로 인정했던 것이다.

1983년에는 농아학교를 위해 새로운 커리큘럼을 작성하여 농아교육을 이중언어 교육으로 이행하였다. 1999년 스웨덴 의회는 농아교육이 스웨덴수화를 통해 이루어져야 함을 인정하고, 같은 해 개정된 교육법에서는 농아교육의 목표를 스웨덴수화와 서기書記 스웨덴어의 이중언어 사용으로 설정했다. 그리고 농아 어린이는 스웨덴수화를 제1언어로 하는 다른 농아 어린이와 접촉이 필요하다는 인식에서 스웨덴수화를 교수 언어로 하는 특별학교로 주립 5개교, 국립 1개교를 설치하였다. 이와 동시에 수화 교원과 수화 통역자를 양성하기 위하여 교육 환경을 정비하였고 농아교육에 종사하려는 교원 지망자는 스웨덴수화 지식을 증명하여야 했다. 또한 수화통역을 이용하는 권리가 광범위하게 인정되어 있다는 점이나, 농아 어린이의 부모와 형제자매인 '들을 수 있는 사람聽者'에 대한 수화교육이 실현되고 있다는 점 등에서 농아를 둘러싼 환경에도 세심하게 배려하고 있음을 알 수 있다. 예를 들어 1982년 건강의료서비스법이 개정되었을 때에는 농아, 농맹인, 청각장애인의 일상적인 모든 활동에—일뿐만 아니라 여가 활동에도—수화통역을 제공해야 하는 것이 스웨덴 주 의회의 의무가 되었다. 또한, 1997년에 스웨덴 의회는 농아 어린이의 부모나 형제자매가 '들을 수 있는 사람聽者'인 경우, 스웨덴수화를 학습할 권리를 가진다고 결의했다. 이에 따라 농아 어린이의 부모는 4년에 걸쳐 총 240시간의 스웨덴수화 교육을 무상으로 받을 수 있게 되었다.

EU 가맹국 중 수화언어를 법률로 언급하지 않는 나라는 존재하지 않는다. 그리고 EU 전체로 보아도 수화를 독립된 언어로 인정하고 농아교육에서 수화언어를 사용하는 방향으로 나아가고 있는 것 같다. 예를 들어 프랑스에서는 2004년 3월 '장애자의 기회, 참여, 시민권에 대한 평등의 권리'를 정한 법안이 상원을 통과했다. 그 수정 조항의 하나에서는 프랑스수화를 공식적으로 인정하고 있다. 또 독일에서도 2001년 농아가 공공기관과 커뮤니케이션을 할 경우 독일수화를 사용하는 권리를 인정하고, 2002년의 장애자기회평등법에서는 독일수화가 독립된 언어로 인정하였다. 다른 나라들을 일일이 언급할 여유는 없지만, 수화언어의 공식적인 인정과 농아의 교육권 확보는 거의 모든 EU 가맹국에서 공통의 방향이 되어 가고 있다. 그리고 이와 같은 움직임은 오로지 각국에서 농아들이 꾸준히 운동을 펼쳐 온 노력이 결실을 맺은 것이다.

언어 육성과 언어 태도

농아의 수화가 독자적인 언어이고, 농아가 언어적 · 문화적 소수자라는 것이 인정된다면 수화언어와 농아에 대한 정책이 복지정책에서 소수자에 대한 언어정책으로 전환되는 것은 매우 자연스러운 추이로 보인다. 그러나 다른 한편으로, 그것은 소수 언어를 유지하려고 할 때 해결해야 하는 문제가 수화언어에도 똑같이 해당한다는 것을 의미한다. 실제로 소수 언어는 안정되지 않은 다음 세대로의 전승, 사용 영역의 제한, 언어에 대한 부정적 가치 평가 등의 문제에 직면해 있다. 이러한 점들에 관해서는 많은 연구가 축적되었으며, 그러한 연구들을 참고로 함으로써 수화언어의 사회언어학적 문제를 더욱 확실하게 파악할 수 있을 것이다.

물론 수화언어는 언어교육 측면에서 여타의 소수 언어와 사정이 다른 것은 확실하다. 언어 형성기는 3세부터 12세까지로 가정하는 것이 일반적이지만, 언어의 핵심이 되는 문법과 어휘의 기본적인 구조를 습득하는 것은 3세부터 5세 정도 기간이다. 다시 말해 기본적인 언어 습득은 소학교

취학 이전에 끝난다는 것이다. 그런데 대부분 농아 어린이들은 '들을 수 있는聽者' 부모 사이에 태어난다. 그리고 어린이 언어 습득의 첫 번째 장소가 가정이라고 한다면 대부분 농아 어린이에게는 수화언어를 모어로 습득할 장소가 존재하지 않는다고 할 수 있다. 그래서 중요한 것은 보육원이나 유치원의 역할, 나아가 '들을 수 있는 사람'인 부모에 대한 수화언어 학습 기회를 포함한 정보 제공이다. 언어 형성기에 수화언어를 모어로 터득하는 것이 그 이후의 언어발달에 중요한 의미가 있게 될 것은 두말할 나위도 없을 것이다.

다만, 이것은 수화언어만의 문제가 아니라 정도의 차이는 있으나 다른 소수 언어에서도 역시 비슷한 문제가 생기고 있다. 부모가 아무리 자신이 계승한 언어를 아이에게 전해 주려고 가정에서 가르친다고 해도, 보육원이나 유치원에서 보내는 시간이 압도적으로 많으면 주위의 거대 언어가 아이의 모어가 되는 경우가 흔히 있다. 앞에서 언어 습득의 첫 번째 장소가 가정이라고 말했는데, 사실 이것은 거대 언어에 대해서는 그렇게 말할 수 있어도 소수자 언어에 대해서는 반드시 들어맞지는 않을 수 있다는 것을 인식해야 한다. 아이들에게는 부모와의 소통 못지않게 주위의 아이들과의 소통도 중요한 것이다.

또 모어 교육은 언어 형성기에만 한정되어 끝나는 것은 아니다. 물론 음운(수화언어에도 음운 구조가 있다), 문법, 기초 어휘 등 언어의 중심적인 부분에 대해서는 언어 형성기가 중요한 것은 말할 필요도 없지만, 언어는 그것으로 완성되는 것은 아니다. 하나의 언어는 언어 체계만으로 이루어져 있는 것이 아니라 영역마다 분할된 여러 언어사용역言語使用域(register)을 포함하고 있다. 거기에는 사적이고 비형식적인 영역도 있고, 공적이고 형식적인 영역도 있다. 친구들과 수다를 떨 때, 부모나 학교에서 선생님과 이야기할 때, 학교 수업에서 발언할 때, 장을 볼 때, 결혼식에서 말할 때,

전문적인 내용을 발표할 때 등 각각의 장면에서는 다른 어휘와 문체가 요구된다. 또한 구어의 영역도 있고, 문어의 영역도 있다. 같은 형식적 영역에서도 요리의 조리법을 쓸 때와 대학 수업의 리포트를 쓸 때는 다른 표현이 필요하게 될 것이다.

언어 형성기를 거쳐 아이가 문법과 기초적 어휘를 획득했다고 해도 어휘와 문체에 관한 지식과 능력, 즉 다양한 장면에 따라 어휘나 문체를 가려 쓰는 능력을 지속해서 길러야만 한다. 실제로 추상적 · 전문적인 어휘나 그것을 표현하기 위한 문체는 언어 체계의 지식만으로는 불가능하다. 만약 모어 교육이 저학년까지 하는 것으로만 끝나고 그 이후에는 제2언어로 넘어간다면, 그 이후에 습득한 지식을 표현하기 위해서 모어보다도 제2언어가 더 유리하다 해도 이상하지 않다. 그 결과 맨 처음에 습득한 언어의 지위가 낮아지는 사태도 충분히 일어날 수 있다. 따라서 모어에 의한 교육은 가능한 한 장기간에 걸쳐 지속하는 것이 바람직하다.

이상의 내용은 개인의 언어 발달만이 아니라 언어 자체의 발달에도 마찬가지다. 거대 언어라면 사회의 거의 모든 영역에서 사용하는 것이 당연한 것으로 받아들여진다. 그렇지만 소수자는 그렇지 않다. 그것이 소수자 언어라는 이유로 일정하게 한정된 범위 내에서만 사용해야 하는 상황에 놓여 있는 것이다.

소수자 언어가 일정한 좁은 영역에서만 사용되고, 일반 사회에서는 다른 우세한 언어가 사용되면 언어 자체에 얼마간의 부정적인 영향이 미칠 수 있다. 소수자 언어 유지에 최대 위험이 되는 것은 언어의 마멸이라는 현상이다. 지극히 좁은 범위 내에서만 언어가 사용되고, 게다가 그 언어에 부정적 가치 평가가 강하게 내려져 있으면 화자는 적극 그 언어를 사용하지 않으려고 할 수 있다. 주위의 거대 언어로 바꿈으로써 사회적 상승이 더 쉬워진다면 그 유혹을 어떻게 거부할 수 있을까. 어릴 때 모어로 습득했다고 해도 그 언어를 사용할 기회가 적거나 스스로 그 기회를 줄여 간다면, 언어는 그 본체의 면에서도 기능의 면에서도 생명력을 잃어 점차 쇠약해져 갈 우려가 있다. 이와 같은 언어의 마멸을 막는 방법의 하나로 언어의 사용 영역을 확보할 필요가 있고, 동시에 그 언어를 화자가 긍정적으로 생각하는 태도를 기를 필요가 있다.

그렇지만 언어의 사용 영역을 확보한다고 해도 그것이 지극히 좁은 범위로 한정된다면 그 언어의 어휘와 문체가 충분히 발달하지 못할 가능성도 있다. 그러나 이러한 것들은 결코 언어 자체의 결함은 아니다. 언어는 내버려 두면 '저절로' 발달하는 것은 아니기 때문이다. 어휘나 문체가 풍부해지려면 그 언어를 어떻게든 발전시키려는 인간의 열의와 활동이 필요하다.

실제로 현재 대언어大言語로 간주하고 있는 언어조차 역사를 거슬러 올라가면 부족한 어휘를 보충하면서 여러 차원의 문체를 만든 과정이 존재한다. 예를 들어 150년 전의 일본어는 '사회'도 '철학'도 '문명'도 단어로 존재하지 않았고, 구어문체도 존재하지 않았다. 현재 보편적으로 사용하는 근대적 개념을 나타내는 한자어 대부분은 메이지 시대에 만들어졌거나 오래된 단어가 의미를 확장하여 되살아난 것이다. 이와 같은 언어 발달의 예는 무수히 있다. 인도네시아어의 모체가 된 믈라유어는 다민족 간의 교역 공통어로써 사용되었던 적도 있어 근대사회에 필요한 어휘가 상당히 부족했다. 그래서 독립 후 인도네시아 정부는 언어 위원회를 설치하여 인도네시아어 어휘를 대량으로 보충하는 일에 힘쓴다. 또한, 이스라엘의 국민어가 된 헤브라이어는 종교적 언어로 사용했기 때문에 세속적 영역이나 근대과학 어휘가 부족했다. 그래서 헤브라이어 재생의 아버지가 된 벤 예후다는 일반 사람들에게 새로운 어휘 후보를 모으기로 했다. 벤 예후다 앞으로 각지의 유대인들이 제각기 고안한 의견이 모여들었다. 그중에는 독창적인 것도 있고 꽤 엉뚱한 것도 있었으나 이들 의견은 헤브라이어 재생을 바라는 열의의 표현이었다. 벤 예후다와 그의 동료는 이들 후보 속에서 어휘를 하나씩 선정했다. 마침내 이 신어들은 헤브라이어로 정착되기에 이른 것이다.

이처럼 언어를 사용할 수 있는 언어 영역을 확대해 나가는 일과 그 언어의 어휘나 문체를 충실하게 만드는 활동을 진행하는 일은 표리일체의 관계에 있다. 이것은 수화언어에도 충분히 적용될 것이다. 수화언어의 사용이 공적으로 인정되어 그 사용 영역이 확대될수록 수화언어가 지니는 표현의 가능성은 더욱더 개척될 것이기 때문이다.

사용 영역의 문제 못지않게 중요한 것은 화자가 자신의 언어에 대하여 가지는 언어 태도, 즉 그 언어에 대하여 어떠한 감정을 품고 있는지, 어떠한 가치관을 부여하고 있는지 하는 문제이다. 소수 언어의 경우 이것은 사활이 걸린 문제이다. 왜냐하면 소수 언어가 쇠약해져 가는 것은, 그 화자가 자신의 언어를 '수치' 스럽게 느낌으로써 화자 자신이 거기서부터 멀어지려고 하기 때문이다. 물론 이러한 태도가 화자 자신의 '자발적' 인 의지에서 생기는 것처럼 보이는 경우 역시 그 배후에는 사회적 차원에서 우세한 언어와 열등한 언어의 역학적 불균형이 존재하는 것을 잊어서는 안 된다. 표면적으로 보면 화자가 '자발적으로' 자신의 언어를 포기하고 있는 것처럼 보일 때조차도 많은 경우에 정치적 · 사회적 · 문화적 압력이 암묵적으로 작용하고 있는 것이다.

화자가 두 개의 언어를 유지하는 이중언어 사용의 상태에서도 언어가 어떠한 장면에서 누구에 의하여 사용되는가에 따라 저마다의 언어에 다양한 가치가 매겨진다. 예를 들어 장면마다 언어를 가려 쓰는 경향이 고정화되고 더구나 두 언어의 사용 영역에 사회적으로 격차가 벌어져 있다면 두 언어 사이에는 저절로 상하관계가 생기게 되며, 그 결과 화자는 열등한 언어에 부정적인 평가를 하게 된다. 그것이 모어의 경우라면 화자는 자신의 언어, 더 나아가 자신의 집단에 부정적인 평가를 하는 것이며 거기서부터 자기비하라고 할 수 있는 태도가 생긴다. 소수자가 빠지기 쉬운 것은 이러한 상황이다.

캐나다의 사회심리학자 램버트Lambert는 퀘벡주의 영어 화자와 프랑스어 화자의 언어 태도를 조사함으로써 이러한 언어 태도가 보이는 문제를 조명했다. 영어와 프랑스어라는 두 언어를 사용하는 퀘벡주에서는(선주민의 언어는 일단 논외로 한다), 프랑스어를 사용하는 주민이 영어를 사용하는 주민보다 많은 데도 불구하고, 사회적인 지위는 영어계 주민이 프랑스어계 주민보다 우위에 있다. 다시 말해 수적으로는 다수인 프랑스어계 주민이 소수자의 위치에 놓여 있는 것이다.

램버트는 퀘벡주에서의 영어와 프랑스어의 이중언어 사용 상황에 영어계 주민과 프랑스어계 주민의 사회적 관계가 어떤 식으로 영향을 미치고 있는지를 규명하려 했다. 램버트는 인간이 이중언어 사용자가 되어 가는 과정에서 여러 사회적 가치가 서로 충돌하고 이중언어 사용자가 자신을 둘러싼 두 문화의 요구를 끊임없이 조정해 가는 것이 필요하다고 생각했다. 그리고 이러한 사회적 영향 가운데 가장 강력하게 작용하는 요소의 하나가 각 화자 집단의 정형화된 이미지라는 가설을 세웠다.

램버트가 고안한 실험 방법은 참으로 교묘한 것이었다. 먼저 영어와 프랑스어의 완전한 이중언어 사용자인 화자를 선발하여 그 사람이 같은 내용의 문장을 각각의 언어로 읽은 것을 테이프에 녹음한다. 다음에 언어 조사 자료 제공자들을 모아 그 녹음을 들려주고 반응을 확인한다. 그리고 듣는 사람에게 테이프의 목소리만을 단서로 말하는 사람의 성격과 능력을 가능한 한 추측하여 평가하도록 요구한다. 구체적으로 말하면 그 인물이 지성, 야심, 자신감, 지도력 등에서 유능한지 아닌지, 신뢰성, 정직함, 성실성 등의 점에서 성격적으로 고결한지 아닌지, 사교성, 호감도, 유머 등의 점에서 사회적 매력을 갖췄는지 아닌지를 각 항목에 점수를 매기도록 한다. 다만, 그때 동일 인물이 다른 언어로 두 번 읽었다는 사실은 모르게 했다.

그 결과, 같은 사람인데도 불구하고 영어로 읽은 것과 프랑스어로 읽은 것에 대한 평가가 심하게 차이 나는 것으로 나타났다. 영어계 주민에 대한 실험에서는 프랑스어 화자보다 영어 화자가 더 '멋지고', '지적이고', '신뢰성이 있고', '친절하고', '의욕적이다'라는 평가를 받았다. 말할 것도 없이 이러한 평가에는 영어계 주민의 입장에서 본 프랑스어계 주민에 대한 편견과 정형화된 이미지가 노골적으로 반영되어 있다.

그러나 놀라운 것은 프랑스어계 주민을 대상으로 벌인 실험의 결과였다. 뜻밖에도 영어계 주민과 같은 반응이 나타났기 때문이다. 다시 말해 프랑스어계 주민 자신도 프랑스어 화자를 낮게 평가했던 것이다. 게다가 항목에 따라서는 프랑스어계 주민 회답자가 영어계 주민 회답자보다 프랑스어 화자를 더 낮게 평가한다는 사실까지 드러났다.

이것은 무엇을 의미할까. 램버트에 따르면 이러한 평가 양상은 프랑스어 주민이 열등한 집단이라는 사회적으로 정형화된 이미지를 반영하고 있는 것인데, 중요한 것은 그 정형화된 이미지를 프랑스어계 주민 자신도 제각기 지니고 있다는 점이다. 그러므로 열등한 지위에 놓이는 사람 스스로 자신의 집단에 부정적인 가치만 부여하는 결과가 생겨난다. 그리고 램버트는 북아메리카의 다른 소수자 집단에서도 역시 이러한 부정적인 자기 평가 경향을 볼 수 있다고 한다.

램버트의 이 실험은 다수자와 소수자의 상하관계가 만들어낸 사회적으로 정형화된 이미지를 들추어냈다. 실제 사회에서 다수자가 소수자보다 우위라는 것 때문에, 다수자에게는 긍정적인 평가가 소수자에게는 부정적인 평가가 부여되며, 나아가 각 집단의 특징인 언어나 문화에도 비슷하게 긍정적이거나 부정적 평가가 내려진다. 물론 이러한 평가는 구체적이고 현실적 경험에 기초한 것이 아니라 대부분 선험적으로 지니고 있는 사회적으로 정형화된 이미지 때문이다. 사회적으로 정형화된 이미지가 내면화되어 버리면 모든 경험들은 그에 따라 해석되고 평가되며 가치도 부여된다. 그리고 소수자 측에서는 자기 자신에게 부정적으로 정형화된 이미지를 고착시키게 되고 자신의 언어와 문화도 부정적으로 평가하게 되며 심지어는 소수자는 '열등한 지위에 있는 자'라는 자기규정을 받아들이기까지 한다. 이렇게 자신에 대한 부정적인 평가로 궁지에 몰린 소수자는 다수자의 언어와 문화를 받아들이는 것만이 막다른 골목에서 빠져나갈 유일한 탈출구로 느끼게 된다. 앞에서 살핀 것처럼 소수 언어가 쇠퇴해 가는 것은 화자 집단 스스로 자신의 언어를 부정적으로 평가하여 그것을 팽개치기 때문이다. 그러나 그 배경에는 이러한 다수자와 소수자의 사회적 역학관계에서 생긴 정형화된 이미지의 압력이 가로놓여 있다.

사회적으로 우위에 있는 다수자는 자신이 다수자인 것을 의식하지 않아도 자신의 집단이나 언어를 긍정적으로 평가할 가능성이 있다. 그렇지만 소수자는 그렇지 않다. 따라서 소수 언어를 지원하기 위한 언어정책은 최종적으로 이렇게 사회적으로 정형화된 이미지를 타파하고 자신의 언어와 문화를 긍정적으로 보는 태도를 지니게끔 하는 것을 지향하지 않으면 안 된다. 진정한 의미에서 '공생'을 내세운다면 다수자와 소수자 사이의 사회적 역학관계를 가능한 한 평등한 관계로 수정하는 방향으로 가야 할 것이다. 현재 상황의 질서를 묵인한 채 다른 집단에게 한결같이 '사이좋게 지내자'고 요구하는 것은 '공생'이라고 할 수 없기 때문이다.

농아교육 문제에 대해서도 같은 말을 할 수 있을 것이다. 일본의 농아 어린이가 부정적인 자기규정에 빠지지 않고 자기 자신의 정체성에 자신을 가질 수 있는 환경을 마련하기 위해서는 농아학교에서 일본수화를 적절한 위치에 놓을 필요가 있다. 농아에게 고착된, 부정적으로 정형화된 이미지를 한 꺼풀씩 벗겨 내기 위해서도 일본수화에 의한 농아교육이 요구되는 것이 아닐까. 왜냐하면 그렇게 할 때 일본수화는 결코 음성 일본어나 일본어대응수화에 비하여 열등한 언어가 아니라 독자적인 힘과 매력을 갖춘 언어임을 증명할 수 있게 되기 때문이다.

말할 것도 없이, 일본수화를 중시한다고 해서 서기書記 일본어의 습득을 포기하는 것은 아니다. 농아가 자신을 지탱하는 정체성을 확립한다면 제2언어로서 서기 일본어는 틀림없이 사회적 활동을 위한 유용한 자원으로 인식할 것이다. 다만, 여기서도 시점의 전환이 필요해 보인다. 일본에서는 '국어'로서 일본어를 터득하는 것이 마치 '국민'의 도덕적 의무인 것처럼 인식되는 경우가 많다. 그렇지만 서기 일본어를 제2언어로 습득하는 것은 '국민'으로서의 도덕적 의무라기보다는 농아가 일본 사회에서 살아가기 위하여 누려야 할 권리로 파악할 수 있지 않을까. 그렇다면 '일본어'라는 언어 자체를 도덕적 의무로서의 '국어'가 아니라, 개인이 활용할 수 있는 사회적 자원으로서 파악할 수 있을지도 모른다. 일본 사회가 다언어 다문화 사회를 지향한다면 언어 인식을 이러한 시점으로 전환해야 할 필요가 있지 않을까. 농아교육에서 일본수화 문제는 이처럼 광대한 퍼스펙티브도 지니고 있는 것이다.

수화언어의 언어정책을 다양하게 서술해 왔지만, 정책을 어떻게 계획하고 시행할 것인가 하는 측면만으로 교육 문제가 모두 해결되지는 않을 것이다. 그렇지만 눈앞에 있는 한 농아 어린이가 어떻게 하면 자신을 가지고 살아갈 힘을 획득할 수 있을 것인가 하는 물음을 모두가 곰곰이 생각한다면 틀림없이 점차 나아가야 할 길이 보일 것이다. 그러기 위한 출발점은 일본수화의 존재를 공적으로 인정하여 농아교육에서 일본수화를 교육 언어로 채택하는 데 있다고 할 수 있을 것이다.

■ 주

1) 小嶋勇 감수, 全國ろう兒をもつ親の會 엮음, 『농아교육과 언어권리-농아 어린이의 인권 구제 신청의 전모ろう教育と言語權-ろう兒の人權救濟申立の全容』, 明石書店, 2004.

2) S. Burns, P. Matthews and E. Nolan-Conroy, "Language attitude", in Ceil Lucas(ed.), *The Sociolinguistics of Sign Language*, Cambridge U.P., 2001, p.211.

3) Ibid., p.208.

4) Timothy Reagan, "Language planning and policy", Ibid., p.158.

5) Claude Hagege, 糟谷啓介 옮김, 『절멸해 가는 언어를 구하기 위해서-말의 죽음과 그 재생絶滅していく言語を救うために-ことばの死とその再生』, 白水社, 2004, 254쪽.

6) 같은 책, 271쪽.

7) *The Status of Sign Language in Europe*, Council of Europe Publishing, 2005.

제13장

다언어주의와 언어적 민주주의

근대국가와 '언어정책'

얼마 전까지만 해도 그다지 생각하지 않았던, '다언어주의'라는 제목을 단 책들이 최근 몇 년 사이 많이 등장했다. 이것은 사람들의 관심이 '다언어'에 집중되고 있는 것을 의미하는데, 그렇다면 과연 '다언어주의'란 무엇을 지향하고 있는 것일까.

대략적으로 말하면 근대국가 시대에 이르러 비로소 언어라는 것이 국가의 근간에 연관되는 중요한 문제로 부각된다. 그때까지는 일반 백성이 어떤 말을 사용하고 있는지 따위에는 통치자는 별다른 관심을 두지 않았다. 그런데 근대국가가 '국민'의 원리 위에 조직되기 시작하면서 국민을 만들어내는 중요한 요소의 하나인 언어 문제에 어떻게든 대처하지 않을 수 없게 되었다. 이렇게 하여 국가는 언어의 세계에 일정한 정책을 마련하게 되었다. 이른바 '언어정책'이라는 것은 이렇게 하여 생겨난 것이다.

다소 대략적인 표현이지만, 근대국가는 국민을 하나의 언어로 통합하는 것을 궁극적인 목표로 하고 있다. 그렇지만 하나의 민족만으로 성립된 국가는 매우 드물다. 아니, 그러한 국가는 존재하지 않는다고 해도 과언이 아니다. 그래서 근대국가는 등질적인 '국민'을 만들어 내기 위하여 하나의 언어를 모든 '국민'에게 강요하는 것이다. 또 강요하지 않더라도 사람들이 자기 언어를 버리고 국가가 권장하는 언어를 터득하는 것을 더 바람직하게 여기는 방향으로 사회적 환경을 정비해 가는 것이다. 이렇게 본다면 근대국가를 지탱해 온 언어적 이념이란 다름 아닌 '단일언어주의'라고 할 수 있다.

물론 다언어 · 다민족 상황에 있는 국가 중에는 복수의 '국어'나 '국가어' 혹은 '공용어'를 채택하는 경우가 더러 있다. 그렇지만 그러한 규정은 단일언어주의를 현실적으로 실현할 수 없으므로 타협의 산물이거나 쓸모없는 민족분쟁 · 언어분쟁이 일어나지 않게 하기 위한 예방 조치인 경우가 많다. 이 경우 소극적인 입장에서 복수언어주의에 이르게 된다.

이러한 역사적 경과를 볼 때 '다언어주의'란, '다多'라는 접두어가 긍정적인 의미가 있는 한, 근대국가가 지향해 온 '단일언어주의'에 대한 안티테제이며 사상사적으로 말하면 '근대'를 넘어서려는 하나의 시도라고도 말할 수 있을 것이다. 물론 '다언어주의' 자체가 앞서 말한 것처럼 타협의 산물이나 예방 조치로 타락하는 경우가 적지 않은 것도 사실이다.

그러나 잘 생각해 보면 새삼스럽게 '다언어주의'라는 깃발을 내걸지 않아도 언어 자체가 이미 '다언어주의'적인 것이 아닌가 한다. 현재 세계에서는 5~6천 가지 언어가 사용되고 있다(단, 그 절반이 소멸 위기에 놓여 있다는 경고가 있다). 이처럼 지구상에 수없이 많은 언어가 존재하고 더구나 그 언어들이 서로 소통되지 않는다는 사실에 인간들은 크게 당혹해하고 있었다. 도대체 인간은 왜 이 정도로 많은 언어를 사용하고 있는 것일까. 구약성서에 나오는 '바벨탑'의 신화는 이 물음에 대한 하나의 해답으로 받아들여져 왔다. 그 신화는 이 다언어 상태의 기원을 설명함과 동시에 다언어 상태 자체가 인간의 오만함에 대한 '벌'이라고 하고 있다. 요컨대 세계의 이상적인 상태는 단일 언어인데 죄 많은 인간 때문에 다언어 상태라는 혼란이 생겨났다는 것이다. 이 견해는 궁극적으로, 다언어 상태는 교정해야만 하는 '악'이라는 것을 의미한다고 할 수 있다.

'다언어주의'는 이 언어의 다양성을 있는 그대로 인정하는 것에서 출발한다. 이 점에서 중요한 공헌을 해 온 분야가 사회언어학이라는 학문이었다. 노르웨이의 언어 상황 연구로 알려진 사회언어학자 아이나 하우겐 Einar Haugen의 저서에는 『바벨의 축복バベルの祝福』이라는 심술궂은 제목이 붙어 있다. 사회언어학의 근본적 시점은 언어의 다양성이 바로 언어 자체의 본성에 근거하고 있다는 것을 분명히 인정하는 데 있다. 즉 한 개인이 복수의 언어를 가려 쓴다든가 한 사회에서 복수의 언어가 사용되는 것은 결코 정상적인 상태로부터 일탈한 것이 아니라는 것이다. 오히려 단일 언어가 지배하는 상태야말로 언어 이외의 다른 어떤 힘으로 일그러진 언어세계라는 것을 의미한다.

'다언어주의'는 사상사적으로도 철학적으로도 더 깊이 파고들어야 할 흥미로운 주제이지만, 여기서는 너무 추상적인 사변에 빠지지 않기 위하여 사회언어학이 꾸준히 축적해 온 연구를 소개하면서 논의를 진행하고자 한다.

다언어 상황과 다원적 사회구조

최근의 '다언어주의'를 문제 삼는 방식을 보면 호주나 캐나다에서 정책으로 채택한 '다문화주의'와의 관계를 논의하는 경우가 많은 것 같다. 두말할 것도 없이 '다언어주의'는 '다문화주의'와 밀접한 관계를 맺고 있다. 그러나 과연 '다언어주의'란 정부가 의도적으로 시작하거나 그만둘 수 있는 '정책'일까.

일본의 많은 학술 용어가 그렇듯이 '다언어주의'도 유럽어를 번역한 것이다. 원어는 'multilingualism'이다. 그런데 이 '－ism'이라는 것은 과연 '주의'일까. 'alcoholism'이 '알코올 중독'이기는 해도 결코 '알코올주의'가 아닌 것처럼 '이즘'이 곧 '주의'는 아니다. 이만큼 동떨어진 예가 아니라 '바이링구얼리즘'의 개념을 생각해 보아도 충분하다. '바이링구얼리즘bilingualism'은 '이중언어 사용'이기는 해도 결코 주의 주장으로서의 '이중언어주의'가 아니다. 조어법 측면에서 보면 'multilingualism'이란 'bi－'가 단순히 'multi'로 확대한 상태에 지나지 않는다.

이미 이 점을 주의하고 있는 논자는 많은데, 'multilingualism'에는 '다언어주의'라는 의미와 '다언어 상태'라는 의미가 공존하고 있다. 전자의 시점에서 보면 'multilingualism'은 정부의 정책이나 운동체의 방침이 되지만, 후자의 시점에서 'multilingualism'은 인간이 마음대로는 할 수 없는, 주의 주장으로는 어찌할 수 없는 언어 현실 그 자체라는 의미가 된다.

이러한 '다언어 상태' 혹은 '다언어 사용'이라는 뜻으로서의 'multilingualism'은 사회언어학에서는 이미 1960년대부터 중심적인 문제의 하나였다. 예를 들어 조슈아 피쉬먼Joshua Fishman이 편집하여 1968년 간행한 『언어사회학 읽기言語社會學リーディングズ』는 초기 사회언어학의 대표적인 논문 50편 이상 모은 논문 선집인데 거기에서는 'multilingualism'이 하나의 장으로 독립되어 있다.

피쉬먼 자신은 사회언어학에서 다루어야 하는 가장 중요한 과제란 다언어 상태에서 누가, 어떤 언어로, 언제, 누구에게 말하는지를 밝히는 것이라고 역설하고 있다. 피쉬먼에 따르면 다언어 사회에서 습관적으로 이루어지는 언어 선택은 결코 화자의 그때그때의 우연적인 성향으로 결정되는 것은 아니다. 대화 상대나 장면, 대화 주제 등의 변수에 근거해서 일정한 규칙에 따라 어떤 특정한 언어가 선택된다는 것이다.

피쉬먼은 벨기에의 브뤼셀에 사는 한 정부 공무원의 경우를 그 전형적인 예로 들고 있다. 벨기에는 북쪽은 플라망어, 남쪽은 왈롱어가 사용되고 있는데, 브뤼셀은 이 두 언어의 경계선에 있다. 플라망어, 왈롱어라는 것은 낯선 이름일 수도 있지만, 사실 전자는 네덜란드어의 변종이고 후자는 프랑스어의 변종이다. 혹시나 해서 주의를 해 두면, 사회언어학에서 '변종(variety)'이라는 용어가 사용될 경우 그것은 그 언어 속에서 실현되는 특정한 형태를 가리키는 것이며, 특별히 '색다르다'는 뜻이 있는 것은 아니다. 그러므로 수도의 표준어도 한 지방에서 사용되는 방언도 똑같이 '변종'이라고 말할 수 있다.

그런데 그 공무원은 어떠한 언어생활을 하는 것일까. 피쉬먼은 다음과 같은 경우를 상정하고 있다.

직장에서는 프랑스어, 퇴근길의 클럽에서는 네덜란드어, 집에 돌아와서는 그 지역의 플라망어로 말한다. 이런 식으로 그 공무원은 각 장면에 맞는 언어를 선택함으로써 각각의 사회적 네트워크에 귀속되는 것이다. 다만, 관공서에서도 플라망어를 쓸 수 있으며, 클럽에서 프랑스어를, 집에서 네덜란드어나 프랑스어를 쓸 수도 있다. 같은 플라망어 지역에서 유년기를 보낸 소꿉친구와는 관공서에서도 플라망어로 이야기할 수 있다. 다만, 이 경우 공무원 동료로서가 아닌, 같은 경험을 공유한 친구로 이야기를 주고받는 것이다. 그렇지만 그 친구와 이야기할 때도 늘 똑같이 플라망어만 사용하는 것은 아니다. 세계정세나 문학, 예술 등에 관해서 이야기할 때는 프랑스어를 사용하는 때도 잦다. 그렇다고 해도 프랑스어를 사용한다는 것 때문에 그 친구와 친밀도가 옅어지는 것도 아니다.

이렇게 언어를 가려 쓰는 것을 보면 화자는 복수의 언어를 제멋대로 사용하고 있는 것이 아니라 어느 정도 규칙에 따라 선택하고 있는 것을 알 수 있다. 즉 대화 상대, 대화의 화제, 대화가 이루어지는 장면 등의 변수를 모두 고려하여 그 자리에서 어느 말을 쓸 것인지 선택하는 것이다. 앞에 든 예로 본다면 어느 정도 공적인 장면에서는 네덜란드어가, 사적인 장면에서는 플라망어가 사용된다. 특히 플라망어에는 모어로서의 친밀성이 동반되어 있다. 그러나 플라망어를 사용하는 장면에서도 이야기가 지적이거나 전문적인 화제에 이르면 프랑스어로 말이 바뀔 수도 있다. 이처럼 각각의 언어는 그 언어에 어울리는 '언어 영역'을 갖추고 있으며, 화자는 그에 따라 언어를 선택하게 되는 것이다.

이와 같은 다언어 상황에는 복수의 언어가 대등한 관계로 존재하고 있는 것이 아니라 각각 언어에 어울리는 사회적 위치가 부여되어 있다. 그러나 화자는 이들 복수의 언어를 중립적인 입장에서 선택하는 것이 아니라 각각의 언어에 일정한 가치평가를 하고 있다. 이때 언어는 중립적인 커뮤니케이션의 도구가 아니라, 화자가 사회를 보는 태도를 나타내는 지표가 된다.

피쉬먼이 들고 있는 예를 보자. 뉴욕에 사는 영어와 스페인어 이중언어 사용자인 푸에르토리코인의 경우, 스페인어는 가정이나 친구 사이에서 사용하고 영어는 직장이나 학교 등 공적인 장면에서 사용한다고 한다. 이렇게 하여 스페인어는 '친밀성의 가치'와 결부되고 영어는 '지위 상승의 가치'와 결부된다. 이들 가치는 당연히 마찰이 생길 수 있기 때문에(예를 들어 사회적 지위 상승이 친밀성 영역의 포기를 수반할 경우), 이것은 필연적으로 화자의 언어 선택 방식과 연관된다.

이처럼 언어는 사회에서 언어 이외의 다양한 제도나 가치와 결부되어 있다. 그리고 다언어 상황에서는 언어들 사이의 관계가 한편으로는 제도나 가치의 사회적 관계를 표현하고 있고 다른 한편으로는 그것을 지탱하고 있다. 나아가 다언어 상황에서 각 언어는 사회적 가치가 만드는 역학

관계 속에서 위치가 매겨진다. 이와 같은 언어의 사회적 계층이 뚜렷이 제도화되면 마침내 '다이글로시아'라고 할 수 있는 상황이 나타나게 되는 것이다.

다이글로시아와 기능 분담

'다이글로시아(diglossia)'란 사회언어학자 퍼거슨이 제창한 개념이다. 그것은 하나의 언어에 두 개의 변종이, 상위의 것과 하위의 것으로 뚜렷이 나누어진 상태를 말한다. 퍼거슨은 다음 네 가지 예를 들고 있다. 즉, 스위스에서의 표준 독일어와 스위스 독일어, 이집트에서의 표준 아랍어와 구어 아랍어, 그리스에서의 고전어와 민중어, 아이티에서의 프랑스어와 아이티 크레올어가 그것인데, 각각 전자가 상위 변종, 후자가 하위 변종이다.

'다이글로시아'의 가장 큰 특징은 상위 변종과 하위 변종이 각자 사용되는 영역을 뚜렷이 나누어 엄밀하게 기능을 분담하고 있다는 점이다. 예를 들어 상위 변종은 교회의 설교, 정치 연설, 대학 강의, 방송 뉴스, 신문 사설, 고상한 문학 등에서 사용된다. 이와는 달리 하위 변종은 가족이나 친구들과의 대화, 라디오의 대중 드라마, 대중문학 등에서 사용된다. 기능이 엄밀하게 분담되어 있다는 것은 하나의 영역에서 이 두 개의 변종이 함께 사용되는 일이 없다는 것이다.

이 두 개의 변종에는 각각 다른 이름이 붙여져 있어 서로 다른 말 같은 느낌이 든다. 그리고 각각 변종이 사용되는 장면이 뚜렷이 정해져 있으며 이 규범을 어기는 것은 허용되지 않는다. 예를 들어 20세기 초 그리스에서 신약성서를 민중어로 번역했을 때에는 성서를 모독하는 것이라는 비난이 일었고 과격한 폭동까지 일어났을 정도이다. 따라서 두 개의 변종 중 어느 쪽을 지지하느냐 하는 것은 곧바로 정치적인 입장과 결부된다. 이리하여

1960년대 그리스 자유당 정부 아래에서는 초등학교에서 민중어 교육을 시행했지만, 1967년 군사 쿠데타 이후 군사정권 아래에서는 고전어를 가르쳤다.

단, 퍼거슨에 따르면 '다이글로시아'는 언어적 충돌이 빈발하는 불안정한 것이 아니라 오히려 장기간에 걸쳐 안정적으로 존속하는 상태이다. 왜냐하면, 상위 변종이 그 사회의 근본적 가치를 규정하는 종교적 · 문화적 권위를 나타내고 있기 때문이다. 이리하여 상위 변종과 하위 변종과의 대립은 공/사, 성/속, 문어/구어 등 여러 가지 문화적 가치의 이분법을 체현하게 된다.

'다이글로시아'가 표준어와 방언을 가려 쓰는 것과 다른 점은 사회의 어느 계층도 일상생활에서는 상위 변종을 사용하지 않는다는 데 있다. 그러나 일상회화에 사용하지 않는다는 점이야말로 상위 변종의 우월성을 확실하게 하는 것이다. 특히, 그것이 종교적인 권위와 연결될 때 그 말은 속세와 유리된 성스러운 말로 인식된다. 표준 아랍어는 그 전형일 것이다. 이와 달리 사람들이 일상에서 사용하는 하위 변종은 어느 정도 표준화될 수는 있어도 결코 학교교육에서 가르칠 만한 규범을 갖추고 있지는 않다. 오히려 지역이나 계층에 따라 다양하게 분화된 말이라 할 수 있다.

이러한 상태에서 상위 변종이 하위 변종보다 우위에 있다는 감정이 생기는 것은 당연하다. 더구나 화자의 규범화된 의식 속에서는 존재하는 것은 상위 변종뿐이고 하위 변종은 존재하지 않는다고 인식하는 역설까지 생긴다. 교육을 받은 아랍인은 일상생활에서 항상 구어 아랍어를 사용하면서도 자신은 그것을 사용하지 않는다고 우기는 경우조차 있다고 한다.

또한, 아이티 크레올어 교육을 받은 화자는 자신들은 늘 프랑스어로 말하고 있으며 크레올어 따위는 사용해 본 적이 없다고(그것도 크레올어로!) 주장하기까지 한다. 게다가 상위 변종을 잘 구사할 수 없는 사람들도 상위 변종이 더 아름답고 뛰어난 말이라고 느끼고, 전혀 의미를 이해하지 못하면서 상위 변종으로 연설이나 강의, 시를 듣고 싶어 하는 경우도 있다.

퍼거슨에 따르면 이와 같은 '다이글로시아'의 상황은 중세 유럽의 라틴어와 속어, 동아시아의 한문과 민족어에서도 볼 수 있었다고 한다. 즉, '다이글로시아'를 지배하는 상위 변종이란 민족이나 지역의 제한을 받지 않는 초지역어 · 초민족어인 것이다.

'다이글로시아'가 생기는 조건은 상위 변종으로 쓰인 문학의 전통이 존재하고, 그 문학이 공동체의 기본적 가치를 체현하고 있다는 것과 글을 읽고 쓰는 능력을 소수 엘리트가 독점한다는 데 있다. 그리고 이것을 반대 방향에서 보면 '다이글로시아'가 해소되는 것은 사회가 다음과 같은 방향으로 나아갈 때이다.

첫째, 글을 읽고 쓰는 능력이 널리 보급될 때 둘째, 공동체 내부의 서로 다른 지역 · 사회계층 간의 커뮤니케이션이 증대될 때 셋째, 가장 중요한 것으로서 '표준 국민어'(standard "national" language)에 대한 욕구가 생길 때이다. 이러한 경향이 나타날 때 공동체의 지도자는 '언어 통일'을 바라게 된다. 그리하여 일찍이 지배적이었던 상위 변종은 버려지고, 민족어로의 통일이 시작되는 것이다.

'다이글로시아'의 상황은 문자 그대로 '다언어 상태'라고 말할 수 있다. 두 개의 변종이 병존하고, 게다가 하위 변종은 의도적인 규범화가 시행되지 않은 채 사회의 여러 장면에서 다양한 형태로 지속해서 사용하고 있다. 근대국가에서 '국어' 체제는 이러한 '다이글로시아'의 체제를 넘어서려는 결과로 탄생한 것이다. 그러나 그때 민족어의 중심이 된 특정한 변종만이 표준어로 간주하고 규범에서 누락된 그 외의 말들은 공적 기능이 박탈되어 때로는 존재 그 자체가 억압되기까지 한다.

그렇다면 근대국가의 단일언어주의를 넘어선다고 해도 '다이글로시아'로 되돌아가 버리면 말의 자유의 역사는 한층 후퇴할 것이다. 다양한 말이 존재한다고 해도 그것들은 다짜고짜 사회적 역학 관계 속으로 내몰아 버리면 말들 사이에 일종의 계층성이 생겨나기 마련이다. 만약 다언어주의가 복수 언어의 평등성을 인정하지 않는다면 쉽게 '다이글로시아'적 상황으로 되돌아가 버릴 것이다. 결국, 하나의 우월한 언어 아래 복수의 언어가 종속되고, 게다가 그 하위 언어들의 다양성은 한정된 영역에서만 보증되는 상태를 초래하게 될 수도 있다.

그러므로 '단일언어주의'냐 '다언어주의'냐의 문제는 단순히 '하나'냐 '여럿'이냐 하는 수적인 문제가 아니라, 끊임없이 언어의 계층화를 거부하면서 진정한 의미에서 언어적 민주주의를 어떻게 실현할 것이냐 하는 방향으로 지속적으로 제기해야 할 문제일 것이다.

후기

이 책은 『국어라는 사상-근대 일본의 언어 인식』 이후에 쓴 글을 정리한 것이다. 다만, 처음 제출한 상태 그대로가 아니라 장에 따라서는 많은 부분을 수정했다. 또 몇 가지 논문에 중복되는 곳도 있었기 때문에 그러한 부분은 삭제하거나 정정했다. 각각의 논문은 발표 매체인 잡지나 책의 청탁에 따라 쓴 것이 대부분이다. 하지만 논문의 내용에 관해서는 편집자들이 모두 나의 자유에 맡겨 주셨기 때문에 논하고 싶은 자료를 논하고 싶은 대로 다룰 수 있었다. 한 권의 책으로서 일관성이 존재한다면 그것은 역시 알게 모르게 내 문제의식이 모든 글에 연결되어 있기 때문일 것이다.

이 책의 문제의식은 '책머리에'에서도 언급했듯이 이전에 출간한 『국어라는 사상-근대 일본의 언어 인식』과 이어져 있다. 다시 말해 근대 일본에서 '국어'의 이념을 중심으로 언어 질서가 어떻게 형성되고 어떤 '언어 이데올로기'로 보호받고 있는가 하는 점이다. 다만, 이 책에서 다룬 문제는 좀 더 폭넓은 영역으로 확장하였고 시대적으로도 현재의 문제까지 염두에 두었다. 그렇게 함으로써 『국어라는 사상-근대 일본의 언어 인식』을 쓸 때는 보이지 않았던 문제가 선명하게 나타났다.

새삼스러울지 모르지만 야나기타 구니오柳田國男를 독특한 위치로 평가한 것을 예로 들 수 있다. 호시나 고이치保科孝一류의 표준어 정책에 대해서는 격렬하게 반대하고 야마다 요시오山田孝雄류의 국수주의에도 가담하지 않았지만, 야나기타 구니오의 언어관은 '국어'라는 틀을 자명한 전제로 하고 있다. 이것은 '국어' 이데올로기가 생각보다 유연하고 다양한 현상이나 형태를 띠고 있다는 점을 보여주고 있다.

다른 한편으로는 언어 영역만으로 밝혀낼 수 없는 문제도 있다. 야마지 아이잔山路愛山이 '협의의 일본인'과 '광의의 일본인'으로 파악하는 것이 그 한 예이다. 야마지 아이잔은 천황가를 축으로 한 '협의의 일본인'을 중심으로 하여 그 주변에 '광의의 일본인'이 배치된다는 형태로 제국 일본의 사회상을 그려냈다. 아이잔이 그려내고 있는 '광의의 일본인'이란 대일본제국의 지배 아래 놓여 있었던 '비=일본인' 말하자면 아이누, 대만인, 조선인 등의 민족을 의미한 것이었다. 이 구도는 다민족 제국을 정당화하기에는 안성맞춤이었다. 왜냐하면 '일본인'의 다양성을 긍정하면서도 에스닉적인 의미에서 '일본인'의 중심성을 확보하는 지극히 교묘한 조작이 가능해지기 때문이다. 이러한 구도가 지금도 충분히 성립할 수 있을지도 모른다. 예를 들어 이민 노동자의 정주화가 정책으로 추진된다면, 이민을 '광의의 일본인'으로 일본 사회에 포섭해야만 한다는 견해가 나타나지 말라는 보장이 없다. 그것은 새로운 '다민족 제국'의 이미지일 수도 있다.

이렇게 해서 나는 언어의 세계에만 머물러 있을 수는 없었다. 사실대로 말하면 『국어라는 사상-근대 일본의 언어 인식』을 어떻게 넘어설지 하는 것이 나에게 부여된 큰 과제라고 느끼게 되었던 것이다. 물론 『국어라는 사상-근대 일본의 언어 인식』은 의외라고 할 정도로 많은 독자에게 호평을 받았고 그것이 저자인 나에게는 크나큰 기쁨이었지만, 시간이 지나면서 그것이 오히려 족쇄처럼 느껴질 때도 있었다. 마치 내가 쓴 책이 도리어 나의 활동 영역을 제한해 버린 것 같은 느낌이었다. 같은 방법으로 다른 재료를 다루면 어떤 것을 말할 수 있을지 모르겠지만 새로운 발견의 기쁨은

덜할 것 같은 기분이 들었다. 언제 어디서든 '국어'와 '국민국가'라는 결론에 도달하는 것은 조금 지루할 것 같기도 했다.

그래서 나는 되도록 새로운 발견의 기쁨을 찾을 수 있는 영역으로 모험하려고 생각했다. 때로는 전문 분야 바깥의 영역으로 관심 범위를 넓히기도 했다. 그렇지만 새로운 도전이라는 점에서 보면 이 책은 아직 어중간할지도 모른다. 2007년에 펴낸 『이방인의 기억異邦人の記憶』(쇼분샤晶文社)과 함께 현재 나의 시행착오를 나타내고 있는 것으로 받아들여 주셨으면 한다.

조금 부끄러운 이야기를 하자면 내가 연구자의 길을 걷게 된 이유의 하나는 나만의 자유로운 공간을 확보하고 싶다는 상당히 이기적인 동기가 있었던 것 같다. 특별히 내세울 만한 재능도 없었던 나도 책을 상대로 하는 일은 차분하게 시간을 들이기만 하면 나만의 은밀한 공간을 만들 수 있다고 생각했기 때문이다. 그러나 그러한 나의 기대와 소원은 연구의 세계로 발을 들여놓고 얼마 지나지 않아 무너져 내렸다. 내가 상상했던 '은밀한 평안의 공간'이란 바로 '환영'이었던 것을 깨닫게 된 것이다. 그때 이후 나는 '정지되고 안전한 장소'보다 항상 새롭게 다시 만들어지는 과정에 있는 '생동감이 있는 공간'을 바라게 되었다. 그리고 그것은 역사를 진지하게 읽어내고 사회에서 타자와의 관계를 전심전력으로 받아들임으로써 비로소 가능하다는 것도 점점 알게 되었다.

이러한 것들을 두루 생각하면서 '근대 일본과 언어'를 키워드로 한 연구에 몰두했다. 그러나 한 걸음씩 걸어 나가면서 '근대'라는 시대의 그림자에 비추어지는 여러 가지 비합리적 관계에 분개하고 절망하는 일이 잦았다. 그렇지만 묘하게도 그 분개나 절망은 논문이라는 차분한 형식 속에서 뾰족뾰족한 응어리들이 씻겨 떨어져 나가는 기분이었다. 이를 두고 연구의 '나약함'이라고 말하는 사람이 있을지 모르겠지만, 나는 거기서 오히려 '논리의 힘'이라고 할 만한 것을 찾아내고 싶다. 사실 뾰족한 분개나 절망으로 일시적인 강력함을 드러낼 수는 있겠지만, 증오심이 있는 한 사회나 역사의 진정한 모습은 왜곡되어 버린다고 생각하기 때문이다.

내가 이럭저럭 연구를 지속할 수 있었던 것은 많은 분들의 격려와 도움 덕분이다. 이름을 하나하나 들지는 않겠지만, 그 한 분 한 분께 모두 감사드린다. 또한, 자유롭고 관대한 연구 환경을 마련해 준 히토츠바시一橋대학에도 깊이 감사드린다. 훌륭한 동료와 선배들과의 토론은 나에게 무엇과도 바꿀 수 없는 자극이고 재산이다.

그리고 언제나 희망과 용기를 잃지 않고 긍정적으로 살아가시는 어머니께 진심으로 감사를 드린다. 어머니는 소녀 같은 순진함과 호기심을 잃지 않는 사랑스러운 여성이시다. 고령임에도 불구하고 딸이 쓰는 글을 읽기 위하여 일본어 교실에 다니실 정도이다. 내가 친정에 갈 때마다 어머니는 그동안 배운 일본어 학습 성과를 보여주신다. 어머니가 이 책을 조금이라도 읽을 수가 있다고 생각하면 나의 기쁨은 몇 배로 커진다.

표지의 그림을 그려 준 아티스트 노구치 히로코野口紘子 씨에게도 인사를 전하고 싶다. 노구치 씨의 그림에서는 언제나 부드러운 바람이 불어오는 듯하다. 노구치 씨, 훌륭한 그림을 그려주셔서 고맙습니다.

마지막으로 아카시쇼텐明石書店 편집부의 아카세 도모히코赤瀬智彦 씨에게도 감사 말씀을 드리고 싶다. 게으른 나를 질타하고 격려하면서 책 한 권을 만들기 위해서는 분명히 고생이 많았을 것이다. 아카세 씨의 열정과 꾸준한 작업이 아니었다면 이 책이 나오지 못했을지 모른다.

이 책으로 새로운 독자들과 만날 수 있기를 바랍니다.

2009년 1월

이연숙

옮긴이의 말

1

이 책은 이연숙의 『「ことば」という幻影—近代日本の言語イデオロギー』를 그대로 번역한 것이다. 저자가 이미 밝히고 있는 것처럼 이 책은 국내외에 큰 반향을 불러일으킨 『국어라는 사상-근대 일본의 언어 인식』의 후속 작업이기도 하다. 두 책의 제목이 유사한 것도 이런 사정을 나타내고 있는 것으로 보인다.

잘 알려져 있는 것처럼 『국어라는 사상-근대 일본의 언어 인식』에서는 근대 일본에서 '국어'가 형성되는 과정과 그 논리들을 치밀하게 살피고 있다. 그리하여 우리가 무심하게 사용해 왔던 국어 등의 용어가 국가 이데올로기와 어떤 방식으로 결합해 있는지, 그것이 어떠한 방식 아래 역사적으로 형성되어 갔는지를 추적하여 많은 이들에게 지적 충격을 안겨 주었다. 그리고 여기서 보여주었던 문제의식은 관심의 폭을 넓혀 『말이라는 환영-근대 일본의 언어 이데올로기』에 이어지고 있다. 저자가 이 책이 『국어라는 사상-근대 일본의 언어 인식』에 이어지는 작업이며 그 응용편이라고 말하고 있는 것도 여기에 그 이유가 있다.

『말이라는 환영-근대 일본의 언어 이데올로기』는 말ことば의 지배 이데올로기를 논하는 것부터 논의를 시작한다. 언어를 계층화시키는 이데올로

기가 문제의식의 핵심에 놓여 있기 때문인데, 언어 이데올로기는 특정한 언어를 특권화시키고 다른 언어를 하위 언어로 차별하는 일종의 시스템이다. 이것은 물론 식민지 시대 일본어와 조선어 등의 관계에서 볼 수 있는 것처럼 서로 다른 언어 간에서 작동할 수도 있고 표준어와 사투리 등 같은 언어 내에서도 작동할 수 있다. 그러면서 언어 이데올로기는 특정한 언어를 배제하고 강력한 식민주의적 기제로 작용한다. 그래서 언어 이데올로기는 내셔널리즘과 쉽게 결합할 수 있는 특징을 지니기도 한다. 저자가 보여 주는 조선과 일본에서의 한자 문제 등에 대한 관심은 이런 관점이 구체화된 것이다. 그리고 일본에서의 표준어 문제가 일본이라는 공간과 분리될 수 없으며 방언이란 단순히 배제의 대상이기 이전에 일본어의 동질성을 증명하는 것이기도 했다는 통찰은 우리나라의 언어 상황에도 시사하는 바가 적지 않아 보인다.

그리고 일본인 기원론과 연결되어 식민주의를 지탱하는 강력한 이론적 틀이 되었던 투란주의, 음성과 구어 영역을 특권화하는 근대의 상황 등을 고찰하면서 저자는 사회진화론과 결합된 언어의 '식민'적 상황들을 날카롭게 지적한다. 조선어와 일본어가 같은 뿌리라는 것을 강조하면서도 사회진화론에 따라 문명의 언어와 야만의 언어로 구분되어 버린 일본어/조선어의 이항대립, 음성을 절대화함으로써 보이지 않았거나 일부러 보지 않았던 수화 등도 언어에 작동하는 계층화의 이데올로기를 적실하게 드러내고 있다. 그리고 '과학적'인 언어학(국어학)이 어떻게 내셔널리즘과 결합하는지를 보여주기도 하고 '국어'라는 용어가 어떻게 형성되어 왔는지를 추적하면서 '국어'와 '일본어'라는 두 용어의 차이를 통해 내부와 외부의 시선을 드러내기도 한다.

저자의 관심은 여기에만 머물지 않는다. 근대 이후 소수 언어의 문제를 로마니어의 경우를 들어 예각화하기도 하고 음성언어에 의해 배제되고 있는 수화를 논의의 중심으로 끌어들인다. 아마 저자는 이런 관심들 때문에 이 책에서 논의의 폭을 넓히는 일종의 모험을 시도했다고 말하고 있지만, 언어 이데올로기라는 관점으로 보면 이는 자연스러운 것이다. 국민국가적 논리에 따른 표준어/방언의 문제와 제국의 논리로 배제되거나 열등한 것으로 계층화되었던 언어에 대한 관심은 기본적으로 동일한 바탕에서 비롯되는 것이며, 이는 음성언어와 수화언어에서도 다르지 않기 때문이다. 문자가 없는 구술 언어를 포함하면 지구상에 약 5,000~6,000 정도의 언어가 있지만 약 100년 후에는 이들 중 10% 정도만 남게 될 것이며 이것은 자연 생태 문제보다 훨씬 심각하다는 언어 생태주의적 시각은 이런 점에서 곱씹어볼 필요가 있다.

2

책을 처음 본 것은 일본에서 출판된 지 얼마 지나지 않은 2009년 여름 오사카의 한 서점에서였다. 책을 보면서 곧바로 번역을 결심했던 것은 이 책에서 다루는 여러 가지 주제나 문제의식이 우리에게도 충분히 원용될 수 있다고 보았기 때문이었다. 물론 이연숙 선생의 『국어라는 사상-근대 일본의 언어 인식』이 국내에 이미 번역되어 많은 연구자에게 호평을 받았던 것과 『말이라는 환영-근대 일본의 언어 이데올로기』가 그에 이어지는 책이라는 것도 번역을 결심하게 된 중요한 계기 중의 하나였다.

번역 과정은 쉽지 않았다. 먼저 사이키 카쓰히로佐伯勝弘가 초벌 번역을 하고 이재봉이 원문과 대조하며 다시 읽었다. 그 후 서로 생각을 나누면서 여러 번 수정했다. 일본어와 한국어를 모어로 하는 두 사람의 장점이 결합한다면 더 나은 번역을 할 수 있으리라는 기대는 어쩌면 순진한 것이었다. 당연하게도 언어라는 것이 일대일로 대응되는 것이 아니기 때문에 어떤 용어를 선택해야 할지, 일본어 특유의 표현들을 어떻게 한국어로 옮겨야 할지 고민이 많을 수밖에 없었다. 이 과정에서 우리는 묘한 경험을 했다. 한국어가 모어인 이재봉과 일본어가 모어인 사이키 카쓰히로는 지금까지와는 다르게 서로의 언어를 응시할 수밖에 없었기 때문이다. 번역은 원문에 어울리는 표현과 용어를 골라내어 정확한 '한국어'로 옮길 수 있어야 한다는 것이 기본적인 전제이다. 각각 한국어와 일본어를 모어로 하는 연구자가 일본어 원문을 정확한 '한국어'로 옮긴다는 것은 계속되는 모순을 완화해가는 과정이기도 했다. 여기서 발생한 생각의 차이들이 어쩌면 '언어 이데올로기'의 일종이 아니었을까? 이 생각의 차이들을 해소해 나가는 과정이 번역이었는지도 모른다. 그렇기 때문에 우리는 끝까지 그러한 긴장감을 유지하려고 노력했다. 이 긴장감을 버린다면 우리 스스로 이 책의 가치를 훼손시켜버릴지도 모른다고 생각했기 때문이다. 그리고 한국 국적의 연구자가 일본어로 쓴 글을, 한국 국적의 한국문학 연구자와 일본 국적의 한국문학 연구자가 번역한다는 사실이 여전히 견고하게 작동하고 있는 언어 이데올로기에 아주 작은 균열이라도 일으킬 수 있기를 기대한다. 어쩌면 이 기대가 우리들 번역을 지탱해 주는 정신적 지주였는지도 모르기 때문이다.

원저자인 이연숙 선생께서는 바쁜 중에도 번역 원고를 검토해 주시고 기꺼이 한국어판 서문까지 써 주셨다. 선생님께 깊이 감사드린다. 그렇지만 번역 과정에서 생긴 어색함이나 혹시 있을 수 있는 잘못은 모두 번역자의 몫이다. 이 책을 번역총서로 삼아준 부산대학교 한국민족문화연구소 HK연구단에 이 자리를 빌려 감사드린다.

2012년 3월 20일

이재봉 · 사이키 카쓰히로 씀

〈로컬리티 번역총서〉를 펴내며

■ 로컬리티의 인문학 연구단에서 번역총서를 내놓는다. 〈로컬리티 번역총서〉는 고전적 · 인문학적 사유를 비롯해서, 탈근대와 전지구화의 관점에서 해석되는 로컬리티에 대한 동서양의 다양한 논의를 담고 있다. 로컬리티 연구는 동서양을 막론하고 학문적 교차점, 접점, 소통성을 확보하는 것이 중요한 과제다. 이러한 의미에서 본 연구단에서는 장기적인 계획 아래, 로컬리티 연구와 관련한 중요 저작과 최근의 논의를 담은 동서양의 관련 서적 번역을 기획했다. 이를 통하여 로컬리티와 인문학 연구를 심화하고 동시에 이를 외부에 확산시킴으로써 로컬리티 연구의 저변을 확대하고자 한다.

우리가 로컬리티에 천착하게 된 것은 그동안 국가 중심의 사고 속에 로컬을 주변부로 규정하며 소홀히 여긴 데 대한 반성적 성찰의 요구 때문이기도 하다. 오늘날 로컬은 초국적 자본과 전지구적 문화의 위세에 짓눌려 제1세계라는 중심에 의해 또다시 소외당하거나 배제됨으로써 고유의 정체성을 잃어가고 있다. 반면에 전지구화 시대를 맞아 국가성이 약화되면서 로컬은 또 새롭게 거듭나고 있다. 그동안 국가 중심주의의 그늘에 가려졌던 로컬 고유의 특성을 재발견하고 전지구화에 능동적으로 대처하는, 이른바 로컬 주체의 형성과 로컬 이니셔티브(local initiative)의 실현을 위해 부단한 노력을 기울이는 모습들이 속속 드러나고 있다.

이제 로컬의 현상들을 파악하기 위해 기존의 지역 논의와 다른 새로운 사고가 절실히 필요하다. 지금까지 지역과 지역성 논의는 장소가 지닌

다양성과 고유성을 기존의 개념적 범주에 맞춤으로써 로컬의 본질을 왜곡하거나 내재된 복합성을 단순화하는 오류를 범했다. 이에 우리는 로컬을 새로운 인식과 공간의 단위로서 재정립해야 할 필요성을 다시 확인하며, 로컬의 역동성과 고유성을 드러내줄 로컬리티 연구를 희망한다.

〈로컬리티 번역총서〉는 현재 공간, 장소, 인간, 로컬 지식, 글로벌, 로컬, 경계, 혼종성, 이동성 등 아젠다와 관련한 주제를 일차적으로 포함했다. 향후 로컬리티 연구가 진행되면서 번역총서의 폭과 깊이는 더욱 넓어지고 깊어질 것이다. 번역이 태생적으로 안고 있는 잡종성이야말로 로컬의 속성과 닮아 있다. 이 잡종성은 이곳과 저곳, 그때와 이때, 나와 너의 목소리가 소통하는 가운데 새로운 생성의 지대를 탄생시킬 것이다.

우리가 번역총서를 기획하면서 염두에 둔 것이 바로 소통과 창생의 지대이다. 우리는 〈로컬리티 번역총서〉가 연구자들에게 로컬리티 연구에 대한 기반을 제공해줌으로써 학제간의 경계를 넘나드는 심화된 통섭적 연구가 이루어지고, 나아가 '로컬리티의인문학(locality and humanities)'의 이념이 널리 확산되기를 바란다.

부산대학교 한국민족문화연구소

(HK)로컬리티의인문학 연구단

| 저자 소개 |

이연숙 李妍淑

전남 순천에서 태어나 광주에서 초등학교 중고등학교를 다님. 연세대학교 국어국문학과를 졸업. 일본 히토츠바시一橋대학대학원사회학연구과에서 사회언어학전공 사회학박사, 히토츠바시대학대학원 언어사회연구과 교수.
저서로는 『「국어」라는 사상–근대 일본의 언어인식「國語」という思想–近代日本の言語認識』(岩波書店, 1996), 『이방의 기억–고향·국가·자유異邦の記憶–故郷·國家·自由』(晶文社, 2007), 『말이라는 환영–근대 일본의 언어 이데올로기ことばという幻影—近代日本の言語イデオロギー』(明石書店, 2009) 등이 있다.

| 역자 소개 |

이재봉 李在奉

부산대학교 국어국문학과 및 대학원 졸업. 문학박사. 현재 부산대학교 국어국문학과 교수. 근대와 디아스포라에 관심을 두고 연구를 진행하고 있다. 논저로 『한국 근대문학과 문화체험』(국학자료원, 2011), 「국어와 일본어의 틈새, 재일한인문학의 자리」, 「틈새인간의 말더듬이 존재론–김학영과 그의 문학」 등이 있다.

사이키 카쓰히로 佐伯勝弘

일본 소카創價대학 문학부 인문학과 졸업. 부산대학교 국어국문학과 대학원 박사과정. 동명대학교 자율전공학부 전임강사를 거쳐 현재 영산대학교 일어학과 전임강사. 근대문학의 토속성 담론과 비민족주의적 담론에 주목하여 공부하고 있다.

말이라는 환영

-근대 일본의 언어 이데올로기

초판 1쇄 발행일 2012년 06월 25일

지은이 | 이연숙
옮긴이 | 이재봉 · 사이키 카쓰히로
발행인 | 최원필
발행처 | 심산출판사
주 소 | 서울시 은평구 불광동 219-7 예은 101호
전 화 | 02-357-0633
팩시밀리 | 02-357-0631
E-mail | simsan@korea.com
등록번호 | 제1-2114호(1996년 11월 28일)

ISBN 978-89-94844-17-6 93730

＊책값은 뒤표지에 표시되어 있습니다.